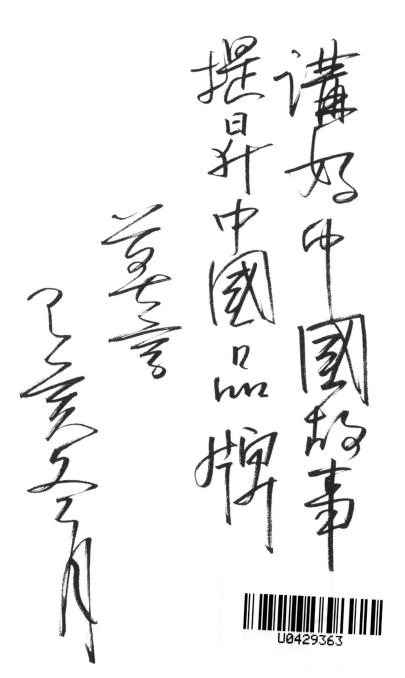

——诺贝尔文学奖得主 莫言

故事创世纪　品牌赢天下

——李科

故事营销

STORY MARKTING

李光斗 著

（全新修订版）

机械工业出版社
CHINA MACHINE PRESS

学会讲故事不仅会改变你的人生，让你成为人际沟通的高手，还可以为品牌注入灵魂和生命，和消费者建立起息息相通的情感关系。

本书通过作者亲身实践的许多生动案例详细讲述了故事营销的步骤和方法：什么是好故事？如何讲一个好故事？如何设计故事母题？如何向商业资本讲故事？如何通过讲故事创造财富？移动互联网时代如何进行故事创新？

本书给人的有益启示是：品牌不仅是一种物质产品，更是一种以故事为核心的情感产品。

本书多次修订，不仅适合普通读者阅读，更可成为企业家和高层管理者进行品牌建设和故事营销的操作指南。

图书在版编目（CIP）数据

故事营销：全新修订版／李光斗著．—2 版．
—北京：机械工业出版社，2019.11（2024.1 重印）
ISBN 978-7-111-64227-5

Ⅰ.①故… Ⅱ.①李… Ⅲ.①市场营销学-通俗读物 Ⅳ.①F713.3-49

中国版本图书馆 CIP 数据核字（2019）第 268591 号

机械工业出版社（北京市百万庄大街 22 号　邮政编码 100037）
策划编辑：朱鹤楼　　　责任编辑：朱鹤楼　蔡欣欣　侯春鹏
责任校对：李　伟　　　责任印制：常天培
北京宝隆世纪印刷有限公司印刷
2024 年 1 月第 2 版第 5 次印刷
145mm×210mm・11 印张・5 插页・261 千字
标准书号：ISBN 978-7-111-64227-5
定价：79.00 元

电话服务　　　　　　　　　网络服务
客服电话：010-88361066　　机　工　官　网：www.cmpbook.com
　　　　　010-88379833　　机　工　官　博：weibo.com/cmp1952
　　　　　010-68326294　　金　书　网：www.golden-book.com
封底无防伪标均为盗版　　　　机工教育服务网：www.cmpedu.com

前　言

故事前传

世界上最容易的赚钱方式是什么？

在家编故事，出门讲故事，见人卖故事。

《人类简史》里说：人和动物最大的区别，是人会讲故事。

移动互联网时代，最难的是什么？

吸引眼球，抓住人们越来越碎片化、稀缺化的注意力。

5G时代已经来临，信息爆炸，注意力比黄金还宝贵。人们没有太多理由去关注你的产品，但他们愿意倾听你为他们打造的品牌故事，并为之买单。只有故事才能深入人心。

一位英国单身母亲，离过一次婚，带着孩子，主要靠救济生活。一次她路过伦敦国王十字火车站时，想起小时候外祖母给她讲的灵异故事，便提笔开始写作。如今她赚的稿费已经超过了12亿美元，比英国女王的收入还要高，她赚的版税超过了莎士比亚以来所有的作家，她的书总印数超过了5亿册，仅次于《圣经》。她的名字叫J·K.罗琳。她的长篇魔幻小说《哈利·波特》完全是她想象出来的故事。

人们为什么迷恋名牌？就是因为名牌的背后是动人的故事，要造就名牌，先要成为讲故事的高手！

钻石，本来只是一种矿石，并没有多少实际的用处。有一天，一位一心想发大财的钻石商开始给人们讲故事：沧海桑田，斗转星移，世上并没有永恒的东西，唯有钻石——A diamond is forever（钻石恒久远，一颗永流传）。因此，也只有钻石才能见证永恒的爱情。如果他永远爱你，他就会送你永恒的钻石。

天底下的女人都被这个故事迷惑了。玛丽莲·梦露曾经代表女人宣称："手上的一吻多么令人陶醉，可是只有钻石才是姑娘心中的挚爱……"钻石一夜之间变成了爱情伴侣。生命不息，爱情不止，从此钻石商人财源滚滚。

理智的女人说："没有爱情，钻石便没有意义。"

感性的女人说："没有钻石，爱情便没有意义。"

聪明的商人说："没有故事，品牌便没有意义。"

故事成就品牌，故事的魅力在于它寄托着人类对美好生活的向往，即便只是幻觉。

Zippo 讲了一个打火机与美国勇士的故事，于是无数有英雄情结的男人将 Zippo 作为随身之物。

LV 讲了一个小皮匠成为皇家专宠，进而被大众所拥戴的故事，于是无数渴望尊贵的人们为此一掷千金。

Levi's 在广告中讲述穿着 Levi's 牛仔裤的男人的故事：衣柜里没有一条 Levi's，就别和我们谈时尚。

在这个注意力稀缺的时代，好故事尤显珍贵。

言之无文，行而不远。品牌无故事，就无法进入人的记忆。

移动互联网时代，想吸引那些随时随地玩着手机的消费者的注意力越来越难。以前这些观众会乖乖坐在电视机前，对节目中间插播的广告充满耐心。但是现在，移动端的观众眼里是揉不进一粒"沙子"的，他们在手机上收看视频时最忍受不了的就是广告。

"给钱加入会员,可以让你不看广告",这成为视频网站的新营销套路。

生产出产品只走完了品牌生产线的一半,我们还要学会为品牌制造一个好故事。

品牌建设之路不只是给有需求的人生产一种物质产品,更重要的是给有梦想的人一种精神慰藉。

从自媒体到自品牌,移动互联网让每个人都有了讲故事的权利。让我们开启故事之旅,为你的品牌赋能吧。

目　录

前言　故事前传

01 第一章
品牌因故事而生动 / 001

　　第一节　移动互联网时代的营销秘籍 / 002
　　第二节　故事的力量 / 004
　　第三节　听旅游品牌说故事 / 008
　　第四节　听中华老字号说故事 / 015
　　第五节　听外国品牌说故事 / 020
　　第六节　国家的品牌故事 / 031

02 第二章
好莱坞故事模式和故事母题 / 043

　　第一节　好莱坞的故事模式 / 044
　　第二节　永恒的母题——爱情 / 050
　　第三节　永恒的母题——生命 / 057
　　第四节　永恒的母题——美德 / 063
　　第五节　永恒的母题——尊重 / 067
　　第六节　永恒的母题——个性 / 069

目录
contents

03 第三章
故事创造财富 / 083

第一节　蓝精灵的创富故事 / 084

第二节　故事实现品牌溢价 / 087

第三节　故事激发市场潜力 / 097

第四节　故事保护品牌基业长青 / 107

第五节　中外百年老店启示录：品牌如何越老越有魅力 / 113

第六节　褚橙的秘密：从无人问津到一抢而空，背后的成功密码是什么 / 117

第七节　华光国瓷品牌故事：闪耀世界的国家名片 / 119

04 第四章
故事创世纪 / 127

第一节　企业的故事从哪来 / 133

第二节　产品的故事 / 136

第三节　企业成长的故事 / 141

第四节　人物的故事 / 148

第五节　有想象力的故事更具魅力 / 166

第六节　西贝：好吃的故事 / 170

第七节　向星云大师学营销 / 175

05 第五章
故事传播 / 181

第一节　Who——谁来讲 / 183

第二节　Way——讲故事的方式 / 190

第三节　Where——在哪儿讲 / 196

第四节　How——怎么讲 / 203

第五节 企业家讲故事 / 207

第六节 政治家讲故事 / 212

第七节 史上最牛的营销天才 / 216

06 第六章
故事的盈利模式 / 225

第一节 找对人 / 226

第二节 说对话 / 228

第三节 做对事 / 234

第四节 30 秒法则 / 239

第五节 灵芝仙草和熊猫茶：品牌故事如何神秘化？/ 245

第六节 不传之秘：如何把具有美白功能的珍珠粉卖给黑人兄弟 / 250

07 第七章
如何向商业资本讲故事 / 253

第一节 简单的力量 / 255

第二节 资本最青睐的故事 / 255

第三节 如何用一句话打动投资者 / 258

第四节 扑克牌、足浴店，这些企业靠讲故事居然上市了 / 261

08 第八章
如何让故事常讲常新 / 265

第一节 什么是故事的持续力？ / 266

第二节 故事的持续力决定品牌的持续力 / 270

第三节 故事连续剧 / 275

第四节　核心价值是品牌持续力的灵魂 / 278
第五节　沉浸式故事营销 / 279
第六节　《哪吒之魔童降世》如何创新神话故事模式燃爆市场 / 282

09 第九章
故事新编 / 289

第一节　英国皇室的品牌故事 / 290
第二节　新少林寺传奇 / 296
第三节　水果营销术 / 300
第四节　讨价还价的艺术：商业成交的秘诀 / 308
第五节　海尔砸冰箱的故事 VS 农夫山泉的水源故事 / 310
第六节　《邪不压正》与《侠隐》，哪出江湖复仇大戏更精彩 / 313
第七节　"陈静替父卖酒"：一个好故事是如何崩塌的 / 318

10 第十章
移动互联网时代的故事法则 / 321

第一节　马云：移动互联网时代的"造梦"大师 / 322
第二节　用移动互联网思维写好你的品牌故事 / 325
第三节　用原生广告讲故事：互联网时代的传播变异 / 326
第四节　积淀营销——互联网挖故事的宝地 / 331
第五节　移动互联网时代要讲萌故事 / 333
第六节　连佛系《旅行青蛙》都能火，为什么你的产品却无人问津 / 335
第七节　卖故事高手：丁磊如何把一头猪卖到 27 万元 / 337

结　语 / 341

Chapter One
第一章
品牌因故事而生动

如果钻石不代表爱情，女孩子还会为收到一枚钻戒而怦然心动吗？

如果 LV 品牌没有皇家贵气，消费者还会为拥有新款的 LV 手提包而兴奋吗？

人们为什么迷恋名牌？

因为名牌背后都有动人的故事。

旅游胜地的背后也都有一个动人的故事。

巴黎圣母院被一场大火吞没，为什么让全世界为之唏嘘？因为那不仅仅是一座教堂，更因为作家雨果为教堂谱写了一个广为流传催人泪下的爱情故事。

可口可乐开辟市场的方法就是给消费者讲一个关于神秘配方的故事。

故事是打开人心灵的钥匙，也是最有效的行销利器。

第一节　移动互联网时代的营销秘籍

做得好，更要讲得好

互联网来势汹汹，不仅抢了传统媒体的人（观众），还抢了传统媒体的钱（广告），一副"一顾倾人城，再顾倾人国"的架势。

以前人们回家做的第一件事情是打开电视机；如今，夫妻躺在床上都是各自刷各自的手机，催生出层出不穷的"段子手"，甚至有的人在网上讲讲故事就可以赚得盆满钵满。

段子手盛行的时代，企业也要学会讲故事，这样才能吸引消费者的眼球。移动端广告技术哪家强？各有各的高招。

你是否有过这样的体验：在手机上被一篇故事内容吸引，看到最后才恍然大悟：原来是广告啊！看看下面这段文字。

十年后，我们不经意间再次相遇，她低声问我："这些年过得好吗？她对你好吧。"我很伤感，说："我还没结婚，一直等你。"她眼圈红了红："你晚上7点来星巴克找我吧。"冬夜，月明，天寒，心暖，我手捧鲜花，提前半小时来到星巴克，她迎我进去，招呼我坐下，幽幽问道："……你听说过安利吗？"

怎么样，看到最后有没有一种出人意料的感觉？从前面的文字看，读者会以为是一个与前任复合的浪漫故事，在大家正被这位男士苦等多年终于抱得美人归的桥段所吸引时，女方突然来了一句："你听说过安利吗？"

安利是什么？作为互联网土著人民，相信很多人对这个词都非常熟悉，也会经常被身边的人疯狂"安利"各种电视剧、明星、产品等，那为什么"安利"会被指代为推荐呢？因为安利是全球最大的直销公司，世界500强企业，福布斯排名第25位，是一家经营日用品和保健品的跨国大公司。目前在国内以店铺加雇用推销员的形式销售产品。简单来说，安利就是推销的代名词！下面这个故事，相信大家也一定不陌生。

一对情侣出海，在返航时遭遇飓风将小艇摧毁，幸亏女孩抓住了一块木板才得以保住两人性命。女孩问男孩："你怕吗？"男孩从怀里掏出一把水果刀，说："怕，如果有鲨鱼来，我就用这个对付它。"不久一艘货轮发现了他们，正当他们欣喜若狂时，一群鲨鱼出现了。女孩大叫："我们一起用力游，会没事的。"男孩却突然用力将女孩推进海里，独自扒着木板朝货轮游了过去。女孩愣住了，望着男孩的背影，心痛欲绝。鲨鱼正一步步逼近，可鲨鱼似乎对女孩并不感兴趣，径直朝男孩游去。男孩被鲨鱼凶狠地撕咬着，他声嘶力竭地冲着女孩喊："我爱你啊，我永远爱你！"女孩终于获救了，甲板上的人都在默哀。船长对女孩说："你的男朋友是我见过的最勇敢的人。""不，他是个胆小鬼。"女孩冷冷地说。"你怎么能这么说呢？刚才我们一直用望远镜看着你们，你的男友在推开你后用刀子割破了自己的手腕来吸引鲨鱼的注意。如果他不这样做，你恐怕永远不会出现在这艘船上。"女孩听到这些后如晴天霹雳，悲痛欲绝，想立刻跳进海里和男孩死在一起。船长拉住她："如果我是你，一定会好好活下去，并用挖掘机把这片大海填平，为你的男朋友报仇雪恨。"女孩沉默数秒，冷静地问："挖掘机技术哪家强？"船长："中国山东找蓝翔。"

社交媒体时代，人们掌握了传播的主动权，可以选择看什么，不看什么。硬广告的生存空间越来越小，广告要想直达人心，必须披上故事的外衣。

兵家有言：凡战者，以正合，以奇胜。上面这些广告就是剑走偏锋，出奇制胜，把自己伪装得很好，让人一开始看不出是广告。等到"挖掘机"出现，读者发现自己看的是广告时，为时已晚，广告目的已达到。正所谓"猜得着开头，猜不着结尾"。

故事流行，原生广告大行其道。这些原生广告是一条条醒目的标题，看起来更像是新闻，或者是有趣的视频，而非广告。原生广告披上故事的外衣，响应了"微"时代的发展趋势，更易于被受众接受。

要想将原生广告故事成功植入移动端，需要更强的"挖掘机"技术，不到最后一刻不抖开包袱。将广告隐藏在故事里，并且将其与文案内容结合得天衣无缝。隐藏广告要像"大音希声，大象无形"般不露痕迹，"随风潜入夜，润物细无声"般让人在不知不觉中被广告"感化"。

第二节　故事的力量

在一家理发店，一个长头发的人喋喋不休地问理发师："当你给我理发的时候，为什么总讲一些鬼故事呢？"理发师答道："对不起，先生。你知道吗，当我讲这些故事的时候，你的头发就会竖起来，理发就容易多了。"

故事的力量来源于对人情绪的控制。有人问，营销人员最希望成为什么样的人？答案是：《长江7号》里的男孩小狄。为什么呢？因为小狄有一只外星狗，小狄只需发号施令，让它哭它就哭，让它笑它就笑。而营销的关键点就是想方设法引导受众的情绪，使其产生购买冲动。如何引导受众的情绪？最简单、最有效的方法就是讲一个动听的故事。

你给我新闻故事，我给你战争

19世纪末，美国有两家擅长讲故事的报纸，一家叫《世界报》，另一家叫《新闻报》。他们常常讲新移民的故事、妇女的故事、底层民众的生活故事。由于他们的新闻故事贴近生活，又讲得真实、动听，因此迅速成为纽约最畅销的报纸，两家报纸的竞争越来越激烈。为了扩大影响，增加发行量，他们的目光不约而同地盯上了一个巨大的新闻热点——战争。

当时，美国周边的国家古巴、波多黎各都是西班牙的殖民地，美国有大批侨民生活在那里，还经常有美籍商人游走各地进行商业贸易。1895年3月，古巴爆发了反对西班牙殖民统治的武装起义，不少美籍侨民在这场起义中受到西班牙军队的欺侮。为了获得新闻点，打赢发行量之战，两家报纸近乎疯狂地盼望着一场美西战争尽快来临，以给报业带来一场"盛宴"。它们分别派出大批记者奔赴古巴挖掘新闻故事，以下是在当时影响力最大的5个新闻故事。

第一个故事：

西班牙政府为了防止古巴百姓支援古巴军队，把全部百姓抓入集中营，导致40万（据查真实数据是11万）百姓因饥饿和瘟疫相继死亡。

第二个故事：

美丽的古巴姑娘阿让，因被怀疑同情古巴革命军而被驱逐出境，出境时好色的西班牙军人强行对其脱衣检查（《新闻报》还配上了精心绘制的图片）。

两则故事讲完，美国人民纷纷谴责西班牙的暴行。

第三个故事：

古巴总统有个非常漂亮的侄女埃文赫利娜，当年正值17岁的花季，被西班牙军长贝利兹看上。贝利兹企图强暴她时，恰巧被赶来的三名政治犯救下。故事的结局是，埃文赫利娜被指控指使三名政治犯刺杀军长而被判处20年监禁。

故事一经报道，当天就聚集了上万名的美国人签字要求释放埃文赫利娜，同时还有大批社会名流开始向西班牙女王请愿。

第四个故事：

古巴革命军偷到了一封信，写信的人是西班牙驻美大使杜普依·德·洛梅。信中杜普依大使大骂美国总统麦金莱，认为他是一个愚蠢的傻瓜。

这次美国人民被激怒了。

第五个故事：

1898年2月15日，停泊在古巴哈瓦那海面的"缅因"号美国军舰突然爆炸，断成两段后沉没，舰上354名官兵中有266人丧生。

两家报社一口咬定：这一定是西班牙人干的。

见证了美西战争的哈瓦那港口古炮台

民众彻底被激怒了，求战的呼声遍布整个美国。1898年4月11日，原本坚持和平外交手段解决古巴问题的总统麦金莱最终向狂热的民众妥协，对西班牙宣战。

据可靠的史料，以上这5个故事，虚实参半。但没有人管这些故事的真假，他们都沉浸在被故事激起的愤怒中，开始上街游行、集会、示威……情绪激发他们产生各种行为，逐渐导致了一场两国间的战争。

有一个事实可以佐证这5个故事和美西战争确实有必然的联系：美西战争之前，《新闻报》派记者去古巴采访，不久，记者回电，"一切平静，没有战争"。总编室的回复是："你给我新闻故事，我给你战争。"

这是世界新闻史上著名的电文,也是对故事的力量最可怕的描述。

第三节　听旅游品牌说故事

旅游的实质是什么？去看别样的世界,去听别人的故事,充实自己的内心。

社会发展日新月异,为了在快节奏的社会中生存,人们变得繁忙,时间变得奢侈。如果一个旅游目的地不能为消费者带来独特的体验,消费者会强烈感觉到这场交易太不划算。让消费者感到愉悦,永远不要忘记故事的力量。

2012年年末《泰囧》的上映,极大激发了国人出国旅游的热情。《非诚勿扰》引爆了北海道的旅游潮;《北京遇上西雅图》让西雅图成了中国人移民的热门城市,使得西雅图的旅游和房价双双升温。

有人说只要中国人放假,全世界都会变得十分拥挤。2019年,五一假日期间中国国内旅游接待总人数为1.95亿人次,实现旅游收入1176.7亿元,旅游经济引发了巨大的财富效应,但国内景区呈现出的却是冰火两重天的两极分化:有的景区人山人海,摩肩接踵;有些投巨资建起来的景区却游客寥寥,门可罗雀!

引爆旅游的法宝之一:主题植入

在这个注意力稀缺的时代,要想抓住游客的心,必须有鲜明的主题。旅游景区植入鲜明的主题,可以给游客带来强烈的直观印象,主题传达着景区想给游客传递的核心思想。好的主题可以让游客产生美丽的幻觉，使游客精神愉悦，从心理上满足人们摆脱乏味的平庸生活的梦想。

郁金香是荷兰的国花，每年春天郁金香盛开之际，全世界都有数以百万计的游客涌入荷兰。住当地的旅馆，吃当地的美食，在当地旅游，拍摄婚纱照，购买郁金香的一系列衍生产品。整个荷兰都因为郁金香这一主题而在人们眼中变得馥郁芬芳起来。

小小一朵郁金香每年可以为荷兰政府带来近百亿美元的收入。说起郁金香的老底，不过是19世纪当地资本家疯狂投机的产物。然而经过荷兰政府多年的精心策划，郁金香花卉产业链有效拉动了整个荷兰经济的发展。

当鲜花蔓延成整片的花海，花变成一种主题之后就产生了神奇的力量。荷兰的郁金香、普罗旺斯的薰衣草、日本的樱花、保加利亚的玫瑰全部都是鲜花的主题，盘活了整个产业链，为当地经济发展做出了突出的贡献。

美国首都华盛顿有个著名的节日：樱花节。华盛顿是日本本土之外种植樱花最著名的地方，而这些樱花全部来自日本。当年为了感激日俄战争期间美国从中斡旋调停之恩，日本决定向华盛顿赠送国礼以表示答谢。但礼物选得颇费心机：3000株樱花树。近百年过去了，日本的国花樱花在美国首都开枝散叶，这一著名的鲜花外交，正是日本展现的巧实力。每年春天绚烂的华盛顿樱花似乎在提醒美国别忘了日本这个小兄弟。樱花的美丽被美国民众所熟识，樱花所代表的日本文化也渐渐被美国人接纳：日料、家电、汽车等日本品牌也开始在美国本土大行其道。

国内一个房地产商在城乡接合部开发房地产项目，从市中心到项目位置要经过连片的农田，给人的感觉是这个项目非常偏远，项目建成以后销售不畅。实地考察后,我们给房地产商的建议是:出资成立一家公司高价收购油菜籽,在经济效益的刺激下,当地农民大量种植油菜花。春天油菜花绽放时,整条路上金灿灿一片花的海洋。该房地产项目二期建成后更换案名重新开盘,房子随即被抢购一空。

引爆旅游的法宝二:故事营销

美妙的故事可以为一个品牌锦上添花,动人的故事尤为珍贵。旅游景区是一种特殊的品牌,如果没有令人神往的故事,很难让人流连忘返。

动人的故事令人记忆深刻。美丽的故事和传说促进旅游品牌的传播,让人身未到心已至。

北京香山是一个既有主题又有故事的地方。香山红叶闻名遐迩,香山红叶其实就是黄栌树叶。香山种植黄栌自乾隆年间开始,迄今已种植有十万多株黄栌,一入秋天红叶满山美不胜收。燕山山脉是北京的天然屏障,秋天漫山遍野都有红叶,为何人们独独偏爱香山红叶?因为除了风景秀美外,香山的红叶还是有故事的红叶。

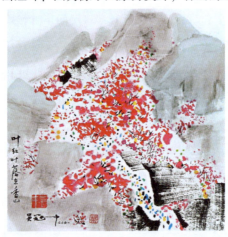

吴冠中的水墨画
《香山红叶》

关于香山红叶的由来，说法甚多。有村女斗蛇精染红香山的志怪故事，也有宫女血染香山的宫廷传说。不仅有如此多的民间传说，甚至元明清三朝皇帝也均对香山颇为偏爱。乾隆皇帝一生曾76次登香山，足见其对香山的喜爱。

香山以前是皇家御园，寻常百姓不能入内，更是造就了香山的神秘。如今香山对外开放，游客纷至沓来，络绎不绝。每年秋天是红叶的最佳观赏期，香山都人满为患。

如果一个景区既没有主题也没有让人喜闻乐见的故事，那么默默无闻也就是情理之中的事情了。北京奥林匹克公园被称为北京奥运会的"后花园"，拥有世界最开阔的步行广场，但如今的北京奥林匹克公园却没能成为北京的新地标。北京奥林匹克公园占地面积近2万亩，种植树木近60万株，是香山树木的两倍还多。可惜在建设过程中没建立起自己的主题和风格，也没有融入勾起人们探索欲望的故事，只要稍微在主题上统一一下，哪怕在公园里稍稍划出几百亩全部种上银杏，也会成为北京新的一处壮观美景。

云南出了个阿诗玛

云南石林，是由奇石、溶洞、湖泊、瀑布组成的壮丽秀美的地质奇观，享有"天下第一奇观""地球天然迷宫""喀斯特地貌博物馆""大自然雕塑博物馆"等盛誉。但凡去过那里的游客向人说起这段旅行经历时，很少有人说"我去了天下第一奇观"，或是说"地球天然迷宫、喀斯特地貌博物馆、大自然雕塑博物馆……"，甚至也很少有人说"我去了石林"。大多数人记住的是"阿诗玛的故乡"。石林风景名胜区占地352平方公里，数以万计的怪石奇观，但人们最神往、不远千里寻找的只是其中的一座——"阿诗玛峰"。

云南石林风景区内,"阿黑哥"与"阿诗玛"的情歌对唱表演

阿诗玛的故事来源于彝族的叙事长诗《阿诗玛》,千百年来历经民间口头传唱、手工传抄,其艺术魅力历久弥新,后来还拍成了电影,大受欢迎。每年有大量中外游客为这个故事纷至沓来。随着口碑传播的不断扩大,云南石林景区的收入逐年上升。如今,大小石林景区年接待游客近 300 万人次,全县接待游客 950 万人次,旅游综合收入超过 70 亿元。石林景区更荣获了"中国最美地质公园"称号,并荣登"旅游业最美中国榜"。

每年赚几十亿元人民币,阿诗玛是怎么做到的?

首先,阿诗玛的故事情节扣人心弦,阿诗玛美丽、善良、勇敢的品德让她成为人们心中完美的女神,让听者肃然起敬。彝文叙事长诗《阿诗玛》被翻译成 20 多种文字在全球发行。不屈不挠的阿诗玛也成为石林的代言人。

其次,由这个故事改编成的中国第一部彩色音乐电影《阿诗玛》,将这个故事广泛传播。曲折、传奇的爱情故事,加上女主角杨丽坤完美的演绎,使阿诗玛的名字瞬间享誉海内外。所有听过故事的人都想看看这位美丽、善良、勇敢的姑娘。随后阿诗玛的故事又被改编成歌曲,通过朗朗上口的音律,传唱到大江南北。

再次，石林名称的由来是因为那里分布着密密麻麻、险峻陡峭、直指苍穹的石峰，如无垠的石柱森林。而在石峰之间分布着扑朔迷离的羊肠小道，纵横交错，像迷宫一样。到石林的人一般都会请一位当地的"阿诗玛"姑娘做导游。在石林聪明美丽的少女都叫阿诗玛，勤劳勇敢的小伙子都叫阿黑哥。石林成了阿诗玛的故乡，无论走到哪里你总会听见有人唤"阿诗玛"。当地景区人对这个故事的尊崇和演绎，让阿诗玛的故事更加深入人心。

这些"阿诗玛"姑娘都会带你去看真正的"阿诗玛"，那是一片相对平坦的草地上屹立的一座独立山峰。来到这里，所有的"阿诗玛"姑娘都会说："这才是真正的阿诗玛！撒尼人崇敬的阿诗玛！她是被洪水冲走后才变成这座石峰的。"你左右看看，真有那么几分神似，没工夫惊叹大自然的鬼斧神工，立刻对这传奇的"姑娘"肃然起敬。

然后"阿诗玛"们还会让你亲身感受这个传说，她们会教你：如果想听到她的回声，就学阿黑哥对着石峰大声呼喊："阿诗玛，你在哪里？"你用心听，在这石峰周围会传来阿诗玛的声音："阿黑哥，我在这里……"不要问是否真能听到，你快乐的心情会让你相信一切。

石林旅游品牌的成功，是阿诗玛故事的成功。一个故事树立起了一个景区的形象，也推动了当地区域经济的发展。

没有故人的著名故居

故居是旅游品牌中的一大类别，依靠名人的传奇经历和影响力，吸引人们去瞻仰：这是××当年住过的地方。人们根据故居的场景重构当年的画面来达到一种精神满足。但有一个地处街道旁的不起眼的四层小阁楼,没有名人住过,却因为一个虚构的故事,成了故居旅游中最传奇的品牌——英国伦敦贝克街221B。据"史料"记载,福尔摩斯曾住在这里。

19世纪末,柯南道尔创造了世界上最伟大的侦探福尔摩斯。一个又一个惊险刺激的破案故事,完美绝妙的案件推理,让这位智慧勇敢而极具个性的英伦绅士从小说中获得了生命。"福尔摩斯学"研究专家威廉·巴西古德说:"我们把福尔摩斯视为渴望消灭邪恶和纠正错误的一种完美表达。他是个超凡之人,给我们这个乏味的世界带来新奇的刺激,给我们偏颇的心灵带来冷静和理智的思考。他是我们成功的榜样,是我们自我禁锢中的勇敢脱生者。"

柯南道尔虚构了一个福尔摩斯,却又在他身上留下了真实的地址:伦敦贝克街221B。我们无法确切地解释其中的原因,但可以确定的是英国的财政部长着实偷乐了一番。

在伦敦贝克街221B,人们修建起了福尔摩斯故居,其中的摆设和小说中描绘的一模一样,门口售票的店员穿着那个年代的服饰,你拿到门票会惊奇地发现竟然是一张住宿证明。走进福尔摩斯的书房,就像《血字研究》中所描述的,面积不大,墙布是暗红色的,壁炉里甚至还有跳跃的火苗。桌子上摆着福尔摩斯的猎鹿帽和那只著名的烟斗。玻璃柜里是发黄的书籍、藏着手枪的词典,还有血淋淋的大拇指,这些都是小说中的重要道具。每一个细节的处理都足以让福尔摩斯迷兴奋到发狂。这里便成了前来英国旅游的人必去的两个故居之一(另一个是大文豪莎士比亚的故居)。

福尔摩斯故居为英国带来的财富和声誉得到了英国政府的赞许。为了让这个旅游品牌更加生动,英国皇室煞有介事地授予了福尔摩斯爵士爵位,更是让故居的形象鲜活了起来。这里门口每天都有长长的参观队伍，邮递员每天还会送来世界各地的人写给福尔摩斯的信件，其中不乏来自遥远的中国的。

我们不得不说，是故事创造了引得全球的市长都羡慕的成功模式。正如福尔摩斯在书中所说："伦敦因为有了我，空气才变得清新。"

第四节　听中华老字号说故事

每一个中华老字号都是一个品牌奇迹，同仁堂有 300 多年的历史；京城最老的老字号鹤年堂的历史超过 600 年。今天它们不仅仅是品牌，更是一种文化。当我们提起这些品牌，最津津乐道的还是那些被人熟知的动人故事。

600 年品牌的养生术

1450 年，中国第一家养生馆鹤年堂在北京西城区菜市口大街正式成立。

鹤年堂的创始人丁鹤年在当时威望极高。他出身元朝望族，祖父是北京最有名的饮膳大师，丁鹤年从小耳濡目染，精通养生学。元末明初，烽火连天，丁鹤年立志"不为良相，只做良医"，从此云游四方。一边治病救人，一边访遍海内名士。游学的经历让丁鹤年的养生术登峰造极。养生有道的丁鹤年耄耋之年依然鹤发童颜，一派仙风道骨。

除了医术高明，丁鹤年还精通诗词歌赋，是名重一时的诗人，著有《丁鹤年集》。更为人所传颂的是丁鹤年的大孝品德。73 岁高龄的丁鹤年把鹤年堂交给自己的儿子打理，只身回乡为母亲守灵17年，直到去世。《四库全书》收录的《丁孝子传》和《丁孝子诗》就是丁鹤年的故事，其中赞叹道"丁鹤年精诚之心上达九天，下达九泉"。

严嵩与鹤年堂的故事

严嵩在成为奸臣之前，以文章书法闻名于世。相传，严嵩刚到京时恰巧住在鹤年堂旁边。当时鹤年堂的当家人是曹蒲飒，也是个书法爱好者。严嵩曾偶染小恙，来鹤年堂看病，两个人一见如故，谈诗论画，相聚甚欢。曹蒲飒请他留下墨宝，严嵩挥毫写下"鹤年堂"三个字，牌匾一挂上，就吸引了无数人围观，纷纷感叹这个牌匾的气势是京城独一无二的。之后权欲膨胀的严嵩坐上高位，因勾心斗角，劳累体虚，来到鹤年堂讨教药方。当时鹤年堂的幼主曹永利给他配制了一种"长生不老酒"。严嵩喝完之后，白发竟然逐渐变成了黑发，面色红润，这就是之后嘉庆皇帝御封的"鹤年寿酒"。

戚继光与鹤年堂的故事

戚继光是中国历史上的民族英雄。为了保家卫国，戚继光率戚家军奋力抗倭，九战九胜，取得了著名的台州大捷。但戚继光回到北京后，最先拜会的地方竟然是鹤年堂。

原来在这场冷兵器肉搏的战役中，大量戚家军受了刀枪之伤。更严重的是南方沿海的气候湿热，戚家军辗转各地，时时受到瘟疫的威胁。鹤年堂率先为戚家军送去了精心研制的"白鹤保命丹"等急救药、刀伤药和"避瘟药"，挽救了许多将士的生命。为了表示感谢，戚继光特地登门拜访，写下"调元气""养太和"的牌匾送给鹤年堂。如今人们在鹤年堂正堂之上看到的"撷披赤箭青芝品，制式灵枢玉版篇"也是戚继光所作。

郑和下西洋与鹤年堂的故事

在鹤年堂的门前,一直立着一口大缸,他们把精心调制的养生饮料"甘露饮"倒在里面,谁来了都能喝。当家掌柜说:"这喝的是鹤年堂的字号,扬的是鹤年堂的名声。"由于效果非常好,养生茶、甘露饮等口碑传扬开来。此事传到永乐皇帝那里,皇帝下令大量配制,由郑和在下西洋时作为国礼馈赠给所到国家的皇帝及其他上层官员。

谭嗣同与鹤年堂的故事

鹤年堂传至王氏家族时,正值中国动荡年代,王保新又是一位和丁鹤年一样,医术、文采俱佳的掌门人。不同的是他对政治非常关心,面对混乱的时局,时常思考国家的出路。一日,变法先驱谭嗣同来到鹤年堂看病,由于共同的追求,深谈了几次后,二人成为至交好友。1898年9月28日,谭嗣同变法失败,六君子被押往菜市口斩首。王保新为尽兄弟之情和民族之义,拿了当时有名的麻醉剂希望能减轻他们的痛苦。谭嗣同虽然没有接受,选择慷慨赴死,但仍很感激王保新。谭嗣同被处决后,王保新料理了他的后事,特别请了医生将谭嗣同被砍下的头颅缝合归位,然后才运回谭嗣同的老家湖南浏阳。

除了这些故事之外,还有"八国联军"侵华时鹤年堂药工保护牌匾的故事,企业领袖刘一峰抵制伪政权的故事等。这些小故事一点一滴地润泽着这个老字号,最终使其成了一部伟大的品牌史书。

大宅门里读懂同仁堂

据传说康熙皇帝少年时曾得过一场怪病,全身出红疹,奇痒无比,宫中御医束手无策。康熙皇帝心情抑郁,微服出宫散心,信步走进一家小药铺。药铺郎中只开了便宜的大黄,嘱咐泡水沐浴。康熙皇帝遵其嘱咐沐浴,迅速好转,不过三日便痊愈了。为了感谢郎中,康熙皇帝写下"同修仁德,济世养生",并送给他一座大药堂,起名"同仁堂"。

如今北京前门大栅栏的同仁堂药店

1669年,同仁堂药铺落成。时过300多年,这间百年老店深深影响着几个世纪的中国人。

同仁堂诞生的故事给了它强大的生命力,但每一个生命都有尽头。延续生命,同仁堂还需要更多的传奇故事来提醒消费者感知它的存在。

同仁堂在发展过程中几乎和清朝的每一代皇帝都有故事。雍正元年,皇帝亲自授命同仁堂专办御药供奉,之后皇帝、后妃吃的药都是同仁堂制作的。慈禧"垂帘听政"时特别青睐同仁堂的养生保健配方,如珍珠粉、益母草膏,还特准跨过御药房直接供药。

清代,二月的北京城要掏泄水沟,但这给百姓的出行带来诸多不便,一不小心就会跌在污泥中。为了方便晚上外出的行人,同仁堂派大量的人力,在掏沟的地方挂上白纱灯为行人指路。

民国时期，同仁堂经常出资设粥厂，施舍棉衣，救济穷苦百姓。

1984年《经济日报》登出一篇同仁堂顾客写的感谢文章，事情起因只是一件一分钱的交易：顾客要购买一分钱的天仙藤，同仁堂的店员前后跑了两趟，认真抓药。本以为大药房对小生意不感兴趣的顾客瞬间被感动了，回家立即撰写文章，盛赞同仁堂的敬业精神。

延续了300多年的同仁堂，有辉煌的大故事，也有感人的小故事，更有富含民族精神的历史故事。在20世纪初，日本企图在中国进行资本渗透，控制中国经济。由于同仁堂名气大，日本商人屡次与同仁堂的当家人会面，企图说服同仁堂允许其投资入股，都被同仁堂一口回绝。为了给同仁堂施压，日本商人在京城卖起了一种日本人研制的避暑开胃药"仁丹"，独特的功效让"仁丹"销量迅速上升，大大高于产品价值的"仁丹"赚走了大量的中国资金。为了抵制"仁丹"，同仁堂组织大批老药工彻夜研制，炮制出一种"六神丸"。其功能远远超过日本的"仁丹"，价格比仁丹还便宜许多。日本商人见利益受损，企图用高价诱惑同仁堂出让六神丸的配方，但遭到严词拒绝。

这些故事在民间口口相传，导演郭宝昌将这些故事集合，拍摄了电视剧《大宅门》。2001年在央视热播，收视率一再攀升。这部反映同仁堂历史的巨片，宛若一堂生动的中国历史课。

"炮制虽繁必不敢省人工，品味虽贵必不敢减物力"。如今，同仁堂仍在细细讲述这些故事。2007年4月9日，经过一年多的准备，在北京繁华地段的一处四合院内，同仁堂博物馆正式落成。

同仁堂如今的使命是如何让这个延续了300多年的品牌继续发

扬光大。

不论是同仁堂还是鹤年堂，中华老字号的每一个故事都带有强烈的民族文化色彩和价值认同，从令人尊敬的传统美德故事，到振奋人心的保家卫国故事，一个一个小故事或者被诉诸笔端，散见于品牌家史，或者将故事中的小元素放在店里，或者仅仅是在人们之间口口相传。日积月累的品牌精神资产，以及严谨的产品制作流程，使老字号品牌拥有了独特的精神价值。

第五节　听外国品牌说故事

可口可乐最大的秘密

可口可乐是所有经济学家、营销学家都津津乐道的商业案例。全世界约有 155 个国家的人每天要喝下 2 亿多瓶可口可乐。Interbrand 发布的 2018 年度全球最佳品牌排行榜前五名是：苹果、谷歌、亚马逊、微软、可口可乐。可口可乐在众多科技型品牌的围绕中显得格外惹眼。663.41 亿美元的品牌价值，遥遥领先于其他饮料品牌，这也让可口可乐成为最有价值品牌中唯一无须依赖产品创新而成功的品牌。而这个商业神话的最大秘密，就藏在佐治亚州亚特兰大市的一家银行保险柜里。

1886 年 5 月 8 日，一名店员不小心把约翰·潘伯顿精心配制的健脑药汁与苏打水混在一起，巧合地创造出奇特的口味，可口可乐正式诞生。这种略带刺激的饮料迅速成为市场的宠儿。而此时的可口可乐一方面像所有的新兴产品一样，广为铺货；另一方面又将这一饮料的配方大张旗鼓地锁进了银行的保险柜。可口可乐主要配料一直是公开的,我们总能在包装上见到它的配料表,包括:糖、碳酸水、焦糖、磷酸、咖啡因等。但据传闻其核心技术是在可口可乐中不足1%的神秘配料——"7X商品",而躺在保险柜里的最高机密正是"7X商品"。

好莱坞悬疑片式的名字,高规格的保护,一时间令配方的传言四起。相传,掌握此配方的不超过10人。流传最广的传闻是说掌握配方的只有三个人,他们分别掌握了配方的1/3,这三个人的身份绝对保密,他们都必须签署"永不泄密协议",绝不能将手中1/3的配方泄露给其他人,也包括另外两个部分配方的拥有者。他们也不被允许坐同一架飞机,以防止可怕的意外发生,导致绝密信息的失传。

保险柜里的可口可乐配方就像《达·芬奇密码》中的圣杯,带给人强烈的神秘感。但我们仔细分析后就会发现,可口可乐生产厂遍布世界。为了维护配方的秘密,所有的生产厂家一律使用由美国总部提供的可乐原浆,各地工厂只负责灌装,那么全球各地的可乐原浆从何而来?这绝不是三个人或十个人可以完成的工作,要对配方进行完全的保密几乎是不可能的。而事实上继可口可乐之后诞生了许多可乐品牌,味道极其相近。甚至还曾出现过一位美国中学生,利用网络资料完成了可乐配方,配出的口味相近到连可口可乐的高层都难以辨别。所谓的最高机密是否真的存在?也许下面的案件可以从侧面说明这个问题。

2006年,发生了震惊世界的"可口可乐秘方失窃案"。"英勇"的可口可乐全球总部行政助理乔亚·威廉姆斯与另外两人合谋,盗走可口可乐的神秘配方,欲卖给可口可乐的老对手百事可乐。戏剧性的事情发生了,可怜的威廉姆斯怎么也没想通,百事可乐面对

"最高机密"竟不屑一顾。乔亚·威廉姆斯揣着可口可乐的"最高秘密"不但没敲开百事的大门,却被美国联邦调查局送进了监狱。

如果这个最高秘密不存在,那么可口可乐大费周章导演这个故事的用意何在?在改革开放初期,可口可乐进入中国传播的第一招我们就能看其端倪。

1979年,可口可乐与中国粮油集团签订合同,获准向中国出售第一批瓶装可口可乐,但仅限于涉外饭店和旅游商店。面对小范围的目标消费群体,可口可乐把第一个宣传阵地选在了《人民日报》。合同签订后不久,《人民日报》出现了关于可口可乐神秘配方的故事报道,尤其突出了保护配方的各种夸张手段。于是一个来自美国的饮料迅速成为流行的谈资,人们争相传讲可口可乐神秘配方的故事,也争相品尝神秘配方制造出来的味道。随着口碑传播的不断扩大,可口可乐开始渗透中国的各个角落,成为最早占领拥有全世界最多人口市场的国外品牌之一。

可口可乐为什么总是喜欢演绎秘密配方的故事?因为口味背后的故事带给人的神秘感觉。消费者习惯了喝可口可乐,也习惯了在可口可乐中感受这种神秘,乐于品尝这种神秘。当行为成为习惯,忠诚度所带来的强大力量会让品牌方都感到惊讶。

1985年,可口可乐宣布:时代在变,"神秘配方"的故事讲了近百年,应该退休了。现在可口可乐要推出一种新配方,以取代具有99年历史的"神秘配方"。但这一决定产生的影响着实让可口可乐公司吓了一跳:尽管其中的变化只是味道相对甜些,消费者却产生了强烈的不满与愤怒情绪。一个名为"美国原始可乐饮用者"的团体向可口可乐提起诉讼,并将一箱箱的"新可乐"倒入下水道。与此同时,消费者开始囤积原始口味的可乐,甚至因此出现了可乐黑市。可口可乐公司最终让步，恢复"神秘配方"，市场方才回归平静。回顾配方事件，可口可乐有理由感到欣慰。可口可乐配方的故事是如此成功，以至于消费者愿意永远相信这是真实的。这是个好莱坞式的故事，虽然只是个故事，却产生了巨大的能量。

近几年，一股卖萌文化在青少年群体中悄然兴起并迅速蔓延开来。面对百事的步步紧逼，可口可乐借着东风，在品牌卖萌上狠狠突破了一把。2013年，可口可乐推出中国区新包装，包装标签包括"闺蜜、室友、氧气美女、喵星人、白富美、天然呆、高富帅、邻家女孩、纯爷们、有为青年、文艺青年、小萝莉、积极分子、粉丝、月光族"等，几乎涵盖了近几年中国的所有网络流行语，可谓"卖得一手好萌"。当你看到这些卖萌包装的可口可乐时，你是不是觉得亲切可爱呢？可口可乐如是说："快乐和分享是可口可乐倡导的品牌精神。多年来，我们一直尝试用各种新的方式和方法与消费者沟通，贴近他们的生活。"可口可乐正是通过这些"萌萌哒"包装，以一种极具社交化特色和文化关联的方式，加强了与人们的联系。

可口可乐"卖萌"包装迎合中国年轻人口味

妙手偶得、浑然天成的好名字

可口可乐能在中国所向披靡，除了积累百年的品牌故事，还因为它有一个无可比拟、充满故事感的中文名称。

可口可乐，一直被认为是广告界翻译得最好的品牌名。它不但保持了英文的音译，还比英文更有寓意。可口可乐四个字生动地暗示出产品给消费者带来的感受——好喝、清爽、快乐——可口亦可乐。让消费者胃口十足，"挡不住的感觉"油然而生。

也正因如此，可乐逐渐成为品类的代名词和行业标准。Pepsi在进入中国时也被迫翻译成"百事可乐"，而不是"百事"。20世纪20年代，可口可乐已经进入上海，一开始翻译成一个非常奇怪的中文名字，叫"蝌蚪啃蜡"，被接受状况可想而知。于是可口可乐专门负责海外业务的出口公司，公开登报悬赏350英镑征求译名。当时身在英国的一位上海教授蒋彝，以"可口可乐"四个字击败其他所有对手，夺得了头奖。现在看来，可口可乐真是捡了个大便宜，用350英镑的成本换来了今天在中国的风光大卖。

很多洋品牌进入中国都被翻译得恰到好处，一听名称就是有传奇故事的品牌。比如汽车中的Benz，一开始翻译成了"笨死"，我国香港地区又叫"平治"，直到找到"奔驰"这个贴切的译名，才开始在中国大地奔驰如飞。

BMW翻译成宝马更是堪称神来之笔，占尽了中国文化语境中宝马香车的便宜；如果直译成巴伐利亚汽车，肯定不会有现在的江湖口碑。

翻译得巧妙，就像给品牌挠了一个千年大痒，为其注入了引人遐想的故事传播力。

这样的例子还有很多。

Walkman 是索尼的发明。最初，索尼将 Walkman 定义为能够随身携带的播放机。后来，所有能够随身携带的播放机都被叫作 Walkman。当然，这也是索尼的一个巨大的决策失误。他没有将 Walkman 当作品牌来做，而是当作产品来推广。

Citibank 花旗有一百多年的历史，没有人能够追溯当时是谁翻译了这个名字，但它的来源很有意思。相传之所以要翻译成这个名字，是因为它来自美国，而美国的国旗很花哨。

Nestle 雀巢创始人是亨利·雀巢（Henri Nestle）。"Nestlé"的意思是"小小鸟巢"。"雀巢"既是创始人的名字，又代表"安全、温馨、母爱、自然和健康"。

再来看一个反面例子，KPMG 毕马威会计师事务所。

"毕马威"这个名字在发音时，容易让中国人想起"齐天大圣弼马温"，容易让人误以为是乡镇企业。

KPMG 在 20 世纪 70 年代末进入中国内地市场，他的负责人要在工商部门注册，而不懂中文的他们就将公司三个创始人的名字，Peat、Marwick、Mitchell 的谐音"毕马威"注册成了公司的名字。

为企业和产品命名就像为自己的儿女取名字一样，父母们都希望孩子的名字有美好的寓意。而对于企业来说，名称最好能够准确地向消费者传达品牌的内涵，使品牌更加精致，有故事感与亲和力。

一个好的名字应该承载一个品牌的内涵，传达品牌的主张和承诺，帮助企业塑造传承广阔而久远的故事！

Hello Kitty：虚拟品牌故事

如果评选一只全世界最著名的猫，毫无疑问是系着蝴蝶结，眼睛小小的 Hello Kitty。这只诞生于 1974 年，连三丽鸥公司自己都不算十分满意的卡通形象在随后的 40 多年里风靡全球，成为有史以来最赚钱的卡通形象之一。作为日本卡通文化的代表，Hello Kitty 微笑地满足着人们如孩子般不想长大的心态，成为一个长盛不衰的文化符号。

如今，Hello Kitty 已经成为日本的一个文化符号，和芭比娃娃与米老鼠一样，是世界级的品牌。

紧跟时代的猫

Hello Kitty 颠覆了许多传统的品牌营销理念。身为一个人物造型商品，她既没有曲折的故事，也没有大量的影视作品烘托她的存在。她只是成为一个被印在各种消费商品上的流行偶像，游走在不同的文化间，向不同的消费群传递不同的信息。

Hello Kitty 需要把握时尚和潮流的脉搏，适应日新月异的流行文化，这并不是件轻松的事。三丽鸥的做法是，始终根据市场的变化保持对自己的产品进行大量更新，尽最大可能满足消费者挑剔而变化的口味。三丽鸥公司每个月都会有 500 个 Hello Kitty 新产品上市，同时不断淘汰旧的产品。它一直在调整自己的产品线，从而使得自己的产品能符合不同的潮流趋势。

从最初只针对儿童和青少年的玩具市场衍生到手机、手表乃至奢侈品等高端消费领域，看似呆头呆脑的 Kitty 猫其实是紧跟市场的。无论在亚洲还是欧美，她都在不断以消费者的特性变化为导向，更新自身的品牌内涵，使其不被时代所淘汰，永远把自己装扮成一个时尚的小猫。

以生活的名义定义品牌故事

Hello Kitty 的另一个成功之处就在于，她不仅激发了小女孩的兴趣，而且让成年人接受了这种新型的卡通形象。Hello Kitty 让成年人得以窥见年轻一代的生活态度。

由于日本经济衰退导致个人财富贬值、失业增加，以及复杂的人际关系，成年人越来越焦虑。Hello Kitty 身上的"纯真""梦想"等美好的标签成为稀缺品，尤其是女性，非常怀念童年时简单快乐、充满玫瑰色梦想的心态。

Hello Kitty 品牌的成功不仅仅是一只可爱猫的形象，而是因为她总是能在消费者需要的时候以一种适宜的形态出现，提供一种潇洒而时髦的方式让消费者回到童年时代，帮助忙碌中的人们找回童年的美好。与消费者建立了情感联结，为不同的人提供了一个契机来表达自己对纯真美好年代的向往。用一种理想化的生活方式和态度来定义品牌，Hello Kitty 对"童真文化"的理解不可谓不深刻。

Hello Kitty 是先有粉丝后有品牌的绝佳例证。数量不断扩大的"猫迷"群体足以让其他品牌羡慕到眼红。从玩具、吸尘器到高级奢华品等 22000 多种不同的商品，都能吸引到消费者，Hello Kitty 见证了粉丝经济的强大。

未来的社会是"卡通和游戏的社会"，因为 80 后大多是看着电视上的动漫故事长大的，而 90 后、00 后的孩子中则有不少游戏爱好者。面对这样一个消费群体，了解他们的成长轨迹和生活状态，以这群新生主流消费群体的意识形态为导向来开创、塑造、延展品牌，将会是长久的趋势。Hello Kitty 以生活的名义讲故事的发展之路值得我们借鉴。

故事让品牌更有力量

日本广告人川上彻说过："人是拥有感情的动物，故事就是驱动感情的力量。"员工如同消费者，对于成篇的文字很容易产生疲劳感。这让厚厚一本全是规章条例的员工行为准则失去了应有的功能。因此，企业要想有好的制度体系，与员工最好的沟通方式就是"讲故事"。那么，该如何用故事管理企业？

要有宏大的愿景。

愿景是企业未来的目标和梦想的蓝图，人们能从愿景中看到企业将去往何方，以及他们为什么要和你站在一起。这幅蓝图能够激发员工的使命感，也能感染消费者和所有利害关系人。

愿景对上市公司而言格外重要，愿景中除了用庞大的市场、独家的技术和创新的商业模式来激发投资人对获利的想象外，也要用数据作为支撑，动之以情晓之以理，才能吸引投资人的眼球，让投资人主动投入资金。

能吸引人

故事的风格代表着企业的文化，因此故事的语言非常重要，剧情应该严肃、幽默或是紧凑都有其讲究。想讲出吸引人的好故事，有一个 STAR 法则可以参考，分别是：情景 Situation、任务 Task、行动 Action、结果 Result。

首先，逻辑清晰有条理地点出时间、地点、背景及难题，接着说明每个人担任的角色和任务，以及该采取何种行动，最终期望得出何种结果,并达成哪些具体的目标。这不仅让每个人知道公司的状况,也方便员工融入情境中与公司并肩作战。

全球最大的咖啡连锁店星巴克靠的就是 CEO 霍华德·舒尔茨讲的一篇好故事。舒尔茨出生于纽约布鲁克林的贫民区,经常被描述为"铁轨的另一边",因此他从小就深刻体会到了贫富差距带来的影响。

1981 年年初,舒尔茨接到母亲的来电,希望他能回家看看父母。由于正好有一个大客户需要他去谈判,因此他狠心拒绝了母亲的请求。然而一周后,舒尔茨的父亲突患脑溢血去世。在整理父亲遗物的时候,他发现父亲小心地珍藏着自己送给他的圣诞节礼物:一罐偷来的咖啡,上面还写着"儿子送的圣诞礼物"。

看到这些,舒尔茨悲痛不已,他知道父亲最爱喝咖啡,因此 1982 年毅然决然辞去了年薪 7.5 万美元的职位,说服星巴克创始人让他加入了星巴克。

某次舒尔茨出差时,来到意大利米兰的咖啡馆,他发现放松的气氛、交谊的空间才是真正吸引消费者一再上门的精髓,消费者想要的不仅是喝一杯咖啡,更多的是享受咖啡的时刻。

舒尔茨像挖到宝贝般兴奋地想将这种模式复制到美国,然而,星巴克原创办人对舒尔茨的想法嗤之以鼻,抱负无从施展,舒尔茨只好离开星巴克,自己开设了一些小型的咖啡连锁店。两年后,他终于筹到足够的资金,买下了星巴克的全部股份。

舒尔茨的亲身故事篇幅虽短,但却饱含情感,其刚刚迈向事业的高峰便马上又跌入父亲病逝的低谷,故事曲折,高潮迭起,一开始就把人带入其中。

正是这个故事撑起了整个星巴克的企业精神，让大众更能理解舒尔茨的经营理念，也更能认同他以福利善待员工，注重员工与消费者的互动过程，用心把星巴克打造成除了家和办公室的"第三空间"的企业经营方式。

易传播性

虽然是企业故事，但要避免使用过于艰涩的商业用语和技术用语。当今时代人们的步调越来越快，大家不愿意再花过多的时间专注于一则广告或是企业信息，因此故事的句子要尽量简短，且能被迅速理解，适度搭配一些幽默感，才能有效且快速地传播。

易执行性

将公司的策略和员工行为准则化成易理解的故事后，还要容易执行。故事可以将企业拟人化，赋予每个员工不同的角色，对于每个员工的要求就像颁发任务卡让他们闯关，任务必须要依照角色的等级给予不同的难度，任务完成相当于角色升级，然后才能给他较难的任务。而企业必须确保每个任务都能被出色完成，并非只是空洞而不切实际的目标。企业也能适度提供标准作业程序（SOP），就像故事里都有清楚的游戏规则，让员工做起事来更有效率。

反复讲，让习惯成自然。若只是将企业故事打印出来贴在布告栏上，或孤零零地淹没在员工邮箱的垃圾信件中，那么这个故事终究只有创业者和撰写者知道，仍旧无法发挥作用。

故事应该做成卡片发给每个员工，并由 CEO 及各部门领导人积极宣传，对全体进行总动员，在晨会上练习讲述企业理念故事，并且纳入到员工训练和员工考核项目中。在推广的过程中也不能死板地逼员工死记硬背，可以融入游戏或竞赛中，把背诵企业故事变得有趣些,使之成为企业文化的一部分。

企业不管是对内对外,任何理念、新规定、新策略或新产品都可以用说故事的方法来管理,与员工及消费者沟通,当所有员工都认同企业理念而把企业当成自己的一部分时,自然会全身心投入其中。

剑桥大学组织行为学和领导力教授莎莉·梅特利斯称:"当一个人真的喜欢自己的工作,那这份工作中出现的任何小问题都不足以让他感到困扰,也不会放弃,这对个人和组织来说都是一件好事情。"

好的故事管理能让员工和企业并肩茁壮成长。

第六节　国家的品牌故事

正如柏拉图所言,"谁会讲故事,谁就拥有世界!"在讲故事方面,美国技高一筹,其成立不到300年,"年纪轻轻"便成了超级大国。

世界上最会讲故事的国家

美国是世界上最会讲故事的国家,两百多年来,美国不断塑造自己的国家形象:一个可以美梦成真的国家。美国故事是向全世界输出美国价值观的绝佳渠道。

美国的多位总统都是讲故事的高手。譬如,提出"星球大战计划"的里根、卖梦想的奥巴马、要"让美国再次强大"的特朗普……美国总统们总是不遗余力地利用任何一次机会宣传美国的强大与美国品牌。美国总统的就职典礼、总统出访等一定是"大阵仗、大排场",从不轻车简从。这背后其实是国家品牌的展示。

美国为什么能够让电影、文化产业传播到全世界?因为它知道怎么讲故事。好莱坞是美国故事的贩卖机,通过源源不断的娱乐影视作品潜移默化地向世界传输着美国文化。爱情片、动作片、科幻片等,绝大多数的好莱坞电影故事都在坚持并宣扬着美国的核心价值观。

输出美国故事的价值观

美国的建国精神是:"所有人都生来平等,他们都拥有相同的生命权、自由权以及追求幸福的权利。"并提出,少数人的成功不是我们所谓的成功,我们要让每个公民都实现自己的美国梦。

传播美国价值观最有力的不是美国的航空母舰,而是好莱坞电影。

美国故事的核心:为个人赋能

美国的国家故事之所以影响深远,一个重要原因就是所有的宣传都围绕着同样的核心——人。

在奥巴马的第二次就职典礼中,《华盛顿邮报》拍摄了一张高清晰度的全景照片,网友可以通过 Facebook 在照片中标注自己或在场的朋友。仅仅一天时间,就吸引了千余人参与标注。不忽视个体,营销会更有成效。

为品牌做广告

国家营销的终极目的之一就是为品牌做广告。美国总统们总是不遗余力地利用任何一次机会为品牌做宣传,通过一次次炫耀性消费，展示其品牌的强大。

美国总统的每次出访一定是"大阵仗、大排场"。空军一号庞大的机队、直升机、总统卡迪拉克座驾、总统卫队——美国总统出访时从不搞轻车简从，所到之处都是在为美国的品牌"刷广告"。在一次出访印度时，奥巴马共带了 2000 名随行人员，包下两间酒店，订了 870 个房间。兵马未动，粮草先行，早在奥巴马从白宫动身之前，美国就已出动 13 架运输机和 4 架直升机，把各式装备以及 20 多辆豪华轿车运到印度。而在为期 3 天的访问中，美方配备了 40 架飞机和 6 辆防弹重型装甲车。奥巴马本人乘坐一辆绰号为"巴拉克移动堡垒"的黑色凯迪拉克轿车——能抵御化学、细菌甚至炸弹袭击。

借势宣传卓有成效，极大地凸显了波音、凯迪拉克、西科斯基公司等品牌的强大。空军一号的原型机波音 747 成为全球生产数量多、应用最广的远程客机；西科斯基公司生产的海王直升机、黑鹰直升机同样畅销全球，而凯迪拉克更是成为家喻户晓的豪华轿车品牌。

全球 100 个最有价值的品牌中，美国品牌就占了 51 个。在世界著名品牌公司 Interbrand 公布的"2018 年全球最佳品牌榜"上的前十名依次为：苹果、谷歌、亚马逊、微软、可口可乐、三星、丰田、奔驰、Facebook、麦当劳，其中美国品牌占据七席。

讲好国家文化的品牌故事

美国有好莱坞，印度有宝莱坞。印度的宝莱坞和美国的好莱坞异曲同工，同样是借助于文化产业渠道输出国家文化与思想精神。

歌舞是印度的传统，因此从前我们看到印度输出的影片大多是以又唱又跳的歌舞为主，但是现在印度越来越会讲故事了，故事题材也越来越多样化。从 2011 年的《三傻大闹宝莱坞》算起，到后来以女性成长为主题的《摔跤吧！爸爸》的风靡，再到前段时间《一个母亲的复仇》在国内掀起的刷屏狂潮。以《摔跤吧！爸爸》为例，该影片讲述了一个渴望为国争光、改变女儿命运的"魔鬼父亲"是如何呕心沥血将女儿培养成才并赢得掌声与尊重的故事。平凡简单的故事呼吁了男女平等的价值观，也传达了爱国的荣耀精神。

迪拜："黑金"打造"现代空中花园"的美丽传说

20 世纪 90 年代，由于国际高油价的高企迪拜成为财大气粗的石油王国。然而好景不长，专家们在对其石油储量勘探之后，告知迪拜酋长一个不幸的消息，这些黑色黄金将在他的统治期内采掘一空。

酋长听闻之后大惊失色，急忙召见各界人士对迪拜的未来出谋划策。最终，在经过缜密的衡量比较之后，打造"世界顶级旅游胜地"成为迪拜日后能够依旧辉煌的正确选择。脱离了石油贸易的粗放式经济之后，迪拜完成了一次精致漂亮的转型。

迪拜，从"石油王国"到"空中花园"

在阿拉伯世界古老的两河流域文明中，曾有过世界奇迹之一的"空中花园"，见证了古巴比伦的繁荣与辉煌。如今，在距离巴比伦遗址不远的阿拉伯半岛上，迪拜正打造着另一个"空中花园"。

迪拜位于阿拉伯半岛中部、阿拉伯湾南岸，是海湾地区中心，与南亚次大陆隔海相望，被誉为海湾明珠。20 世纪 80 年代后期，迪拜的统治者清楚地认识到石油储量下降得很快，于是决定对迪拜的经济结构做出重大调整，从"卖产品"转向"卖服务"进行重要升级，迪拜旅游服务业开始为这个城市注入了新的活力。

迪拜的帆船酒店（BurjAl-ArabHotel）吸引着各国游客前来观光

此后，迪拜在发展经济的同时大力发展旅游业，迪拜酒店旅游住宿接待人数不断上升，1996 年接待 200 万人次，2013 年全年酒店共接待超过 1100 万人次。2015 年，迪拜的酒店房间数超过了 11 万间。2020 年迪拜世博会，目标是吸引 2500 万游客，其中国际游客达 70%。

迪拜这个新兴的城市吸引了众多娱乐和金融企业的涌入。自 2003 年起，迪拜旅游业收入已经超过石油收入，占到了 GDP 的 10% 以上。旅游业还提供了迪拜 25% 的就业机会，成为迪拜最主要的收入来源。旅游业的发达，促使迪拜的产业链得以延伸，7000 亿美元的热钱涌入迪拜，房地产业、贸易加工、电信和水电、高科技产业全面得以升级。迪拜市内建设有 22 个政府贸易中心，1.2 万个工商企业以及数不胜数的豪华旅游酒店。

迪拜的成功模式已成为周边国家争相模仿的对象,一个新的"空中花园"正以惊人的发展速度呈现在世人面前。

奢侈品牌精致化

从一个石油王国到成为世界旅游业中的翘楚,迪拜城市品牌之所以能够获得巨大成功,主要是因为通过一系列的品牌精致化升位,树立了旅游业高端品牌的形象,并不断注入新鲜奢华的元素。

首先,迪拜对于旅游消费受众群体的定位十分明确,打造顶级休闲之城,无论是休憩一晚便需1万英镑的"阿拉伯高塔"酒店,沙漠之中耸立而起的数十座高档购物中心,还是频频举办的高端国际论坛与各种世界大赛……迪拜成功吸引了全世界的注意力,"朝圣者"纷至沓来,迅速完成了从"烧钱"到"赚钱"的飞跃。

精致化是一个与消费者沟通的过程,是追求卓越、精益求精、精雕细琢的品牌目标。为符合上层社会的需求,迪拜将各层面的旅游产品都做到了极致化。

硬件只是一个城市的躯壳,只有不断注入文化软实力,才能提升城市品牌;迪拜不仅是摩天大楼之城,还是故事不断之地:老虎伍兹在沙漠的高尔夫精英赛挥杆,汤姆·克鲁斯在其电影《碟中谍4》中徒手攀爬迪拜塔,获诺贝尔经济学奖的大师在顶级论坛纵论天下大事……可谓"谈笑有鸿儒,往来无白丁"。

新加坡也是讲故事高手

新加坡建国于1965年,当时的国土面积只有600平方公里。一个刚刚组建的国家"一穷二白",该怎么讲故事?埃及有金字塔和狮身人面像,丹麦有美人鱼,中国有万里长城,日本有富士山,新加坡什么都没有。李光耀为了发展旅游业,就大力要求讲新加坡的故事,没有故事可以创造故事——丹麦的美人鱼和埃及的狮身人面像就组合成了新加坡的图腾——鱼尾狮。

鱼尾狮是一个虚构的动物,它的设计灵感来自于《马来纪年》的记载。相传在14世纪,新加坡被称为淡马锡,有海域之意。苏门答腊的王子看到遥远依稀的新加坡岛,十分神往,决意要乘船去看个究竟。那个时候,航海技术并不发达,小船在大海上行驶,天气突变,海浪翻卷起伏,船在颠簸中一点点下沉,情况万分危险。王子命令将船上所有东西都扔下去,但船还是在慢慢下沉。这时一个水手对王子说:"现在只有一件东西还可以扔掉,那就是您的王冠。"王子想想生命最重要,人若死去了,王冠还有什么用呢?于是,王子便将王冠丢下海里。这时,奇迹出现了,汹涌的海水立刻平息了下来,他们瞬间脱险了。在快要靠近海岸的时候,他们看到了一个美丽的动物从眼前驰过,这神物头黑胸白,长着狮子的头、鱼的身子和尾巴。

这就是新加坡鱼尾狮美丽动人的传说。鱼尾狮的创意不仅为新加坡添加了一个传奇故事,还成了新加坡的地标象征,每年都吸引着世界各地的大量游客。

寻找中国的品牌故事符号

美国一位记者萨拉·邦焦尔尼写过一本叫《离开中国制造的一年》的书,她在书中写到,如果没有中国制造,美国人的生活将是一团糟,由此可见中国制造的重要性。但我们面临的一个重要的挑战就是如何实现从中国制造向中国品牌的转变。

塑造一个强大的国家品牌一定要找到自己的品牌传播符号。对于一个有着悠久历史的多民族国家来说，寻找并传播中国的品牌符号是一次艰难的长征。中国的品牌符号是什么？在新时代的潮流下，我们要让世界对中国的认知除了古老的四大发明以及京剧、武术、孔子外，还要有全新的认识。

中国的国家故事也在不断创新：中华文化历史悠久，底蕴深厚，品牌认知深入人心。我们不仅有古老的四大发明、京剧、武术等，还有全新的中国高铁、移动支付等品牌符号和形象。

当中国不仅为全世界制造产品，中国的品牌也被世界追捧，中国人东方式的生活方式也为世人津津乐道时，中国的软实力才会得到较大提升。

CCTV培育"品牌国家队"——《大国品牌养成记》

衡量一个国家经济实力的强弱，要看它有多少世界性的品牌；衡量一个地区经济实力的强弱，看它有多少区域性的品牌。日本某前首相总结道："在国际交往中，索尼是我的左脸，松下是我的右脸。"

品牌是一个国家最有代表性的符号：想到美国，人们会想到谷歌、苹果、亚马逊、可口可乐……想到法国，人们会想到路易·威登、迪奥、香奈尔……想到德国，人们会想到奔驰、宝马、奥迪……

"二战"后，新兴经济体在崛起的过程中，都把品牌战略列为国家战略，韩国甚至组建了直接隶属于总统的"国家品牌委员会"（PCNB），帮助本国企业建设全球性的自主品牌。

2017年5月10日，中国首次设立国家品牌日；同年7月，中央电视台（以下简称央视）正式推出《大国品牌》。

中央电视台推出 《大国品牌》栏目

《大国品牌》的诞生

《大国品牌》（全称《大国品牌养成记》）是央视一套一档三分钟的品牌故事片栏目。栏目站在国家级主流媒体的平台制高点上，深入挖掘企业内涵，精心讲好每一个品牌故事。自 2017 年开播以来，《大国品牌》已吸引了三十余家各行业头部企业以及快速崛起的独角兽企业，栏目迅速成长为央视热门 IP 之一。

与 TCL 的成功合作可谓是《大国品牌》栏目打响名号的开山之作。《大国品牌》栏目成立后，TCL 看准这一契机和央视平台的影响力，成为栏目的战略合作伙伴。《大国品牌》栏目组深入 TCL 集团，挖掘品牌故事，陆续制作推出了十余个篇章的品牌故事片。在《向伟大时代致敬》中，TCL 董事长、CEO 李东生现身讲述 TCL 从偏僻小厂成长为可以与全球顶尖科技巨头同台竞技的知名品牌的全球化逐梦之路；《智慧科技篇》通过讲述 TCL 的科技创新与变革，让消费者了解到 TCL 为满足人们对美好生活的追求所做出的努力。

在这些品牌故事片中，《大国品牌》开创性地将 TCL 品牌价值观通过代言人、体育 IP、娱乐 IP、全球化成果等融进品牌片中，在主流媒体上持续输出 TCL 作为大国品牌"标杆"的品牌价值观，通过 IP 自身影响力及输出价值观搭建情感纽带，帮助 TCL 有效触达 C 端用户，实现价值的最大化。而 TCL 也借助《大国品牌》，在实现品牌与《大国品牌》标签强关联的同时，让更多消费者看到了焕然一新的品牌形象。

2019 年，红太阳集团与《大国品牌》进行深入合作，开启品牌建设全新征程。红太阳集团是一家以农药起家，产业涉及绿色农业、新材料、新能源汽车、大数据、食品跨境电商、智慧农贸等领域的大型综合性企业。《大国品牌》栏目组研究考察红太阳集团，与企业创始人深入沟通，于细微处发现品牌故事。先后推出《集团篇》《绿色农业篇》《新材料篇》等一系列品牌故事，迅速提升红太阳的品牌知名度，塑造了"大国品牌红太阳"的企业形象。

《大国品牌》的符号价值

"大国品牌"是一个长效的强赋能 IP。不同于短期的市场解决方案，《大国品牌》成功地为企业品牌获得了与市场、消费者之间的良好互动，实现品效双丰收。

天朝上品酒业曾连续两年携手《大国品牌》，并同步启动陆、海、空、天四大品牌战略，结果 2017 年天朝上品平均每天销售 10 万瓶，全年销售突破 1.5 万吨，创中国新品单品销售之最，同期销售额实现 609% 的增长。

2018 年，今麦郎方便面类营收逆势大涨 31%，今麦郎凉白开营收涨幅超过 50%；温氏集团股份强势巨量涨停，企业市值飙升至 1929 亿元；八马茶叶连锁专卖店达 1600 家，新开门店增加 200 家以上……

公开数据显示,TCL、红太阳、安踏、九牧、纳爱斯、立白、格兰仕、东鹏等,这些《大国品牌》平台合作企业品牌价值平均增长 55%。

那么《大国品牌》何以有如此强大的品牌助推力?

其一,在传媒领域,中央电视台具有国家电视台的权威性、公信力和影响力,其独一无二的主流平台价值与消费者心智认知完全一致。

其二,《大国品牌》能够寻找到最具张力的中国品牌故事符号,艺术化地讲好每一个品牌故事,从长远来看,具备精神内涵和衍生价值的内容传播,给品牌带来的收益将经久不衰。

其三,《大国品牌》通过"央视+全媒体矩阵"的立体传播体系,用"品牌 IP 化"的营销思维在点、线、面上全方位对企业的品牌基因进行深层次的表达,开启品牌营销新时代。

《大国品牌》的品牌价值

出色的成绩不仅来自于《大国品牌》企业本身所蕴含的深厚底蕴,也来自于总出品人吴纲所提出的愿景——建设"品牌国家队",助力中国品牌世界共享。

中国有 14 亿人口,这个数量相当于美国、日本和欧洲的总和,单凭满足国内消费需求就有非常多的机会,每个行业都值得再做一遍。

只要能为国民带来福祉,带来好的品牌体验、质量体现和美好生活方式的品牌都可以成为"品牌国家队"的一员。向世界亮出"中国品牌国家队名片",是所有中国品牌的使命和担当。

Chapter Two

第二章
好莱坞故事模式和故事母题

故事花样繁多,但人类的故事有很多永恒的母题。《哈姆雷特》讲的是王子为被害的父王向篡位的叔叔复仇的故事,"复仇"是母题。《灰姑娘》《泰坦尼克号》讲的是打破世俗藩篱的爱情故事,"爱情"是母题。有史以来,人类的故事常讲常新,但好的母题却不断被重复。

什么是好母题?好母题都与人的情感有关。

莎士比亚曾借哈姆雷特之口盛赞人类:"人是多么了不起的一件作品!理想是多么高贵,力量是多么无穷,仪表和举止是多么端正、多么出色。论行动,多么像天使;论智慧,多么像天神!人是宇宙的精华、万物的灵长。"

所有永恒的母题都指向人类的终极关怀。Vera Wang 讲述独一无二的爱情故事让人心动,LV 讲述生命的意义而令人感动,EthosWater 帮助孩子的故事带给人温暖……给品牌一个好故事,就必须先为品牌找一个好母题。

第一节　好莱坞的故事模式

好莱坞是美国的软实力体现者之一,靠着向全世界贩卖故事,为美国带来大笔财富,出口额收入仅次于高科技和军火。

好莱坞的故事广博丰富,宣扬博爱、自由和正能量的主题以及美式英雄主义。

好莱坞的故事模式从传统的西部片到现代的科幻片,有很多都是英雄拯救世界的主题。神话学大师约瑟夫·坎贝尔的成名著作《千面英雄》,把好莱坞的英雄历程归纳为:日常世界—冒险的召唤—拒绝冒险—导师出现—跨越第一道门槛—考验、盟友、敌人—深入虎穴—严峻的考验—获得奖赏—踏上归途—浴火重生。

从20世纪70年代第一部超级英雄电影《超人》诞生到如今席卷全球的《复仇者联盟》,无一不是这样的故事模式。

2008年,美国电影学会公布了一个世纪以来百部最佳影片,其中有95%都符合"英雄历程"的故事模式。

但自1911年第一个电影工作室在好莱坞肇始至今,好莱坞故事却始终引人入胜;在商业化的故事模式之下,好莱坞的金牌编剧又非常善于创新。

好莱坞编剧都精通观众心理学。看好莱坞大片能让观众感受到智慧博弈的快乐。

"文似看山不喜平",一部好电影的故事,必须出人意料,用各种神转折让观众脑洞大开。如果观众看了开头就猜中了结尾,或者看了第一幕就猜出了第二幕,那这部电影就失败了,你的故事根本卖不出去。

所谓神转折,其实是创新的集合。

以获得2019年第91届奥斯卡最佳影片的《绿皮书》为例。本来以种族歧视为主题的片子在美国很难讲出新意,但《绿皮书》的编剧却让片中的人物关系来了个大反转:黑人是上流社会的"老板",白人是夜总会出身的"混混",让白人为黑人打工,所以故事一开始就充满了戏剧性的张力;接着在路上黑人由于同性恋被警察拘捕羞辱,白人司机靠"行贿"救出黑人老板,俩人的关系发生了神转折。故事的高潮是白人下属为黑人老板争取"平权"待遇。电影中每一次转折都出人意料。

单纯一个故事撑不起一部好电影,一部好电影必须能把故事讲得动人心弦。中国传统相声讲究"三翻四抖",一个好相声要经过再三铺垫烘托,对人物故事加以渲染来营造气氛,最后才把包袱抖开以产生笑料。

郭德纲的相声出彩的地方,就是他比其他相声演员更会讲故事,各种神转折让人出其不意,拊掌大笑,比如:

郭德纲:"孙悟空很傻很天真,他就是一只猴,他看守蟠桃园,7个仙女过来摘桃,他喊了一声'定',这7个仙女都定这儿了,他竟然转身去摘桃,可见猴就是猴啊!"

于谦:"要是您呢?"

郭德纲:"我得拿个篮子。"(出乎意料,观众大笑)

莫言在诺贝尔文学奖颁奖典礼答谢演讲中讲过这样一个故事:

有八个外出打工的泥瓦匠,为避一场暴风雨,躲进了一座破庙,外边的雷声一阵紧似一阵,一个个的火球,在庙门外滚来滚去,空中似乎还有吱吱的龙叫声,众人都胆战心惊,面如土色,有一个人说:"我们八个人中,必定一个人干过伤天害理的坏事,谁干过坏事,就自己走出庙接受惩罚吧,免得让好人受到牵连。"自然没有人愿意出去,又有人提议道:"既然大家都不想出去,那我们就将自己的草帽往外抛吧,谁的草帽被刮出庙门,就说明谁干了坏事,那就请他出去接受惩罚。"于是大家就将自己的草帽往庙门外抛,七个人的草帽被刮回了庙内,只有一个人的草帽被卷了出去,大家就催这个人出去受罚,他自然不愿出去,众人便将他抬起来扔出了庙门,故事的结局我估计大家都猜到了,那个人刚被扔出庙门,那座破庙轰然坍塌。

这个故事充满了隐喻,也让人们对故事高手莫言当时的心境演绎出各种猜测。

好莱坞之所以能够长盛不衰,是因为其故事模式从没停止过创新和颠覆。

科恩兄弟的电影《老无所依》(No country for old men)获得了2008年第80届奥斯卡最佳影片;这部影片就是对美国西部片故事模式的一次颠覆。

一般的西部片都是一个孤胆英雄勇斗恶势力,最后取得胜利。

但《老无所依》讲的却是一个冷血杀手和老实木讷的警察斗智斗勇的故事：杀手要杀的每一个人，警察都没有保护住。电影中的谋杀案都是事先张扬的，但杀手每一次杀人都最终得逞。结局是杀手完胜，而警察完败。每一次杀人都出人意料，也充满惊悚。故事到最后，从不讲规则、随心所欲的杀手却在十字路口被闯红灯的过路车（更不讲规则）撞成重伤。

故事的母题也要创新。2018 年奥斯卡获奖影片《三块广告牌》将母爱、复仇、小人物、大英雄的逆转交织在一起。绝望的母亲海耶斯因女儿惨遭奸杀但追凶无果，无奈之下，在路上竖起三块广告牌与警察局展开对峙。在这个过程中看似不作为的警察局长，实际上因为线索太少迟迟无法抓到凶手充满自责；加上自己身患绝症，不堪压力最终饮弹自尽。崇尚暴力、妈宝男、歧视有色人种的小警察却为了证明自己是个好警察，最终和海耶斯一起踏上追凶之旅。

影片将幽默、暴力、痛苦、荒诞杂糅在一起，以犯罪反犯罪，故事全程不断反转，高潮迭起，充满戏剧张力又引人深思。

不仅是故事本身千变万化，好莱坞的叙事方式也时常被颠覆。

1992 年，被称为鬼才导演的昆汀·塔伦蒂诺凭借《落水狗》一片崭露头角，这部讲述珠宝店抢劫的电影从头到尾没有珠宝店的场景；犯罪的枪战戏大部分都是靠嘴来打（说）。昆汀有一个极其高明的设定，六名彼此不认识的强盗被安排在一起打劫，其中有一个人是卧底，抢劫失败后，他们要找出究竟谁是卧底。

随后，昆汀的另一部颠覆性电影《低俗小说》凭借对讲故事手法的大胆创新，拿下了包括戛纳金棕榈在内的多项大奖，奠定了他的江湖地位。

《低俗小说》由 6 个彼此独立而又紧密相连的故事所构成，没有采用常规的时间顺序讲述,而是打乱顺序、嵌套循环、多线并进,最后再形成闭环,以非常精巧的结构展开讲述。这种"无序"恰恰调动起了观众的积极性,成为一种耐人寻味的游戏。

《杀手没有假期》是英国著名导演马丁·麦克多纳执导的首部个人电影,前文讲到的《三块广告牌》是他2018年的作品,获得了奥斯卡最佳编剧奖。

马丁·麦克多纳是个讲故事高手。电影开头就交代杀手是为了钱而杀人;但整部片子看完,也没见到电影中的主人公与钱的纠葛。这是一部英国式幽默的影片,充满各种反转:表面上童话般美丽的布鲁日小镇,却成为犯罪者的天堂;本应该充满戾气的杀手却看上去像谦谦君子。杀手在误杀了孩童之后,心生内疚甚至想到自杀。从不择手段、固执己见到忏悔反省,影片主角的人设来了个180度的反转。而和影片中的坏人比起来,那些所谓的好人却显得猥琐得多。秃头用敲诈的方法抢钱、用告密的方式报自己眼睛被打瞎的仇;加拿大人貌似有教养,却率先出言不逊事后又靠警察主张权利。正是这巨大的反差,让这部电影充满了吸引力。

好莱坞故事模式接下来的创新是把漫画改编的超级英雄电影提升到一个崭新的层次。

2008年,克利斯朵夫·诺兰执导的《蝙蝠侠:黑暗骑士》上映,以现实主义警匪片的手法包装了一个极度写实的超级英雄故事,上映首周便打破各项票房纪录,并成了影史上第一部跨入"10亿美元俱乐部"的超级英雄电影。这部电影的颠覆性在于,在脸谱化的外表之下,正邪两方却不再是脸谱化的好坏分明。正派人物的蝙蝠侠身穿斗篷,戴着面具穿梭于暗夜之中,惩恶扬善、匡扶正义,守护哥潭市的安宁,是绝对的英雄代表。也可以说人们为满足自己心中自由、正义信仰的需要，创造了蝙蝠侠。而反派小丑不在乎金钱，也不追求名利，他的理想就是对人性重新做考量，他要迫使从不杀人的蝙蝠侠手上染血，颠覆人类的信仰。

在《蝙蝠侠：黑暗骑士》这部电影中，政府和法律显得软弱无力，他们嘴上说着疾恶如仇，行动上又一再向恶势力妥协。最后，人们呼吁以暴制暴来解决问题。在这部电影中，英雄和小丑不再泾渭分明，英雄和小丑成为大众人格分裂的统一体。

2018年的一部小成本电影以全新的故事模式爆红全球。这部被称为桌面电影的《网络谜踪》，以电脑桌面为载体，讲述一位16岁少女突然失踪后，父亲通过破解她的各种社交网站密码展开追查的故事。

影片从头到尾都是在线直播的视角，几乎完全颠覆了电影的视听语言，而且在故事设置上，开头几分钟内凶手就已经出现了，可是在导演的各种烟雾弹掩盖下，直到最后一刻，观众才恍然大悟。

这部耗资仅300万美元的影片上映一周后，就在全球收获了3000万美元的票房。导演是一位90后印度小伙，从美国南加州大学电影制作专业毕业后被谷歌挖角，最终他还是辞职，成功拍出这部《网络谜踪》。

《罗生门》是日本的世界电影大师黑泽明拍摄于1950年的一部经典影片，改编自芥川龙之介的小说：12世纪发生了一起轰动全日本的凶杀案——武士金泽武被人杀害在丛林中；而樵夫、强盗、死者的妻子、借死者的魂来做法的女巫……每个人的讲述都不一样，每个人都希望美化自己，有选择性地遗忘或篡改不利于自己的情节，而真相却淹没在每个人的讲述中。

自媒体时代，每个人都被赋予了讲故事的权利；但网络时代被称为罗生门的"后真相时代":事件当事人往往各执一词,都按照对自己有利的方式来讲述或编织谎言,最终使得事实真相扑朔迷离,难以水落石出。

道可道,非常道。在历史的长河中,我们每个人都是故事的主人公,都要学会如何把故事讲精彩。

第二节　永恒的母题——爱情

爱情是永远流行的品牌。

——美剧《欲望都市》

《人鬼情未了》告诉人们生死不是问题,《金刚》告诉人们物种不是问题,《洛丽塔》告诉人们年龄不是问题,《断背山》告诉人们性别不是问题……只要有爱,人类可以克服任何障碍。好莱坞拍出了许多以爱情为母题的影片,这些影片满足了许多痴男怨女的美梦,成为不朽的经典。而历届奥斯卡最佳影片中讲述爱情的故事影片占所有影片总数的一半。爱情是人类进化的引擎,只要人类存在,爱情便亘古常新。

德芙巧克力——爱是恒久忍耐

1919年的春天,夏洛特公主继承了卢森堡大公国王位;这一年,双喜临门,她和波旁王朝的后裔费力克斯王子喜结连理。每天宾客满盈,王室的后厨简直忙坏了,整天都在清理碗筷的莱恩,双手裂开了好多口子。当他正准备用盐水随便将就着处理伤口时,一位美丽的姑娘缓缓走来,轻声对他说:"你好!很疼吧?"这位美丽的姑娘的真实身份是卢森堡王室的芭莎公主,机缘巧合下她来到了后厨,遇见了受伤的莱恩,自此两个原本属于不同阶层的人,从相遇走向了相知,然后逐渐相爱了。

在当时那个年代,冰淇淋还是一种珍罕的美食,王室中地位很低的芭莎公主很难会尝到。于是,暗恋芭莎的莱恩,每到晚上,就会偷偷溜进厨房,为她做"专属"的美味冰激凌吃。作为回报,芭莎还会教莱恩学习英语,两人一边品尝美食一边谈论古今时,时间总是会在不知不觉中飞速流逝。

在情窦初开的年纪,遇上了心爱的人,甜蜜的滋味萦绕在他们的心头。可是,身处尊卑分明、阶层固化的年代,身份差别又过大的他们,早就已经注定了悲剧性结局。最终,他们两人也只能把这份感情默默地埋藏在心底,都没能诉说出自己心中浓浓的爱意。

为了提升在整个欧洲的地位,卢森堡与比利时签订了盟约,而巩固两国之间关系的最好办法就是"王室联姻",于是年少未婚的芭莎公主成了被选中的人。这个消息来得太过于突然,莱恩只能四处寻找芭莎问清情况,结果却一直都没能见到她。心急火燎、辗转反侧的莱恩,在一个月后的餐桌上,终于如愿见到了芭莎公主,可她却看起来非常憔悴,整整消瘦了一大圈。

在后厨帮厨的莱恩没机会与芭莎直接交谈,好在聪明的他想到了利用糕点这一招,在芭莎的冰淇淋上,莱恩特意用热巧克力写下了"DOVE"这几个英文字母,也就是"Do you love me?"的缩写。他相信芭莎一定能读懂他的心声,可芭莎踟蹰良久、茶饭不思;当她坐到餐桌上时,巧克力已经融化了。几天之后,履行盟约的芭莎远嫁他国;触景生情的莱恩整日郁郁寡欢,最终忍受不了相思的折磨,在一年之后也离开了卢森堡大公国,远渡重洋到美国一家高级餐厅打工。聪明能干的莱恩得到了餐厅老板的赏识,老板不仅重用莱恩,甚至还把自己的女儿许配给了他。时光流逝、事业上升、生活安稳、儿子降临……一切看似岁月静好,然而只有莱恩自己知道,自己心底的创伤从来都未抚平过。压抑不住的莱恩,最终向妻子诉说了自己心中的隐情,无法接受实情的妻子愤然离开了他。

此后的莱恩一直单身带着儿子,经营着一家糖果店。直到1946年的一天,莱恩的儿子追赶一辆冰淇淋车时,他的记忆之门才被再次打开。自芭莎离开后,莱恩为免睹物思人,就再也没亲手做过冰淇淋。如今,莱恩不禁想起了曾经的点滴,于是重拾起了过去没能来得及为芭莎完成的工作。经过长达几个月的精心研制后,一款被香醇巧克力包裹、富含奶油的冰激凌终于问世了,并被刻上了"DOVE"这四个字母。天真的儿子对此甚是不解,不停地问莱恩:"'DOVE'(德芙)是什么意思?"莱恩轻轻地对他说:"这就是冰激凌的名字。"这款冰激凌一经推出就广受好评,可在这时,莱恩却收到了一封来自卢森堡的信,是一个曾在王室后厨一起干活的小伙伴写给他的。信中写道,芭莎公主曾派人四处打探他的消息,希望莱恩能去看望她,但是却得知他去了美国并结婚的消息。

其实这封信很早就发出了,只是受第二次世界大战的影响,迟迟未能送到莱恩的手里。好在历经了千难万险,相爱的两人终于得以相见,可此时的他们却都已经被岁月留下了伤痕。曾经貌美的芭莎虚弱地躺在病床上,昔日清澈如光的眼睛都变得灰蒙蒙的,再也不复从前了。

如愿以偿见到芭莎的莱恩,激动地扑倒在了芭莎公主的床前,颤抖着握起了她苍白的手,眼泪也无法自抑地滴落下来。虚弱的芭莎伸出手来,缓缓地抚摸着莱恩的头发,用几乎听不到的声音,轻轻地唤着他的名字。两人不禁谈论起了往昔，芭莎回忆说，她非常爱莱恩，曾以绝食抗争；可在被关禁闭一个多月之后，她也只能认清自己无法逃脱王室包办婚姻的宿命，最终选择了向命运低头。她对父母说，她同意这段联姻，但条件是能再回卢森堡吃一次下午茶，因为她想与莱恩做最后的告别。可造化弄人，她吃了莱恩做给她的巧克力冰激凌，却没能看到那些融化的字母，以及那些没能说出口的爱意。两人时隔多年的误会终于解开，了解了真相的莱恩泣不成声，但一切都已经晚了。在三天后，芭莎还是没能抵抗住病魔，最终离开了人世间。一直照顾芭莎的佣人对莱恩说，自出嫁后芭莎就整日郁郁寡欢、茶饭不思，使得疾病缠身；在得知莱恩离开卢森堡并且已经在美国结婚后，更是一病不起。无比悲伤的莱恩不禁想，如果当年冰激凌上的热巧克力字母不融化，那么芭莎就会明白他的心声，说不定会是另外一种结局。

于是，莱恩开始着手研制一种固体巧克力，让它可以保存得更久。经过长时间的苦心研发，这种固体巧克力终于问世，并且在每一块巧克力上都刻上了"DOVE"，以此来纪念他和芭莎错过的爱情。既苦涩又甜蜜，既悲伤又动人，这是德芙巧克力的味道，也是爱情的味道。当情人们送出德芙时，送的也不仅仅是巧克力，还有浓浓的爱意，以及那句轻声的爱意之问"Do you love me？"既然爱他/她，那就要及时让爱的人知道，如果你羞于表达，那就让德芙巧克力替你来实现。

如今，注入了爱情元素的德芙巧克力深受年轻人的喜爱，已经成为情人节情侣之间互送的首选礼物，这就是爱情故事的魔力。

Vera Wang——被当作艺术的爱情

2014 年,汤唯身披 Vera Wang 婚纱,精致的刺绣花朵浪漫优雅,和韩国导演金泰勇正式结为夫妻。

2008 年,顶级影星刘嘉玲和梁朝伟在不丹举行婚礼。婚礼上,刘嘉玲选择了 Vera Wang 婚纱,以见证 20 年爱情长跑后的辉煌仪式。

2007 年,凯蒂和汤姆·克鲁斯在意大利古堡的婚礼上,凯蒂身着 Vera Wang 婚纱出席。

2006 年,加拿大摇滚女星艾薇儿和音乐人德里克在美国加利福尼亚州完婚,Vera Wang 婚纱惊艳全场。

1999 年,贝克汉姆和维多利亚宣布结婚,让全球人都记住的童话世纪婚礼在英国举行,维多利亚穿上了 Vera Wang 婚纱,受到众人瞩目。

歌后布兰妮在自己的婚礼上也穿着 Vera Wang 的顶级婚纱,并宣布自己"从来没有过那么漂亮的礼服"。

Vera Wang 是由华裔时装设计师王薇薇于 1990 年创办的婚纱品牌。至今,Vera Wang 的新娘礼服已经成为全球新娘礼服的代名词,一套礼服的价位大约为 6000~13000 美元。当然,若是想请王薇薇亲自为你设计,你将花至少 2.5 万美元,这比租一套礼服的价格贵了近 100 倍。

是什么让人们愿意花一辆汽车的钱去购买一套婚纱?原因之一是 Vera Wang 有一个成功的品牌故事,尤其是成功的故事母题。那么,让我们来看看 Vera Wang 是如何找到属于她的独特的故事母题。

Vera Wang 的创始人王薇薇是一个典型的生活艺术家。少年时，她曾获得花样滑冰的冠军。在巴黎留学时，她对时装设计产生了浓厚的兴趣，由此将艺术的天赋从舞台带进生活。1989 年，王薇薇与高尔夫球商 Arthur Becker 结婚。这个用艺术的态度生活的女人，在一生最重要的时刻，自然而然地将婚纱视为她婚礼上圣洁的艺术品。王薇薇为此访遍了美国各大婚纱店，希望选择一款中意的婚纱，但终未能如愿。对艺术苛刻的态度，让王薇薇选择亲手为自己作嫁衣。正是这一件婚纱，让所有的婚礼嘉宾大为赞叹，也让王薇薇有了创建婚纱店的想法。

1990 年，王薇薇用家族赞助的 400 万美元作为启动资金，在曼哈顿开设了第一间 Vera Wang 门市店。她将艺术的思维融入品牌，并发表言论："对一个女人来说，一生中最重要的时刻就是举行婚礼，那是女人梦想的开始。我梦想成为一名杰出的艺术家，让婚姻成为一种艺术品。"这就是 Vera Wang 品牌故事的母题：爱情应该被当作一种艺术，婚纱则是解说爱情的高贵的艺术品。

每一段婚姻都是一个故事，每一件婚纱都是对这个故事的艺术再创作，都浓缩了所有爱与恋，并且是独一无二的艺术珍品。当婚纱升华到爱情的艺术时，Vera Wang 便凭借独特的天赋将这个艺术品牌雕刻到极致。每一位光临的顾客都清晰地体会到：我拥有的不是婚纱，而是饱含自己独有爱情的艺术珍品。

因为每个人都有属于自己的不同的爱情故事，Vera Wang 会根据新人不同的气质为其量身定做不同风格的婚纱。最被业内称道的是为怀孕的乌玛·瑟曼设计的那套纱质婚纱。乌玛·瑟曼结婚时肚子已经很大了，传统意义上的束腰婚纱显然不适合，那么该用什么样的婚纱体现乌玛·瑟曼的美丽和幸福？Vera Wang 为其选择了一款带有许多蕾丝花边的纱质婚纱,这让到场的宾客惊艳不已。甚至有人赞叹说:原来除了 S 形,女人的身体还可以有其他美丽的曲线。

另外,对于有过失败婚姻,又再次走入婚姻殿堂的顾客,Vera Wang 又有不同的处理方法。Vera Wang 通常不会为他们设计白色婚纱,因为白色婚纱是少女出嫁时象征纯洁和忠贞的礼服。再婚顾客的婚纱多选用粉红或湖蓝等颜色,更多代表现实的温情。1998 年情人节,莎朗·斯通在与著名制片人迈克尔·克林柏格结束三年婚姻后,与费尔·布朗斯腾步入婚姻。在这次婚礼上,莎朗·斯通穿的就是 Vera Wang 设计的粉红色雪纺婚纱。

Vera Wang 以爱情艺术为母题的品牌塑造网罗了众多世界级的艺术明星和上流社会名媛。随着女人对 Vera Wang 的迷恋,社会上还产生了一个有趣的现象:一些婚姻失败的女人尽管早已忘却了曾经的男人,但却忘不了 Vera Wang 婚纱。于是,当有机会再度与人共结连理时,她们会迫不及待地再次走进 Vera Wang 的婚纱店。

包含爱情的优秀故事母题如表 2-1 所示。

表 2-1 爱情优秀故事母题

	品牌	产品	故事母题	母题描述
Top 1	戴比尔斯	钻石	永恒的爱情	钻石恒久远,一颗永流传
Top 2	哈根达斯	冰激凌	考验爱情	爱她就请她吃哈根达斯
Top 3	香奈尔	5号香水	浪漫的爱情	我只穿 CHANEL No.5 入睡
Top 4	Singelringen	单身戒指	招募爱情	享受单身等待爱
Top 5	Vera Wang	婚纱	独一无二的爱情	在你的婚礼上,你是能以情色动人的

第三节　永恒的母题——生命

生命，那是自然会给人类去雕琢的宝石。

——诺贝尔

有一位工人在野外作业时，被电击心脏停止跳动，为他做人工呼吸，仍没有反应。路过的一位医生身边只有一把水果刀，情急之中医生用这把水果刀切开他的胸腔，以手折断肋骨数根，将手探入胸腔按动心脏使之恢复跳动，工人"死"而复生。

很多人听闻后都纷纷指责说，他这么做，难道不怕病人感染吗？也有人担心如果这位被救活的工人留下终生的后遗症，他会不会起诉这位路过的医生。这时一位著名的医学教授站出来说，被感染或是抵御感染都是生命活力的体现。永不受感染，只有一种情况，那就是生命不复存在。那位用水果刀做心脏手术的医生被授予了医学界的最高荣誉；后来，美国还通过了类似《好人保护法》：在紧急状况下，医生在救助垂危的病人时免于被追责。

列宁最爱的故事——《热爱生命》

1924年，遇刺后还日夜辛劳的列宁病情加重，住进哥尔克村的一所医院。除了口授一些重要文件之外，列宁用大量时间来阅读国内外作家的名著，他最喜欢读的是《热爱生命》。在和病魔搏斗难以入睡的长夜里，列宁就叫夫人克鲁普斯卡娅读给他听。

杰克·伦敦的名著《热爱生命》

一天夜晚,列宁突然对夫人说:"请读一读杰克·伦敦的《热爱生命》给我听吧。"于是,克鲁普斯卡娅就像往常一样,轻声地读起了这个故事……列宁安静地听着,慢慢地闭上了眼睛,伴随着他最喜爱的故事永远停止了呼吸。

《热爱生命》是美国小说家杰克·伦敦著名的短篇小说。1876年1月12日,杰克·伦敦出生在美国加利福尼亚州一个破产的农民家庭,一出生便饱尝贫穷困苦的滋味。8岁时,为了谋生,杰克离开家,到一个畜牧场当牧童。之后辗转来到旧金山附近的奥克兰市当过报童、码头小工、帆船水手、麻织厂工人等。16岁失业后,他在各大都市流浪。丰富的阅历和经历让他开始着手写作,本着对生命的思考,杰克·伦敦以自己淘金路上的所见所闻为原型,写下了脍炙人口的《热爱生命》。

故事讲述了一个从美国西部来的淘金者,与朋友结伴准备返回东部家乡,却在途中被朋友抛弃,置身于恶劣的环境中。当时正值冬季,风雪袭人,没有一点粮食,受伤的脚腕还在不停地流血。拖着破鞋和淌血的脚,他蹒跚地走在荒原上,身边是危险的沼泽和复杂的丘陵。就在他最无力的时候,更大的危险来临了。一只狼舔着他的血迹跟了上来,这是一只在生命边缘挣扎的受伤的狼。两个生命的相遇,却是生与死的斗争。要活下去有一方必须死掉,为了回到家乡,他奋力挣扎、搏斗,最终他咬死了病狼,喝下狼血,走出荒原。

在这场生与死的抉择中,生命变得难以置信的坚韧和顽强。"事实上,他早已失去了兴致和热情",但一种原始的生命的本能力量却在支持他前进。超常的意志和"超人"的品质几乎超越了生命的极限,这种原始的本能就是对生命的热爱。

因为热爱生命,所以在生命极度危险时能获得生命,就是这部小说的母题。人们之所以对这个故事狂热,归根结底是对这个母题的狂热。很少有人能真正体会到恶劣环境中的生命危机,但对每个人来说,生命总是神奇而宝贵的。独特的母题,给人以从未想象过的独特感受,激发人们从另一个方向思考生命、敬畏生命并热爱生命,让生命光芒四射。它所展示出的伟大与坚强,震撼人的心灵。

LV 与 Life Value——生命本身是一场旅行

"LV"品牌是创始人路易·威登(Louis Vuitton)名字的缩写,而就是这两个极简单的字母组合,成为风靡全球的奢侈品标志。150多年来,从行李箱到各种延伸产品,路易·威登一直致力于演绎品牌的核心价值:生命是一场优雅的旅行。其高贵、卓越的品质深入人心。

LV 的旅行哲学由来已久。他的创始人路易·威登是法国一个木匠家庭的穷孩子,进入法国宫廷专门给王公贵族打包旅行行李,制作旅游皮箱的技艺十分精湛，闻名于整个巴黎。离开宫廷，独自创业的路易·威登继续干他的老本行。凭借一款平顶的旅行箱包，LV掀起了一场时尚革命。经过一百多年的发展，为了满足现代旅行家对旅行品质的精致要求，LV陆续生产了可以存放两瓶佳酿的酒袋，还有可随意打开、折叠收起，用来阅读写生的桌椅。

日新月异的社会以及快节奏的生活，让应接不暇的人们成为奢华物质生活中的精神贫民。如何提高精神生活质量，实现生命的意义，是人们的需要，也是LV的思考。于是LV将"生命本身就是一场旅行"定为故事的母题，开始演绎其新时代品牌故事。旅行就是找到生命的意义。2008年，LV在中国投放了第一支电视广告，在广告中，LV清晰地阐释了什么是Life Value。

"为什么去旅行？旅行不是一次出行，也不是一个假期。旅行是一个过程、一次发现，是一个自我发现的过程。真正的旅行让我们直面自我。旅行不仅让我们看到世界，更让我们看到自己在世界中的位置。究竟是我们创造了旅行还是旅行造就了我们？生命本身就是一场旅行，生命将引你去向何方！"

广告中，旅程被视为生命的过程。在旅行中找到自己，实现生命的价值。而能伴随生命一起行走的则是有着卓越品质的LV旅行箱包。这就是LV围绕生命母题的故事开篇。

随后，LV又推出一款名叫"Soundwalk"的特殊产品。这是一段独特的语音导游，跟着声音去旅行。当然它带你去的地方不是标志性的建筑，而是积淀了城市文化精髓的小巷、弄堂，是城市的生命。

这让人联想起一个关于旅行的故事。

一位印度游客和一位美国游客在巴黎街头相遇。美国游客手中拿着一本书，犹疑不决，印度游客热心地迎上前去，询问是否需要帮助。美国游客指着书上的一家旅店："请问这个地方该怎么走？"印度游客也不清楚，但仍然热心地建议："来巴黎旅游，为什么不去埃菲尔铁塔呢？那里很容易找。"美国游客笑笑说："埃菲尔铁塔在电视上见过很多次，没什么好看的。这里介绍了这个旅店有一款很好吃的面包，我很感兴趣。"

旅行的方式有许多种，每当我们出行时，多是选择一窝蜂地在地标建筑前留影，在人声鼎沸的商街购物，为旅行而旅行。相对于"到此一游式"的旅行，有闲趣的旅行方式更让人心动。为自己量身定做一套个性化的行囊，去自己想去的地方。在旅行中听从心的召唤，找寻生命的意义。

生命的意义正在于认识你自己。LV对消费者内心的把握奠定了其150年里旅行品牌先驱的地位。如加缪所说："当有一天人停下来问自己，我是谁？生存的意义是什么？他就会感到惶恐疑惑，感到这是一个完全陌生的世界。"纷繁复杂的生活常常让我们迷失方向，于是热爱生命的人们总是在寻找自己和自己的位置，从而获得生命的意义。而LV的故事母题将这个过程变得简单，与此同时生命的意义将愈加厚重，因为"生命本身就是一场旅行"。

旅行的历史学演变

人类社会形成，人的旅行也就开始了。随着时代节奏的变化，旅行随之悄然改变。在社会构成初期，交通极不发达，人们被牢牢地拴在土地上，形成"一方水土一方人"的相对静态的格局。

社会发展到一定阶段，车、船、飞机等交通工具相继发明，时代节奏渐渐加快，人们的行为不再受地域的限制。有财力的贵族们开始迫不及待地将足迹印到每一个传说中的地方，以不断丰富自己的人生体验。"旅行"成了人生的狂欢。

LV正是在这个社会阶段中诞生的。我们可以找到很多贵族选择LV远途旅行的文献。除此之外，LV还伴随着诸多踏上旅途的人们一起走过法国的埃菲尔铁塔、希腊的德尔菲神庙、中国的长城……

社会不断进步，科技不断发展，时代节奏变得快速而急促。绕地球一周也不过一两天时间，人们开始产生慢节奏旅行的需要，希望通过短期旅行来舒缓压力。但是社会发展也让越来越多的人被允许涌向世界各地的名胜，用闪光灯玩着到此一游的肤浅"游戏"，去人头攒动的著名景点旅行的新奇感就这样逐渐消失了。做一次个性化的旅行，深入了解旅行地的文化，慢慢品味旅行地的细节成为新一代旅行的趋势，"旅行"也由此变成一种个性化的人生享受。

包含生命的优秀故事母题如表2-2所示。

表2-2 生命优秀故事母题

	品牌	产品	故事母题	母题描述
Top 1	阿迪达斯	体育用品	生命创造可能	Nothing is impossible
Top 2	耐克	体育用品	生命在于行动	Just do it
Top 3	LV	行李箱	寻找生命的价值	生命本身就是一场旅行
Top 4	Volvo	汽车	为生命护航	安全
Top 5	强生	婴儿用品	母爱	因爱而生

第四节　永恒的母题——美德

如果没有美德，人类就是一种忙碌、有害和可怜的生物，不会比任何一种渺小的害虫更优越。

——培根

在希腊德尔斐神庙的门楣上，镌刻着一句话"认识你自己"。有人刨根问底地问：认识自己的什么？苏格拉底回答：德行。是的，美德！这才是那句话的精髓。苏格拉底认为每个人都有美德，每个人都要认识美德。趋善避恶是人的本能。

《阿甘正传》弘扬的母题

《阿甘正传》在第 67 届奥斯卡颁奖典礼上一举摘走了最佳影片、最佳男主角、最佳导演、最佳视觉效果、最佳剪辑、最佳改编剧本六项大奖，成为当年全美十大票房影片之首，并在有史以来最卖座的影片排行榜上名列第四。《阿甘正传》是一个美国版的"一根筋"的故事，讲述了一个智力残疾男孩始终坚持奋斗，永不放弃努力，最终获得成功的人生。

故事主角阿甘天生残疾，并有轻微的智力缺陷，但他同时拥有美好的品德。他诚实守信、做事认真、勇敢无畏、坚持不懈、重情轻财，对人只懂付出不求回报，也从不在意别人拒绝。这些夸张到极致的美德，有时候并没有让他得到尊重，反而被人看作是低智商的表现。但就是这个人，他成功了，带着无数戏剧性的巧合。

上学的第一天，阿甘就受到同学们的排斥和欺侮。常常遇到骑自行车的男孩子的追打,他只能逃走,但从不怨天尤人。几年过去,这看似不幸的遭遇,竟让阿甘残疾的腿神奇般地恢复了正常,并且跑步的速度奇快无比。在又一次的狂逃中,他的速度吸引了橄榄球教练的注意,由此他进入了大学,加入了国家队。因为球场上出色的表现,他还获得了肯尼迪总统的接见。

之后,阿甘被糊里糊涂地送上了越南战场。但他勇敢无畏,在一次惨烈的生死激战中,阿甘凭借他的速度独自逃出险境后,竟然不顾危险,返回丛林中去营救他的战友,将他们一个个背出丛林。这一伟大的举动,让阿甘得到了总统的表彰。他诚实守信,答应了战友巴布的建议,要共买一艘捕虾船。战友不幸死亡,他仍然坚守这个承诺,在退役后用拍广告的钱买下一艘捕虾船开始出海捕虾,以实现战友的遗愿。巧合的是"巴布—阿甘虾"竟大受欢迎,为阿甘赢来了巨大的财富。他坚持不懈,所以他会在心爱的女人珍妮离开后进行三年长跑,穿越整个美国,一直不停歇。他说他只是想跑,这不需要以和平自由或任何冠冕堂皇的东西为理由。阿甘的毅力和单纯的思想红遍了美国。

真的是无数巧合带给阿甘不凡的成功?当然不是。无数的巧合是美德带来的必然。这是一个看似荒诞却能得到普遍认同的故事,主角阿甘的思维是如此简单、清澈,清澈到只剩下公认的美德。但就是这种纯粹的德行获得了无数人费尽心机也得不到的传奇经历。

没有未来世界,没有特效,没有惊险恐惧的烘托,这部影片却获得了前所未有的成功。《时代》周刊的记者对美国公众观看这部影片后的情景曾有这样的描述:"男女老幼怀着真诚的感伤涌出电影院。孩子们似乎在想问题,成年人在沉思,成双成对的人则紧紧握住对方的手。"这是美德的母题给人带来的感动。

"Buy Water，Help Children"——美德品牌、以商行善

从纽曼创办的食品公司 Own，到本与杰里创办的冰淇淋公司，再到格林布莱特与彼得·图姆创办"Ethos Water"，以道德立市的品牌在美国悄然诞生并蔚然成风。与偶尔投身公益事业来打造美誉度的品牌不同，这些道德品牌创建的目的就是为了社会的公益事业。他们把一部分或大部分的利润都拿来捐赠给需要帮助的人。与此同时，这些品牌获得了令人咂舌的发展速度，创造了惊人的品牌价值。他们在行善赚钱的大潮中，开辟出一个全新的故事母题：以商行善。

矿泉水品牌 Ethos Water 的创业就是从一个慈善故事开始的。创始人彼得·图姆和格林布莱特曾是大学室友，2000 年毕业后便各奔东西。彼得·图姆曾在酿酒公司和汽水制造厂工作，后转到咨询公司就职。一次出差南非，在那里亲眼看见了当地人因没有洁净的饮用水而痛苦地生活。联合国儿童基金会的数据统计表明，全球无法得到洁净饮用水的人数达 11 亿人。彼得·图姆非常希望能做些事情，对这个庞大的群体有所帮助。于是彼得·图姆开始了他的构思：根据在酿酒公司和汽水厂的经验，瓶装水在发达国家销量甚巨，但消费者并不了解非洲存在的饮水困难。如果号召这些消费者一起加入为非洲人民提供洁净饮用水的计划，会得到广泛的响应。

经过一段时间的思考，2002 年，彼得·图姆乘坐飞机时，将想到的 Ethos Water 公司的商业构思计划雏形写在了餐巾纸上。一下飞机，他便给老同学格林布莱特打电话，邀请他一起来进行这个品牌的运作。

Ethos Water 的意思是精神、道义之水。彼得·图姆和格林布莱

特在进行水的推广时,并没有诉求水的纯净度,没有诉求水源地的优秀,没有诉求所含的微量元素。瓶标上只有简洁有力的 logo 和他们的主打口号:"Buy Water, Help Children",即"帮助儿童获得洁净饮水"。故事母题由此而出,他们把每瓶水中盈利的一部分,拿来捐赠缺水地区的洁净水项目。

Ethos Water 成立一年之后,在消费者中日渐庞大的影响力引起了 eBay 公司创始人皮埃尔·奥米达尔的强烈兴趣,由此 Ethos Water 获得了通往巨大成功的第一桶金。一个在南加州的瑜伽工作室和健康食品商店销售的当地瓶装水品牌迅速成为一个全国认可的名牌商品,这时的他们已经有一次性为慈善供水项目提供 10 万美元资金的能力。但彼得·图姆和格林布莱特知道对于 11 亿人的饮水项目而言这只是杯水车薪,他们还需要不断扩大品牌的影响力。

彼得·图姆和格林布莱特开始与高端时尚零售商 Fred Segal 进行产品合作,同时积极发展与奥斯卡的合作伙伴关系。莱昂纳多·迪卡普里奥、卡梅隆·迪亚兹、麦特·戴蒙都曾成为他们的合作伙伴。诸多合作伙伴的热心配合让 Ethos Water 的声音获得了广泛的传播,每个买 Ethos Water 的人都会说:"喝这瓶水便是帮助他人喝到水。"

之后他们看中了每日客流量保持在 4000 万人次的星巴克。星巴克也非常看中这个迅速崛起的道德品牌的价值,不仅同意 Ethos Water 进入它的商店,而且还用 800 万美元的价格收购了 Ethos Water 公司。二者开始了亲密无间的合作。

当你想购买一瓶瓶装水时,Ethos Water 会告诉你:我们每售出一瓶水都将提取 5 美分的捐款,帮助世界上的某个缺水地区。

迄今为止,Ethos Water 公司已捐赠 620 多万美元,使缺水国家中的大约 439 万人获得帮助，在消费者中具有无可匹敌的影响力。

《商业周刊》对 Ethos Water 公司进行深度采访时，格林布莱特表示 Ethos Water 的成功是因为民族精神品牌的积极性：每一个买家通过简单的购买行为，实现自己的社会价值。在一个水资源有限的世界里，公司理应发挥应有的作用。

在美国近 800 个矿泉水品牌的市场上，Ethos Water 的故事母题无疑是独树一帜的。有号召力的品牌故事是如此简单地表现出来，使竞争对手无法再对这个简单的招数有任何可能的反击，这足以使 Ethos Water 成为矿泉水品牌中难以复制的经典。他们不屑与依云、VOSS 同台竞技，格林布莱特会告诉你："让人们加入你的事业比让某个响亮的冰川峡谷给你制水要可取得多。"

包含德行的品牌故事母题如表 2-3 所示。

表 2-3 德行品牌故事母题

	品牌	产品	故事母题	母题描述
Top 1	The Body Shop	美容健康连锁	环保	我们反对并且不会用动物实验
Top 2	同仁堂	药店	诚信	炮制虽繁必不敢省人工，品味虽贵必不敢减物力
Top 3	UPS	服务	守时	珍惜所托，一如亲递
Top 4	Ethos Water	矿泉水	行善	Buy Water, Help Children

第五节 永恒的母题——尊重

文明社会是指人类社会发展到较高阶段，并具有较高的文化形态。人们为了区隔原始的野蛮，便开始规范行为举止，甚至价值观念,以此来作为上层人士的划分标准。由此社会文明成为永恒的标尺,从吃饭穿衣到弹琴写字,人们总是需要用社会文明来对这些言行做出价值判断,获得价值认同,从而达到马斯洛"尊重"需求的满足。

我们通过一个小故事,来看看社会文明对人们的影响。

美国著名的形象设计大师乔恩·莫利曾做过一个着装实验。着装实验的目的是要搞清楚:按照社会中上层人士的习惯着装,或按照社会中下层人士的习惯着装,人们将如何看待他们的成功率,将如何与他人相处共事。

着装实验分两部分进行。

第一部分,乔恩·莫利集合了1632人,给他们看同一个人的两张照片。但他故意宣称,这不是同一个人,而是一对孪生兄弟。其中一个穿着社会中上层人士常穿的卡其色风衣,另一个穿着社会中下层人士常穿的黑色风衣。他问调查对象,他们之中谁是成功者?结果87%的人认为穿卡其色风衣的人是成功者,只有13%的人认为穿黑色风衣的人是成功者。

第二部分,他挑选100个25岁左右的大学毕业生,都出身于美国中部中层家庭。他让其中的50人按照中上层人士的标准着装,让另外50人按照中下层人士的标准着装。然后把他们分别送到100家公司的办公室,声称是新上任的公司经理助理,进而检验秘书们对他们的合作态度。他让这些新上任的助理给秘书下达同样的指令:"小姐,请把这些文件给我找出来,送到我的办公室。"说完后扭头就走,不给秘书对话的机会。结果发现,按照中下层人士标准着装的,只有12个人得到了文件;而按照中上层人士标准着装的,却有42个人得到了文件。显然,秘书们更听从那些比照中上层人士标准着装人的指令,并较好地与他们配合。

这个试验明显反映出:人们的着装是否符合社会文明的标准,将影响到别人对自己的态度、可信度和配合程度。基于人们天性中对尊重的需求,社会文明成为人们最愿意探讨的话题之一。

包含文明的优秀故事母题如表2-4所示。

表2-4 文明优秀故事母题

	品牌	产品	故事母题	母题描述
Top 1	奥林匹克	运动会	和平	相互了解、友谊、团结和公平竞争的精神
Top 2	荣威	汽车	绅士	像绅士一样生活
Top 3	泸州老窖	酒	历史	你能品味的历史435年
Top 4	国际红十字会	医疗救助	互助	我们需要志愿者

第六节 永恒的母题——个性

没有个性,人类的伟大就不存在了。

——让·保尔

有一个土著部落,集会活动时必须赤身裸体地在一起。虽然也遭受了很多白眼和谩骂,但是他们却从没有因此改变过自己的族规。

有一次,他们这个部落里传染起瘟疫,许多族人染病卧床。部落里的医生全都束手无策,最后他们决定到邻近部落去请一位有名的医生。但那位医生知道他们那条奇怪的族规,感觉要到那地方去非常难为情。但无法拒绝三番五次的诚意邀请,又想到还是以救死扶伤为重，便答应了。欢迎医生到来的那天，族人们想，好不容易把医生请来，为尊重他起见，咱们就破一次例吧。所以那天所有的族人都穿上了西服，打上了领带，聚集在会堂里。

钟声响过，医生走了进来，族人们一下子都愣住了。只见白发苍苍的医生背着重重的医疗包，身上却一丝不挂。

人是群居的动物，要融入社会，就必须接受族群规范；但人也是独立的个体。人因为个性而区别于其他个体，获得个人存在的价值意义。

90后的品牌个性

90后是与互联网相伴相生成长起来的一代。在他们眼中，网络世界里没有绝对的权威，每个人都有自己的价值。他们张扬个性，大胆出位。他们讨厌盛气凌人的说教者，更加在乎自身的感受。而90后新一代年轻群体的品牌观中无不彰显着这一独特的个性。

艺术是一种代偿，好莱坞的电影经常表现纸醉金迷的生活。哪怕是奇幻片，《指环王》里也有恢宏的宫殿。电影就是造梦，日常生活大家见惯了，电影让人们从平常的生活里逃出来去黑暗空间里享受美梦的旅程。这段人生不属于你，但你在黑暗的两小时中可以体验别样的人生。90后年轻的一代无疑是最愿意体验这种梦境的人，因为在他们骨子里就追求个性，向往无拘无束的生活。

对于品牌而言，以前的时代是大牌主导时代，人们都跟着流行走。但是现在80后90后的年轻群体的心态发生了变化，他们开始追求个性化的品牌，品牌流行的一律性被打破。

90后的品牌观是轻奢、小众、自我、另类的混合体。

在过去，人们穿衣喜欢流行色，吃饭喜欢流行餐，手机喜欢流行款……大家的从众心理严重，很少在自己的个性上搏出位，很少有让人耳目一新的特点。而如今年轻一代的群体更多地在标榜个性，展示自己的品牌认知习惯。

对年轻人来说撞衫比撞车更可怕，由此年轻人个性化的需求也成为众多新兴品牌为迎合年轻人心态的着力点，并凭此向以往的"大牌"发起挑战。

维多利亚的秘密是女性内衣市场的长期霸主，但是新创立的品牌却在积极挑战它的地位。其中的一大亮点则当属 Adore Me，一家创立于纽约的内衣公司。

Adore Me 创建于 2011 年，其创始人是法国人韦什。他的家族就是经营时装企业的，而他创立 Adore Me 时，正在美国哈佛商学院读书。他发现的机会是，尽管美国内衣品牌维多利亚的秘密非常有名，但价格昂贵，且更新速度慢，顾客还不见得能迅速挑到自己喜欢的、合适的。

所以他决意创立一个新的互联网内衣品牌。这个品牌一开始以个性化的网上内衣俱乐部的形式聚集顾客，用合理的价格出售经由设计师设计的内衣。个性化的设计打破了市场上内衣同质化的现象，很好地与维秘区别开来。并且以网络作为销售渠道，对于买一包纸巾都通过互联网完成的 90 后而言，网络销售渠道再合适不过。

与销售额 119.4 亿美元的维秘相比，Adore Me 尚不构成威胁。但打破千篇一律的个性品牌的异军突起，值得嘉许。

对于品牌认知，90 后是纯自我的一代，这是与 70 后甚至 80 后之间最大的差异：对于 90 后来说，"参与"才是引领和刺激他们进行消费的驱动力。参与、互动、个性、出位这一系列的标签筑起了 90 后的新品牌观。

移动互联网时代,品牌的一律性正在被打破。定制时代来临,个性主义消费盛行,90后的品牌观正在酝酿一场新的变革,企业界人士不可不察。

哈雷——满足所有的个性

2008年7月12日,美国威斯康星州的密尔沃基。三栋用黑砖、镀锌钢铁和玻璃建构成的大楼,都市时尚和峡谷狂野的混搭造型,以及穿着黑T恤、皮裤、皮靴,戴着大墨镜,不断穿梭其中的个性青年,让这里格外醒目,也格外热闹。这里就是集合105年的历史,花了2年时间建成的哈雷戴维森博物馆。今天这里迎来了它的第一批瞻仰者。哈雷戴维森博物馆总监在介绍时说:"这个博物馆的存在,是对公司的历史、骑手的热情以及员工、经销商和供应商的故事的赞颂。这些各不相同而又娓娓动听的故事交织出哈雷戴维森的形象,形成哈雷戴维森的传奇故事,为光明的将来搭建了新的舞台。"

哈雷的骨子里流淌着"个性"的血液

是怎样的品牌故事支撑起偌大的博物馆,又是怎样的故事吸引着世界各地的人们?

哈雷摩托车并不是一款实用的代步工具，它的性价比还不如一辆普通的日本轿车。但等同于中档轿车价格的哈雷竟能让众多年轻一族趋之若鹜。你要是去问哈雷一族为什么，你会得到统一的答案：他们买的不是一辆摩托车，而是一个宝贝，一个高级玩具。吸引他们的不是物质产品，而是品牌故事里传达的精神母题：满足你的个性。

我们谈论起哈雷，总会强烈地感觉到个性。从产品设计到消费故事，哈雷的骨子里流淌着"个性"的血液。

1903年，21岁的威廉·哈雷和20岁的阿瑟·戴维森生产出第一台哈雷摩托车。哈雷摩托车的造型延续着它原始的粗犷，每一辆摩托车都像一个不羁的壮士，展示着奔放内在的野性。在零件的设计上，也严格遵循着个性的理念：能裸露的零件尽量裸露出来，给车手的改装留下广阔、自由的个性空间。

1905年7月4日，这一天既是美国最特别的节日——独立日，也是哈雷摩托车最特别的日子，这一天它向世界发表了一篇"个性解放宣言"。在芝加哥举行的摩托车锦标赛上，哈雷将发动机在原有技术上进行创新改装，以惊人的速度一举夺冠。这个极具创新潜力的品牌，由此广为人知。

哈雷开始旗帜鲜明地致力于个性化的品牌形象塑造。它将传统的购车行为变成个性定制的模式，让消费者来制造产品。哈雷在提供原厂车销售的同时，还提供零部件的销售。车手们在购买原厂车的同时，可以根据自己的喜好和创意，购置自己喜欢的零部件，当场改装，推出店面的哈雷将是独一无二的。当然你还可以要求哈雷厂商为你量身定做，据说包括异型车架、非常规引擎、传动装置、变速装备、纯皮坐垫、皮鞍袋、车轮、油漆图案，甚至是一颗颗电镀带装饰的螺丝、螺母都可以由车手自由选择。

每年美国全国各地的摩托车拉力赛,都会聚集大批的哈雷车迷。他们骑着自己改装的爱车,或加长车把,或镀铬,或涂上火焰般的颜色,然后聚集在这里,寻找创意的灵感和个性奔放的快感。

粗犷的造型、轰鸣的马达、足以挣脱一切的速度,加上好莱坞一系列哈雷主题的影片,哈雷的产品被塑造成个性张扬的形象。因为摆脱一切,追求个性自由的性格,哈雷迅速网罗了一大批忠实的信徒。其中有渴望反抗工作压力的白领,也有标新立异的时尚青年;有亿万富翁,也有政治领袖。走在美国大街上,你会经常听到哈雷马达痛快的轰鸣声;你会经常看到经典的哈雷装扮:黑T恤、黑皮裤、黑皮靴、黑墨镜、凌乱的长头发;你还会经常看到哈雷的飞鹰标志,但不是在广告牌上,而是在哈雷迷的手臂上。即使天再冷,他们也会不失时机地露出手臂,用血肉之躯展示对品牌的忠诚,对个性的忠诚。

包含个性的优秀故事母题如表 2-5 所示。

表 2-5 个性优秀故事母题

	品牌	产品	故事母题	母题描述
Top 1	吉尼斯	世界纪录	个性之最	世界之最
Top 2	大众甲壳虫	汽车	小的比大的好	想想还是小的好
Top 3	迪奥	女性裤装	女性解放	唯有,迪奥真我香水
Top 4	匡威	运动产品	狂放不羁	这是匡威的舒适
Top 5	Crocs	鞋	世界上轻便的鞋	舒适、有趣味的鞋
Top 6	特斯拉	电动汽车	绿色环保	让汽油成为历史

IP 联合新势力:潮牌如何向年轻一代讲故事

中国的 80 后、90 后和 00 后人口数量加起来已达到 5.49 亿。

如果你亲见优衣库和 KAWS 联名款被粉丝疯抢的场面，你就一定会被联合 IP 和年轻一代消费者的能量吓到。

优衣库与 KAWS 联名系列 T 恤最高售价仅 99 元。正式发售一开始，年轻的粉丝们天还没亮就去排队，门店一开门就疯了似的往里跑，有的跑掉了鞋、有的跑丢手机……仅 3 秒钟时间，货架上的衣服被抢夺一空。如果你以为仅仅是因为这款产品的价格便宜，那就大错特错了。这场优衣库抢夺事件背后，是联合 IP 变现，是中国消费新势力的崛起。

迪奥与 KAWS 联名推出的限量版毛绒公仔

2018 年迪奥与 KAWS 合作，除了设计全新品牌标识之外，还联名推出了一款限量版的毛绒公仔，一度在拍卖网站上被炒到 2800 多万人民币。

从大众服饰到高端品牌，KAWS 在艺术和商业之间的穿梭游刃有余，还成为城市营销的宠儿。在香港巴塞尔艺术博览会上，一个高 37 米的巨型娃娃被放到维多利亚港户外展出；韩国首尔的石村湖，KAWS 的首个水上艺术项目《KAWS：HOLIDAY》现身，所到之处都成为网红打卡拍照胜地。

2018年,KAWS首次在中国长沙同时展出其个人经典作品COMPANION以及另一深受大众喜爱的作品BFF;这两座巨型雕塑8米高,以背靠背的坐姿互相依靠,坐落于长沙IFS 7楼雕塑花园上,成为其大中华区的首个铜制永久地标艺术作品,风靡程度令大黄鸭望尘莫及。

一个××眼、骷髅头的街头艺术形象,为什么得到各大品牌如此青睐?

KAWS出生于1974年,是一位美国街头潮流艺术家,为了给自己找乐子,他常常晚上溜到大街上,在地铁、车站的墙壁上,电话亭的广告海报上,创作独特的恶搞涂鸦作品;让他开心的是,第二天街上来来往往的行人就能在行色匆匆中欣赏到他的作品,这让他更有创作的动力和欲望。有时他甚至把海报带回家,加工上自己独创的涂鸦图案后,再把海报送回原位,因此,他还被称为"涂鸦怪盗"。

KAWS独具特色的恶搞艺术引起了商家的关注,并请他去给自己的产品也"恶搞"一下,KAWS也逐渐从街头艺术家变成跨界的潮流先锋代言人。

KWAS首次打开中国市场,还是与陈冠希的潮流品牌CLOT进行联名合作,推出的第一款产品,是著名演员舒淇与KAWS形象结合的卡通T恤,这件T恤的热销程度丝毫不亚于优衣库的联名款,上市即售罄,想要买到一件,甚至要等上好几个月。

在2019年4月香港苏富比拍卖会上,KAWS的作品《THE KAWS ALBUM》以500万港元起拍,最终以1.16亿港元成交,再次刷新KAWS的拍卖纪录。

短短 20 年，KWAS 本人以其独特形象和风格成为世界最具影响力的当代艺术家，他的作品也成为潮流文化、先锋艺术的代表，他的品牌影响力更是价值无限。KAWS 备受瞩目的原因在于敢于颠覆、打破陈规，向更高的阶层发起挑战。在奢侈品都开始年轻化、亲民的时代，KAWS 全新的表达方式迎合了年轻一代的消费兴趣。

优衣库与 KAWS 的粉丝数量都相当庞大，两大品牌的联合实现了 1＋1＞2 的效果。在产品预售前，双方都通过网络曝光，以预售视频以及明星带货等方式引发起粉丝关注，再加上低价和"限量版"的诱惑，从而产生了疯抢效应。

这是一个成也 IP，败也 IP 的时代。所谓 IP，是 intellectual property 的简称，其实就是知识产权，是某种文化累积到一定程度，引起量变到质变的现象。而 IP 经济是一种新型的经济模式，核心是将一种无形的知识财产实现最大化的变现。IP 经济的最大价值在于以点带面，通过全产业链营销，发挥单一品牌的最大价值。

提到 IP 经济，迪士尼堪称鼻祖。从 20 世纪 20 年代开始，迪士尼就开始打造动漫 IP，其中年纪最大的要数诞生于 1928 年的米老鼠。尽管已经 91 岁，米老鼠依旧是迄今为止在全球范围内辨识度最高、最受欢迎的超级 IP 之一，甚至已经成为美国的一种文化符号。米老鼠的成功，得益于迪士尼对其进行在各个产业全面撒网、全产业链营销的运作手段。迪士尼系列衍生出的主题乐园、毛绒玩具、服装、包、手机配件、家庭装饰配件等品种超过 200 个，意义远超影片本身。

近几年，国内影视行业也为 IP 着魔：剧本创作需要依托原有 IP，影视改编必须要求流量 IP，影视变现需要凭借爆红 IP。萦绕在我们周围的大大小小的 IP，也在市场上大放异彩：不俗的收视率，刷屏奇观一再上演。

投资者、企业家、IP拥有者们不再满足于这些爆红的IP止步于屏幕，开始进行针对IP的一系列变现操作，IP经济在国内开始大行其道。从目前国内较为成功的案例来看，国内实现IP变现的最主要方式是依靠影视和动漫这两项。一个完善的IP产业链的搭建主要包括两部分：上游，找到一个好内容。因为IP本身属于文化产业，最主要的来源是文学（包括网文和传统图书等），其次是漫画，此外还有动画、游戏等。因此IP成功与否，本质是内容。近几年的大IP影视剧《三生三世十里桃花》《盗墓笔记》《香蜜沉沉烬如霜》《哪吒之魔童降世》等属于此类，无论是影视还是动漫，有一个本身具有超大粉丝量的好故事作为根基，基本上就成功了一半。

然后就是下游的变现过程。有好内容为依托，如果影视剧的改编效果能够做到锦上添花，变现的过程就相对容易。IP衍生品、商业授权、主题乐园等都可以用来实现变现。比如《都挺好》播出后，苏大强的表情包，"苏大强语录"等都涌现出来；动漫电影《哪吒》大火后，哪吒仿妆、表情包以及人们为哪吒和敖丙所创作的一系列衍生品和周边产品都随之火爆。

一个成熟的IP需要一个漫长的沉淀过程，它与品牌的借势营销、广告植入、蹭热点不同，IP经济一方面依赖内容，另一方面依赖粉丝黏合度，因此，IP经济也被称为粉丝经济。在这个"娱乐至死"的时代，IP成了各个领域用来争抢流量的一个好工具。各个品牌都在寻找自己的IP基因，如吉祥物，创始人故事，情怀等。

在日本大受欢迎的熊本熊就是日本熊本县为取得更好发展特意找人设计、打造的一个吉祥物。熊本熊的造型和举止戳中了年轻人喜欢呆萌又可爱的痛点，全身黑乎乎，胖乎乎，脸蛋上再两抹腮红越发让人觉得蠢萌可爱，因此很快得到人们的喜爱。人气爆棚后，各种"商演""签约仪式"甚至"影视剧"中都会出现这只笨拙又可爱的熊本熊的身影，成功实现了 IP 的商业价值。

中国也隐藏着许多 IP。《中国诗词大会》《国家宝藏》等文化类综艺节目的大火，也印证了现代年轻人对于传统文化的认同与需求。只是传统文化与现代人接收方式的脱节，导致传统文化无法引流到现代。中国传统文化拥有五千年的历史，IP 基因非常强大，为捕获现代商业的注意力，这些传统文化也越来越向发展 IP 靠拢。比如故宫淘宝的 IP 是宫廷文化。让"皇上""格格""太监"等古老的形象搭配萌萌的表情和一些装酷耍帅扮靓的台词，重新出现在大众面前，成了新的流行趋势。2018 年开始大火的"国潮风"便得益于对于本土文化的再开发。

但随着 IP 开发进入全产业运作模式，这种上下游的界限逐渐模糊，"IP 的来源"和"IP 的变现渠道"可实现重叠和反向输出。一个好的 IP 所具备的最大价值就是内容和流量。但内容和流量是可以互相作用的。内容产生流量，流量也可以反作用于内容生产。比如《斗破苍穹》这一个 IP 从小说行业创生，但它在网络文学、漫画、动画、游戏再到影视剧全面开花，相互作用，在内容不断延伸的过程中，它就可以实现网络文学到影视、游戏的反向输出。《2018 年中国泛娱乐产业白皮书》认为中国泛娱乐产业生态日趋成熟，已由单体竞争转向生态性竞争，进入"下半场"。网络文学、网络影视、网络动漫、网络音乐、网络游戏等传统泛娱乐业态已经不再是单独发展的状态，而是在 IP 开发初期，就已经开始相互作用，互相关联，共同为孵化精品 IP 服务。

当IP经济的商业模式被打开，人们并不满足于"一点带一面"，而是开始深度挖掘品牌价值，进行"多点带动多面"的跨界营销，"IP+"开始流行起来。

比如IP+电商、IP+文旅、IP+游戏等多方联动，重构品牌销售渠道，线上线下融为一体，深度挖掘商业价值。现如今二次元动漫卡通形象的带货能力完全不亚于各路明星，优衣库的抢购事件可见一斑。国内当红动漫形象"吾皇万睡"和阿狸都是优质IP跨界营销的典范。"吾皇万睡"是漫画师白茶笔下的一个漫画形象，这一漫画形象主打猫的"傲娇"性格，这一点不仅契合当下年轻人的傲娇、自恋心态，依托这一形象所做的内容大多反映了被猫嫌弃的猫奴们的心情，因此深受年轻人喜爱。目前，吾皇的微信公众号粉丝超百万，每篇推文都在10万+以上，拥有如此强大的粉丝量，这一IP与电商的合作就更加顺风顺水。在吾皇万睡官方淘宝店，有手机壳、公仔、折扇、T恤等多种产品。不仅如此，吾皇授权业务已自成体系，与微软、大悦城、伊利、屈臣氏等企业建立合作。阿狸同样如此，迄今为止，阿狸的出版物销量突破300万册，在线上拥有千万注册粉丝。周边产品层出不穷，绘本、动画、游戏、产品、授权等多领域的知名动漫品牌，合作伙伴包括中国银行、麦当劳、五月花、悦诗风吟、周大福、相宜本草、屈臣氏等，衍生品类覆盖毛绒公仔、服饰、箱包、家居生活、文具等。

如何让IP生命力长久是IP经济的必考题。近几年IP乱象丛生，一部IP剧大热，就有无数跟风之作。要想焕发IP经济活力，必须以"质"取胜，持续创新。

结　语

所有成功的品牌故事都有其独特的故事母题。好的母题有三个标准。

首先，故事母题必须符合产品或服务的特性。

故事与产品在母题上联系密切，是故事营销的第一要求，这确保我们在讲一个品牌故事时能够至少看上去真实。Vera Wang 的产品是婚纱，往往出现在爱情故事的高潮。这样的产品与爱情有天生的默契，也就顺其自然地锁定爱情这个母题。而哈雷定制化的产品服务，为个性母题提供有力的证言。

其次，这个母题必须符合读者的心理需求，能引起读者的共鸣。

故事营销的核心就是用故事来打动人，从而激发人们的行为。如何能打动人，就需要确保故事的母题是消费者在意的、感兴趣的。LV 生命旅行的主题符合了人们在匆忙的生活中渴望找到生命价值的心理需求，而哈雷的主题则符合了美国中产阶级丰衣足食之后渴望寻求刺激和表达个性的心理需求。

最后，这个母题应该是独特的、新颖的。

在信息爆炸的社会里，为了拯救产品同质化，我们开始建立品牌。品牌逐渐同质化，我们又开始为品牌讲故事，但我们不得不承认故事也将会走上同质化之路。一个品牌故事找到了一个全新母题，或是为母题注入全新的元素，才能找到市场"插位"的机会，才有品牌故事的成功。《阿甘正传》的反智，Ethos Water 的赚钱行善，都是挖掘新母题的成功尝试。

伯恩巴克在年老时接受记者采访时被问到未来 80 年广告界有什么变化，他回答："人性 100 万年都不会改变，往后 100 万年也一样。改变的只是一些表面的东西……"。根据自己的产品特性，以及消费者的心理需求，在永恒的母题中注入新的元素，或是找到一个新母题，给故事力量，给品牌生命，是在品牌建设中故事营销的第一步。

Chapter Three

第三章
故事创造财富

在纽约麦迪逊大道的街上有一位盲乞丐。

乞丐面前摆着一块牌子，牌子上写着："我什么也看不见"。路人行色匆匆地走过，皆无动于衷。

一位广告人经过，看到这一幕，他轻轻地蹲下，用半截粉笔在木牌的前面添上了一句话："春天来了"。

广告人离去后，奇迹出现了，行人停下脚步纷纷掏钱施舍给乞丐。

"春天来了，我什么也看不见。"是这位广告人一生创作的最打动人的一句广告语，它击中了人内心中最柔软的那一部分。

故事的商业价值就在于它能够通过情节演绎，更好地激发人们的情绪，与人产生情感共鸣。故事对人类情感需求的满足能够使品牌实现溢价，保障品牌基业长青，从而实现品牌资产收益的最大化。每一个成功的品牌都有许多动人的故事，故事为品牌创造财富，提供源源不断的动力。

第一节　蓝精灵的创富故事

迎合受众需求的故事产品

蓝精灵之父贝约

蓝精灵之父贝约，出生在"漫画王国"比利时，当过电影放映员，看过许多连环画，25岁时，他开始了自己的连环画创作。1958年10月23日，他的第一部作品《约翰和比路易》开始在比利时最著名的漫画周刊《斯皮鲁》上连载。故事讲述的是中世纪的两个男孩约翰和比路易的各种艰难而又神秘的奇遇。其中他们在牧场的草地上遇见了一群粉红色的小人，大概只有三个苹果高，躲在草地里，怯生生地张望着外面的世界……这就是蓝精灵最早的雏形。作品一经刊登，便大受好评，但小朋友们争相讨论的不是主角约翰和比路易的艰难经历，而是那群粉红色的小配角。贝约得知后，很高兴地根据孩子们的兴趣开始重新创作这群小人的连环故事。《蓝精灵》便由此而生了。

实现受众理想梦境的故事产品

为了"区别于大自然的红与绿"，根据妻子的建议，贝约把粉红色的小人改成蓝色。贝约让自己的女儿摆出各种可爱的姿势，然后根据这些姿势来描绘蓝精灵逗趣的形态。然而让蓝精灵生动起来的还是那一个个关于善良和爱的故事。

正面角色是 100 个蓝精灵，他们性格各异、各有特色。有智慧的蓝精灵，有勇敢的蓝精灵，有爱做蛋糕的蓝精灵，有爱吹小号的蓝精灵，有爱照镜子的蓝精灵，有爱做木工活的蓝精灵，有爱搞恶作剧的蓝精灵……他们共同的特点就是勤劳、友爱、互助，都在做自己喜欢做的事情，过着快乐的生活。

反面角色则坏得怪异又可爱：格格巫是鹰钩鼻的秃顶男人，总想拿蓝精灵来做汤料，却总也抓不到蓝精灵；阿兹猫是肥胖的懒猫，发表傻傻的言论，总被格格巫当成出气筒。

整个故事充满了搞笑的冲突，却始终没有出现一方毁灭的情况。尽管格格巫一直没有放弃拿蓝精灵来配汤料的想法，蓝精灵也一直没有放弃与格格巫的斗智斗勇，但总是以格格巫的失败而告终。最后格格巫渐渐老去，蓝精灵摒弃前嫌，取来青春泉让他喝下，使之恢复了生命的活力，展现了高尚的情怀和善良的品质。

蓝精灵的世界是由善良、宽容、博爱、智慧所构成的乌托邦世界，是人类终极理想的童话式表达。

一个故事创造的财富

1959年,比利时国家电视台开始播放《蓝精灵》。《蓝精灵》声名鹊起,众多机构与之约稿。各种语言的《蓝精灵》相继出版。

1966年,蓝精灵的造型玩具在市场上热卖。

1981年,美国NBC电视台看中《蓝精灵》的商机,将其改编成电视片,播出英文版《蓝精灵》,收视率高达42%,打破了NBC近20年的收视纪录。

1986年,《蓝精灵》在中国播出后,迅速成为人们最喜爱的节目之一。

1991年,《蓝精灵》主题公园在法国梅斯市正式开放,它的规模可以和迪士尼乐园相媲美。

现在的蓝精灵

从1958年的配角蓝精灵开始算起,不足三个苹果高的小家伙已经走过了60多年的历程。1992年,蓝精灵之父贝约因心脏病逝世,但蓝精灵的形象依然历久弥新。魔法蓝精灵曾是无数人美好的记忆,今天人们依然没有忘记。2011年美国哥伦比亚影片公司将蓝精灵的故事拍成了3D电影版并在全球同步上映,在上映首周便以86.6万人次的业绩登顶。这部真人+CG动画的3D电影,不仅让"山的那边海的那边"的可爱蓝精灵,从魔法世界穿越到了纽约大都会,也让观众重温了童年的美好。

蓝精灵的故事并没有结束。贝约生前在工作室将创作的思路和理念教给了他聘请的团队,如今他的家人和工作室的同事,正在续写这个故事。贝约的女儿负责版权的经营与管理;儿子则带领着"蓝精灵"绘画工作室的团队,延续贝约的风格与精神,继续创作,让"蓝精灵"的故事每年得以推陈出新。同时他们也在积极思考赋予"蓝精灵"故事怎样的新鲜元素来应对时代的变迁。

一个个生动的故事，逐渐发展成一个成熟的动漫产业链，为比利时创造了数以亿计的财富。仅《蓝精灵》一个故事带动起的产业规模就达到 40 亿美元左右，在蓝精灵故事基础上开发的商品涉及玩具、唱片、影视、游戏等诸多门类，每年由此产生的版税收益就高达 500 万～1200 万美元。故事创造财富的传奇一直在延续。

第二节 故事实现品牌溢价

"不管一件东西多么平淡无奇，只要你能提供一个关于它的好故事并使之流传，它的身价就能飙升。任何消费商品都能变成奢侈品，如顶级牛奶、顶级火柴和顶级牙膏等。营销的作用就是化平凡为神奇！"

——雷尼尔·艾佛斯

故事的价值

故事能为产品带来附加值，使之身价飙升，其根本原因是在商品交换过程中，故事是有价格的。品牌故事成为满足人们情感需求的无形商品。

管理学上有一个著名的"雷尼尔效应"。

美国西雅图的华盛顿大学，准备在美丽的校园里修建一座体量庞大的体育馆。消息一经传出，就引起了教授们的强烈反对。校方不得不遵从教授们的意愿，取消了这项计划。教授们为什么会反对呢？校方又为什么会如此尊重教授们的意见呢？

原因在于，华盛顿大学招聘教授时，总要给优秀的教授讲一个"西雅图美景"的故事：西雅图位于太平洋沿岸，华盛顿湖等大大小小的湖泊星罗棋布，天气晴朗时可以看到北美洲最高的雪山之一——雷尼尔山峰，开车出去还可以到达一息尚存的活火山——海伦火山……正是因为这个故事，才让华盛顿大学的教授们，心甘情愿地接受比美国教授平均工资水平低20%左右的待遇，而不到其他大学去寻找更高报酬的教职。换句话说，华盛顿大学教授的工资，80%是以货币形式支付的，20%是以美丽的风景故事带来的愉悦心情补偿的。

但是校方选定体育馆的位置恰好在校园的华盛顿湖畔。体育馆一旦建成，便会挡住从教职工餐厅窗户可以欣赏到的美丽湖光，这也就意味着教授的工资将要降低20%。那么教授们就会有充分的理由流向其他大学。

"雷尼尔效应"用可感知的数字说明：故事也是财富。在商品交换过程中，故事有价，与其诉诸人的理智，不如诉诸人的情感。故事是无形的产品，而产品是故事的有形载体。一个拥有故事的产品能够让消费者愿意出高价购买，恰恰是因为消费者出高价购买的不只是产品，更重要的是能打动他们的故事，通过产品和故事的结合获得情感的满足。

再比如水井坊的故事。首先，水井坊"600余年不间断生产""全国重点文物保护单位""最古老的酿酒作坊""全国十大考古新发现""中国历史文化名酒 ZSBJ01.01号"等为水井坊的文化奠定了坚固的基石。其次，水井坊载入"世界吉尼斯纪录"，产地获"原产地域产品保护""限量生产、元明清古窖群、水井坊一号菌"等成为水井坊品质的保证。水井坊酒的创新包装，巧妙地融入了时尚、先进的设计理念，在素有广告界"奥斯卡"之称的国际莫比广告设计大赛中,获得金奖和最高成就奖。水井坊率先从博大精深的酒文化中提炼出酒道,并设计出一套古色古香的水井坊专用酒具,将品酒升华为一门艺术。

《品牌故事》讲述了国窖1573如何从历史中寻找灵感。泸州老窖1573国宝窖池以"保存最好,持续使用时间最长"载入吉尼斯世界纪录。"持续使用430年""窖泥中富集400余种微生物""拍卖大典""赠酒大典"以及超过100亿元的无形资产评估等,实际上都是在为品牌讲故事。

一瓶水最高能卖到多少钱

河水、湖水、井水、泉水、冰川水……在地球水危机还没有蔓延之际,水是最普通最廉价的物质。从大碗茶、凉白开的时代,到如今的瓶装水……把水装在瓶子里,对人们来说最大的好处是方便,这一需求价值在绝大多数中国消费者心目中大致为一元、两元。随着瓶装水品牌的竞争越来越激烈,企业不得不依靠降价促销来维持销量,进入典型的微利时代。企业家开始思考如何扩大一瓶水的利润空间。

依云 (08纪念版) ¥98

Bling H_2O $36.75~$90

部分高端品牌水及其售价

Voss　¥85

10 Thousand BC $12.92～$45.83

（萨奇）苦味矿泉水 ¥160

Saint Geron ¥120

Aquadeco $11.66

veen $23.75

部分高端品牌水及其售价

Berg（冰山）$6.19　　　　Finé $5.12

部分高端品牌水及其售价

谁撑起了高价水

让消费者以买啤酒，甚至葡萄酒的价格买下一瓶水，要给他们一个什么样的理由？

高端瓶装水品牌在营销招数上都不约而同地举起故事的大旗，为产品添加传奇、浪漫或神秘元素。

从 5 元、10 元，到几十元上百元；从国内的珠峰冰川、5100，到国外的依云、Voss，几乎所有的高端瓶装水都要讲水源地的故事。

珠峰冰川："取自世界最高峰的天然矿泉活水。"

俄罗斯K卡-7:"水源形成于距今6500万年左右的白垩纪时代。"

珠峰冰川:"取自世界最高峰的天然矿泉活水。"

西藏5100:"取自西藏5100米,水源地泉水温度常年保持在23度左右。"

九千年:"水源地在四川省阿坝州黑水县境内。水龄为9610年,是上亿年冰川底层的融水,当今世界已测定的水龄最长的原生态冰川泉水。"

斐济:"欧洲的瓶装水含钙太多,虽然这样对骨骼有益,但是味蕾却会感到不适。而斐济的水产自火山岩地区,含钙较少。"

史前1万年:"地球上最古老的水源。"

王岛云雨:"产自澳大利亚塔斯马尼亚岛,那里拥有世界上'最干净的空气',雨水自然清洁无比。"

420 Volcanic:"产自新西兰班克斯半岛的一座死火山脚下,保证从未被污染。"

Voss:"源于挪威南部的一片净土,是地球上可寻找到的最纯净的水源之一。从那里源源流出的天然水矿物质含量低,不含钠,并且口感无与伦比。"

每一个水源地都有属于自己的独一无二的特点,每一个特点都是时间与空间的传奇。人们在一饮而尽时,会自然联想到这瓶水的神奇之旅,获得时间或空间的情感体验。

除了独一无二的水源地,还有更多独一无二的故事,构成了每个品牌不同的故事体系。

"史前1万年"的故事体系——历史

"史前1万年"的故事体系如表3-1所示。

表 3-1 "史前 1 万年"的故事体系——历史

水源	加拿大温哥华有一片神秘的无人居住区，有着一万年前形成的冰川，保持着一万年前的洁净。如今想到那里一探究竟，乘船也需要用 3 天时间。这里正是这种瓶装水的产地
灌装	这种水在灌装时，要播放古典音乐，用以增加它的尊贵与典雅
包装	来自传统的手工艺，为了更好地保护冰川水不受任何污染，选用质量上乘的玻璃瓶，其磨砂酒瓶的设计堪称经典
传播	好莱坞电影《史前一万年》
消费者	首相的晚宴或者是国家领导人的会晤宴请才能见到它们。若想在民间见到，只有去拉斯维加斯希尔顿剧院的贵宾房

"Voss"的故事体系——时尚

"Voss"的故事体系如表 3-2 所示。

表 3-2 "Voss"的故事体系——时尚

水源	天然自流井纯净水，源于挪威南部的一片净土，是地球上可寻找到的最纯净的水源之一
包装	Voss 水被装在圆柱形水晶石的瓶子中，透明、高雅，像大号的香水瓶，该设计出自 Calvin Klein 前任首席设计师之手
渠道	在全世界 40 多个国家的顶级休闲场所、餐厅、度假村及夜总会出售
饮用方式	对水的温度、盛水的器皿、所配的食物，甚至饮水的环境都有严格的要求
消费者	琳赛·罗翰、布拉德·皮特及乌玛·瑟曼都在公众场合饮用 Voss。麦当娜在与英国导演盖·里奇的婚礼上用 Voss 水宴请宾客，并声称她只喝 Voss

"萨奇"的故事体系——稀缺

"萨奇"的故事体系如表3-3所示。

表3-3 "萨奇"的故事体系

水源	水源取自捷克布拉格波西米亚地区著名的长寿村——野兔村内。那里重山叠嶂、地形迥异,水中矿物质含量是同类产品的几百倍甚至上千倍,堪称水中极品。被东征十字军发现后便风靡整个欧洲大陆,受各国皇室贵族的青睐
渠道	由于资源有限,捷克政府一直限量采集,300多年来萨奇苦味矿泉水一直被欧洲皇室贵族所垄断,从未销往欧洲以外的任何地区。近年中国才获得每月15000瓶的销售定额
消费者	欧洲上流社会的贡品,同时也是贵族身份的象征

"Bling H_2O"的故事体系

"Bling H_2O"的故事体系如表3-4所示。

表3-4 "Bling H_2O"的故事体系

包装	瓶身上的品牌字样由64颗施华洛世奇水晶镶成,瓶盖则做成红酒一样的橡木塞
创始人	公司创始人凯文·伯伊德是一位好莱坞制片人
渠道	最初这种水只卖给由公司创始人亲自挑选的著名运动员和演员
传播	在MTV音乐电视和艾美奖颁奖典礼上总是与明星一起闪亮登场
消费者	希尔顿家族的继承人Paris Hilton等明星

不同的故事吸引不同类型的消费者,带来的都是一种情感的奇妙体验。正如依云所说的:我喝的不是矿泉水,而是依云。消费者喝的不是矿泉水,而是一个发生在这瓶水身上的故事,品牌就是这个故事的名字。关于水的故事,通过瓶装水的形式传递给消费者,

使消费者从感官和心理上获得全方位的品牌体验。

一个成功品牌的形成过程，就是故事内化为产品的过程。而此时消费者通过购买获得的，不只是产品的物质形态，更多的是品牌故事带来的情感体验。即使需要支付高价才能获得，消费者也会心甘情愿。这就是故事带来的品牌溢价。

故事的溢价模式

$$产品物理价值 + 故事情感价值 = 品牌价值$$

拥有故事的品牌，其价格将不再仅仅围绕产品的物理价值上下波动。产品的物理价值加上品牌的情感价值才是最终的品牌溢价，所以围绕价值浮动的价格空间将大大拓宽，厂家可以借品牌故事扩大产品价格的有效区间，实现产品价格的最大化。

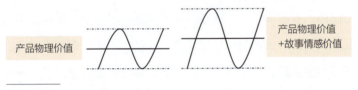

价格围绕价值上下波动图

故事大王：中国的房地产商

对于中国老百姓来讲，很难占到房地产商的便宜。房地产商卖故事、卖梦想、卖焦虑、卖稀缺、卖跟风、卖后悔……中国的房地产商是真正的故事大王。

缺点变优点——房地产商如何把有缺陷的房子卖给我们

在房地产商的口中，每个楼盘都是一个梦想的天堂。因为每一个楼盘的缺点都已经被房地产商变成了不可多得的优势。

常用的套路如下：房子在偏远地段，就说"远离闹市喧嚣"；地处郊区乡镇，就是"回归自然，享受田园风光"；地势高就是"视野开阔，俯瞰全城"；地势低就是"招财领地，聚福纳宝"；旁边有学校，可以说成"学术氛围，人文景观"……归结起来，就是要将房子的缺陷变成优势，然后高价售出。

"一房不二卖"——你为什么占不到房地产商的便宜

很多人认为如果有关系的话，就能拿到一些购房优惠条款甚至折扣，所以看好后并不着急买。不过，如果你去开发商那里看房子，一套房子是不会带你去看两次的。

售楼小姐都会在带你看的几天内询问你的意向和决定并极力促成购买。但在这个期限过后，下次看房时售楼小姐会告诉你，上次带你看的房子已经以多少钱的价格卖掉了。

这样，你得到信息永远是：好房子就是不中留，即使价格再高也是有人买的，无形当中使你焦虑、紧张。当然，你看得越多，这种焦虑和紧张感就会越强。这样在后续看房的过程中，作为购房者的你，往往很容易在这种情绪支配下匆忙做出购买的决定。

期房期什么、现房现什么——看房选房的那些事儿

很多人不明白为什么期房通常比现房好卖。其实中国人的消费心理是很感性的，消费者喜欢买什么样的产品，很大程度上取决于你是不是给他一个他想要的梦。

无论开发商描绘了一个多么美的梦，当你决定购买期房时，都必须要承担资金风险、工程预期风险、设计变化风险、价格风险、市场下行风险等。

也有很多人买期房买的是预期，既然是预期，就要在那些利好

因素未完全释放前购买。比如路修而未通，地铁建而未成等。等到利好完全实现了，价格则会大幅上涨。而买现房则要对所有不利因素都考虑周全，变电站、高速路都是不可更改的，任凭售楼小姐巧舌如簧，你也要有定力。

第三节　故事激发市场潜力

全球最大的故事市场：从《星球大战》到《复仇者联盟》

好莱坞靠讲故事每年创造近 300 亿美元的收入，电影出口收入在美国仅次于军火、高科技和 IT 产业。美国的好莱坞大片很多是系列电影，用故事吸引观众，"预知后事如何，且听下回分解"。只要有观众就一部接一部地拍，《星球大战》包括前传外传共拍了 11 部，《复仇者联盟》已拍到了第四部，在中国上映一个月，就获得了超过 40 亿元人民币的票房收入。1999 年 5 月 19 日，《星球大战前传：魅影危机》在美国上映。这部极具想象力和神秘色彩的影片，让全民都陷入星球大战的狂热之中。在这之前，来自英国、意大利、日本、韩国等地的影迷早已迫不及待地坐飞机赶到美国观看电影。午夜时分，无数还没有买到票的影迷围住了电影院。为了防止发生意外，各大影院宣布实行 24 小时连映。CNN 当天的晚间新闻报道说，美国各级政府机构和企业有多达 220 余万名员工向所属单位请假，为的就是去看这部影片！世纪末的《星球大战》热迫使许多老板索性决定 5 月 19 日放假一天。

一个故事所能拥有的庞大的目标消费者数量，对任何品牌来说都是一笔巨大的财富。著名的二八定律指出：80% 的市场份额是由

20%的人消费的。那么另外80%的广阔的消费者市场如何开拓？

在市场中，消费者对产品本身的物质需求会受到财力和生活习惯的影响，最终的目标消费者仅占到很小的比例。但诸多事实证明，消费者对产品故事所带来的精神需求受财力和生活习惯的影响较小，打动人的故事能让不同国籍、不同身份的人都狂热地投入其中。

人是情感型动物，换个角度来看马斯洛的需求层次理论。马斯洛认为，人的动机是由多种不同性质的需求组成的，包括生理需求、安全需求、社交需求、尊重需求和自我实现需求。其中，精神需求占据了人类总需求的3/5。

人类需求层次图

人类对精神的需求是与生俱来、人人都有的，且占据了绝大部分。

产品的市场容量即产品在市场上的需求总量，只有满足人的需求的产品才能实现其价值。故事所传达出的各种情感，满足的恰恰是人们的精神需求。

将故事内化到产品，通过增加产品的精神价值，满足消费者的精神需求，从而扩大产品的市场容量，这就是故事营销的重要作用之一。

好故事对电影票房的重要性

目前中国电影制作机构保持在 2300 家左右,银幕超过 16 万块,年影片生产超过 900 部,平均每天 2.5 部,居世界第三位,仅排在好莱坞和宝莱坞之后。看起来各方面数字都不错,然而年产 900 多部电影中真正上映取得高票房的却不是太多。原因有很多,但其核心原因主要是没有讲好故事。很多业界人说中国最缺的就是好编剧,没有好编剧就没有好故事,没有好故事就没有好票房。所以说,电影营销,故事先行。

电影是高风险投资的产业,电影票房不佳,后续收入锐减,连成本都收不回来。一个导演无论曾经拍过多高票房的经典电影,只要有一部电影失败,就会让其身价贬值。好莱坞有一套计算导演身价的公式,就是把导演所有电影的票房加起来,再把导演拍摄的电影数加起来,加权平均取中间值。

故事是电影的灵魂。细数电影史上的经典电影,无一不是故事先行。

怎样用镜头语言讲故事?让我们来欣赏一小段剧本:

青山白石。

雄关漫道。

苍鹰翱翔天际。

铁轨直插远方。

一颗后脑勺由画面上方落下,耳朵紧贴轨道,听。

须臾,头颅轻起,让出缝隙,手指插入耳孔,挖净。

再听。铁轨抖动,隆隆声由远而近。

呜——汽笛长嘶。

脑袋一翻,后脑勺变成正脸。

大眼惊恐。火车从这边来了!

铁轮飞转,白烟滚滚,血旗烈烈,风驰电掣。

白马十匹,赫然出现。率两节车厢呼啸而来。

马拉火车。十匹白马是火车的车头。

白马黑车,游龙山间。

这便是姜文电影《让子弹飞》的开头。

曾问过一个爱看电影的朋友:《阿凡达》和《让子弹飞》,哪个更好看?他脱口而出:《让子弹飞》。问起原因,他说,《阿凡达》第一遍看着十分过瘾,但不会想看第二遍;《让子弹飞》看了一遍还想再看一遍。说明白点,《阿凡达》是靠特效取胜,而《让子弹飞》是靠故事取胜。虽然阿凡达创造了新的世界票房纪录,但大家记住的永远是其中逼真的画面,而不是那老套的保卫家园的故事。说到真正的票房之王,其实是20世纪30年代的《乱世佳人》。《乱世佳人》上映当年票房约4亿美元,换算过来相当于现在的60亿美元左右。

《乱世佳人》改编自当时玛格丽特·米切尔的小说《飘》。该小说的大背景是美国南北战争,但电影最吸引人的还是女主人公斯嘉丽的传奇爱情故事,此书一出风靡全球。1937年玛格丽特·米切尔凭借此书获得普利策奖。1939年由此改编的电影《乱世佳人》上映,大受追捧,并一举获得第十二届奥斯卡的最佳影片、最佳改编剧本等八项大奖。

故事要有母题，包括爱情、亲情、励志、战争、灾难、悬疑、恐怖等。不同母题所要表达的内容、采取的讲述手段等都是不一样的。好故事要想引人入胜，就要不断创新，添加新元素。

许多电影、名著被改编、翻拍，正是因为其故事的独特和经典。中国四大名著曾被相继翻拍，且不论反响好坏，都说明了这四部经典小说历经数百年而不朽。然而故事虽好，如何讲出新意，就得靠编剧和导演的真本事了。

《让子弹飞》的原著是四川作家马识途的《夜谭十记》中的《盗官记》。姜文及编剧将其进行了艺术化修改，增加了人物身份的真实性和故事的悬念，用流行俗语代替书面语言，热门话题暗藏玄机，整个故事精彩纷呈。《让子弹飞》情节层层递进，一波三折引人入胜。最重要的是有悬念，看到开头就猜中了结局的一定不是好电影。一定要出人意料，才能使观众有满足感。

J. K. 罗琳通过讲故事，让哈利·波特成为全世界青少年追捧的明星，自己也从一个靠救济过活的普通女子成为身价 10 亿的"富婆"。《疯狂的石头》以 300 万成本博得了 2600 万票房，也是因为故事的精妙绝伦……好的电影通过讲故事可以收到事半功倍的效果，加上宣传中的"吊胃口"，更可锦上添花。

戴比尔斯的故事

1859 年，戴比尔斯创建于南非北开普省，它的唯一产品就是钻石，也就是矿物学中所说的金刚石，成于 30 亿年前。钻石往往特指琢型宝石级金刚石。在地心深处的高温和高压下，历经亿万年时间，普通的碳终于改变了结构，变得如钢一样坚硬。在 2800 年前的印度，钻石第一次被人们发现。当时的人们惊叹于它坚硬的质地，认为是天赐的圣物，用它来驱灾避邪。在中世纪，稀有钻石成了地位与权力的象征，只有皇室、教士或贵族才可佩戴。

随着越来越多的钻石被开采出来，钻石成了贵妇人之间相互炫耀的昂贵饰品。戴比尔斯公司成为世界上最大的原钻供应商，垄断性地控制了世界80%以上的天然原钻的开采和销售。

随着世界经济的繁荣，西方社会一片珠光宝气、歌舞升平，钻石销量稳步上升。连胡佛总统也大发赞词："我们正处在取得对贫困战争决定性胜利的前夜，贫民窟即将从美国消失。"就在戴比尔斯积极准备即将到来的国际大市场时，历史上最著名的股灾爆发了。1929年10月24日，纽约股市崩盘，一天之内11个银行家自杀身亡。国家整体经济水平倒退十多年，千百万美国人多年辛勤劳动积累起来的财富付诸东流。

当时戴比尔斯只拥有占人群结构极小部分的高端人群市场，大萧条来临后，在生存与炫耀的选择中，人们本能地节衣缩食。经济危机导致这部分人购买需求下降，钻石市场遭遇极度紧缩，戴比尔斯在这场风暴中摇摇欲坠。

寻找出路

为了减少亏损，戴比尔斯掌门人欧内斯特不得不决定削减90%的产品。同时，他着手成立钻石贸易公司，将自己定位为一家钻石行业的营销公司，希望通过树立行业形象，刺激人们对钻石的需求。

首先，他们为钻石找了一个时尚的概念，并与负有盛名的可可·香奈尔合作，联手开发新钻石产品，推出了一大批设计精美的钻石首饰。但对于昂贵的钻石来说，这一块市场空间显然太小，而大萧条时期的富人对这种炫耀消费的兴趣也大不如前。一段时间之后，销售业绩非常尴尬，"时尚计划"以失败告终。

此时的戴比尔斯公司高层开始出现危机。有人建议，钻石饰品的时代已经变成历史，退出钻石行业，转攻市场竞争激烈的黄金饰品会是一个走出困境的选择。面对是否转行的选择，戴比尔斯公司选择先处理大萧条时期积压的一大堆钻石饰品，并拖延了决策时间。

为了完成这个任务，欧内斯特的儿子哈里·欧内斯联系到了好莱坞，让戴比尔斯成为奥斯卡颁奖典礼的奖品提供商，将积压的精美钻石作为一年一度奥斯卡颁奖典礼的赠品，用以减小库存压力，并借此扩大品牌影响力。

1945年的奥斯卡颁奖典礼从一开始就透露出不平凡，捧走当晚最佳女主角奖的是在《欲海情魔》里有着出色表演的琼·克劳馥。她是如此美丽，以至于著名导演乔治·顾科用"希腊古典神祇的面具"来形容她的容颜。被誉为一代电影皇后的葛丽泰·嘉宝也感叹："你有一张美妙极了的脸。"当晚的每个人都记住了"琼·克劳馥"这个名字，然而最应该记住这个名字和这个夜晚的是戴比尔斯。

哈里·欧内斯出席了这场典礼。同往年一样，哈里要将精心挑选的钻石产品送到当晚的影后手中。当琼·克劳馥接到这条镶有24克拉钻石的项链时，美丽动人的影后惊呼起来："真是太漂亮了，这是用什么做的？"

哈里回答："这是我们公司的产品，24克拉纯钻石项链。"

克劳馥问："它有些什么特别的意义吗？"

哈里微笑着说:"钻石有着坚硬、亘古不变的品质,它永远会保持今天的美丽和光彩!"

说到这里,哈里对自己所做的解释感觉良好。本以为克劳馥会很开心地接受奖品,但令所有人意外的是,当晚最大的赢家突然收敛了笑脸,变得伤感起来:"要是一个人能有像钻石一样的爱情,那该多好啊!"

琼·克劳馥是一个不幸的女人,16岁时她已经有过三个父亲,她的婚姻生活也总是难以维持。对于永恒的爱情她孜孜以求,却未能如愿以偿。她有感而发地表达了"想要同钻石一样的爱情"这个愿望。

面对光鲜、耀眼的明星,却听到如此平凡的感情流露,哈里敏锐地觉察到钻石的灵魂就在这里——一个关于永恒爱情的故事。于是戴比尔斯开始了影响世界的改变。

爱情需要形式,品牌需要故事

首先,戴比尔斯在琼·克劳馥身上找到了适合产品特性的故事母题——永恒的爱情。

钻石是什么?

钻石是坚硬的:目前地球上所发现的物质中,钻石是硬度最高的一种,没有什么可以击碎它。

钻石是稳定的:任何酸性或其他药品对它都不起作用,不会因时间的变化而变质。

理想的爱情是什么?

爱情应该是坚硬的,没有什么能够击碎它。

爱情应该是稳定的,不会因时间的变化而变质。

钻石——坚硬+稳定——永恒

爱情——坚硬+稳定——永恒

因此,钻石——爱情——永恒

另外,这个简单的代数关系式恰恰构成了人们心中最期盼的向往:每个人都需要爱情,每个人都渴望永恒的爱情。根据马斯洛的需求层次理论,人的基本需求是安全需求。对于无法预知的未来,人们是没有安全感的,不能确定现在拥有的美丽爱情在未来是否依然存在。于是人们需要借助外物作为有形的参照,来慰藉内心的恐慌。

这些就构成了戴比尔斯故事的核心:沧海桑田,斗转星移,世上并没有永恒的东西,唯有钻石——A diamond is forever。因此,也只有钻石才能见证不知道是不是永恒的爱情。钻石是表达爱情的形式,如果他永远爱你,他就会送你永恒的钻石。

戴比尔斯广告文案:

世事纷乱喧嚣,

未来难以预料,

然而看着它,

你知道,

这光彩夺目的爱,

将会陪伴你一生。

钻石订婚戒指,除了它,还有什么能让两个月的薪水永存?随后,戴比尔斯在全球约34个国家,以21种语言,为渴望获得永恒爱情的人宣讲一个又一个关于永恒爱情的故事,深深影响着人们,甚至改变了人们的婚恋习俗。

一位40多岁的成功男士指着柜台的钻戒,对着身边的女友说:你选最贵的吧,这样才能配上我对你的爱。

一对50岁左右的夫妻,在30年结婚纪念日那天精心选了好久,选了一对白金心形钻戒。丈夫给妻子带上,托起妻子的手欣赏了半天,轻轻地说了一句:在我心中,你最珍贵。

一个衣着普通的小伙子第三次来到店里,这次他带了钱,还有美丽的姑娘。他买下一颗小巧的钻戒给姑娘带上,姑娘激动地说:我不在乎你送的钻戒有多大,我知道你对我的爱像钻石一样永恒就足够了……

市场的潜力是惊人的。20世纪60年代,80%的美国人订婚开始选择钻戒作为信物。1993年,戴比尔斯将"A diamond is forever"翻译成"钻石恒久远,一颗永流传",把这个故事带入中国。

如今,这个全球最大的原钻供应商和零售商戴比尔斯已牢牢垄断了全世界整个钻石行业,而这个行业也因为戴比尔斯讲述的故事而生机勃勃。

故事的经济价值首先在于它的广泛适用性。好的故事都在诉说人性中的本真,是人所共有的。如钻石诉说的爱情故事,无论穷人还是富人,都同样需要爱情,所有真挚的爱情都动人心弦。这个故事让钻石从非必需品变成必需品。这个故事打开的,是一个由每一个消费者构成的市场金矿。

第四节　故事保护品牌基业长青

每一个产品都有生命周期。这种变化的规律如同动植物一样,有一个从出生、成长到成熟、衰亡的过程。与之不同的是,品牌的生命却可以延续上百年,甚至返老还童。那么如何保证品牌基业长青呢?

产品生命周期

产品生命周期如图所示。

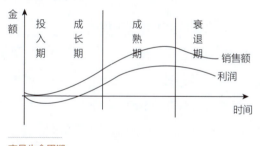

产品生命周期

品牌生命过程的衰退是因为品牌发展到一定时期,其中显现的利润空间会引来众多的竞争者与之分享有限的市场。竞争日益激烈,同类品牌日益增多,价格下降,最后导致利润率下降。盈利能力的衰退代表了品牌生命的即将完结,建立同类产品难以逾越的市场壁垒则变成延长品牌生命的关键。

创立品牌是保护产品的关键,讲一个动人的故事,是打开消费者心灵的钥匙。

品牌需要"制造"和"积累"。品牌故事不但可以让一种产品神圣化，而且其中显现的独特情感也可以让产品及品牌声名远播，深入人心。这种独特性是竞争对手无法抄袭的，由此可建立起品牌壁垒，延长品牌的生命周期。

故事通过母题的核心力量，能够将诸多元素有机结合，成为一个拥有极强凝聚力的整体。故事和品牌的有机结合有利于品牌延伸，实现品牌资产的最大化。

百事新一代建立市场壁垒

百事可乐与可口可乐一样诞生于一位药剂师的手中，后来被命名为"Pepsi"，1903年6月16日正式注册商标。1938年Pepsi被Loft公司收购，Loft将公司名称也改成百事可乐公司，开始了与大哥可口可乐公司在饮料行业中的百年角逐。

从"清爽、可口，百事可乐"，到"百事可乐：更多、更好"，再到"爱社交，喝百事，喝百事，增友谊"，百事可乐不停变换招数求生存，分享着软饮料市场中的一杯羹。

20世纪60年代，可乐市场竞争前所未有的激烈，百事可乐开始思考突围之道：用鲜明的故事保持品牌生命力。当时百事可乐内部达成一致意见：与其争夺可口可乐的既有消费群体，不如另辟新天地，努力赢得尚未完全依赖可口可乐的新一代消费市场。

1961年百事打出广告语："这就是百事，它属于年轻的心。"一个"百事与新一代"的故事出现在市场上。之后的百事可乐一直在不断演绎、加深这个故事在人们心中的印象。时尚明星、流行音乐都被纳入百事故事中。从迈克尔·杰克逊、比利·克里斯特尔到周杰伦、古天乐、蔡依林、F4、Rain、姚明、谢霆锋、李小鹏、贝克汉姆、安立圭，百事的每一个代言人都是新一代消费者崇拜的明星。

1983 年百事可乐公司对广告语进一步提炼,将其修正为"新一代的选择",用富有创造力和时尚流行风格的广告牢牢抓住新一代。

这个故事得到了年轻一代的认同和追捧,忠诚于百事可乐的年轻消费者们甚至为它奔走疾呼:

"可口可乐,那是你爸爸才喝可口可乐!"

通过点滴的品牌积累,如今百事可乐是如此深入年轻人的心,以至于可口可乐也无法通过说自己年轻、时尚、流行来和他们套近乎。可口可乐只能眼睁睁地望着百事可乐一步步抢走市场的半壁江山。

从 1977 年开始,随着"新一代"故事的常讲常新,百事可乐在美国软饮料市场的销售量开始赶上可口可乐。1978 年 6 月 12 日,《商业周刊》的封面上醒目地印着"百事可乐荣膺冠军"。到了 1988 年百事的市场份额已经能够与可口可乐分庭抗礼,如表 3-5 所示。

表 3-5 美国软饮料市场不同牌号的市场占有率

软饮料牌号	市场占有率(%)
Coca-Cola Classic	20.1
Pepsi-Cola	18.3
Diet Coke	8.2
Diet Pepsi	5.2
Dr Pepper	4.4
Sprite	3.6
Mountain Dew	3.4
7 UP	3.1
Caffeine Free Diet Coke	2.0
RC Cola	1.6

百事新一代的品牌延伸

品牌延伸是企业保持品牌活力，实现品牌收益最大化的惯常手法，即通过增加新产品来延续品牌生命，提高品牌的市场占有率，增加利润收入。百事可乐从各种软饮料的横向延伸，到服饰品牌的扩张，一步步实现对可口可乐的超越。

如何建立品牌延伸的合理联想，实现品牌价值最大化，顺利实现财富增加？故事营销是最佳选择。

与可口可乐平分秋色之后，百事可乐积极探索品牌的延伸之道，实现品牌价值的深层挖掘。

百事可乐一步步推出新产品，如七喜、美年达等，与可口可乐的雪碧、芬达等产品抗衡。百事可乐又成功转战餐饮、食品等行业。在与可口可乐差异化越来越小的时候，百事嗅到了体育热潮的气息。1998年，百事首次进入中国的运动鞋类市场，推出百事流行鞋。

百事的品牌延伸

从软饮料延伸到食品，再延伸到服装，百事动作不断。在品牌扩张之前，"新一代"的故事已经深入人心，建立了清晰、强烈的品牌形象。而其扩张的产品，无论是流行鞋还是酷牛仔，都因为符合这种品牌印象，顺理成章地成为品牌故事中的元素之一，轻松地为消费者搭建起品牌联想。由于运动品牌的价值提升，百事可乐公司在《财富》美国 500 强排行榜中的排名节节上升。2005 年 9 月 12 日，百事可乐的股价第一次超越可口可乐。

完全不同的领域因一个故事而产生了合理的联系，形成统一的品牌联想，从而减少品牌延伸导致品牌形象模糊化的风险，为品牌的大范围扩张，获取品牌价值的最大利润提供了保障。

向老年人卖回忆，向青年人卖情怀：60 岁大白兔的网红之路

身上穿着优衣库，手里拿着大白兔，可以让一个普通青年走在街上实现百分百的回头率。

60 岁的中国大白兔品牌开启了网红模式，当年轻人开始把戒糖当成新时尚，大白兔相继推出奶茶、香水、润唇膏、身体乳、联名服装……

向老年人卖回忆，向青年人卖情怀，总有一款适合你；就算你不吃大白兔奶糖，浑身从里到外都散发着奶香。

曾经的大白兔是食品中的奢侈品。提到大白兔奶糖，爷爷奶奶会告诉你，我们那时候费尽心思才能买上半斤，比肉都珍贵；爸爸妈妈会告诉你，小时候都是买什锦糖，一包里只有那么一两颗是大白兔，小伙伴们都得靠划拳决定谁能吃。

关于这只兔子的来历颇为有趣，1943 年，上海一家糖果厂的老板吃了英国的牛奶糖之后非常喜欢，就请师傅专门研制出中国版的

牛奶糖，包装纸用的还是当时很流行的米老鼠形象，后来由于米老鼠已经被国外注册，才改成了兔子。不要小看现在的这只"大白兔"，它正式诞生是在1959年，并在当年成为新中国成立十周年的礼品，由此也奠定了它"第一代国产糖果代表"的地位。

大白兔还是外交礼品。1972年美国总统尼克松访华，大白兔作为招待食品之一很受欢迎。毛主席知道美国人爱吃大白兔奶糖，让工作人员送给他们每人十斤。

当晚，工人们不眠不休连夜赶工，在第二天将500斤大白兔奶糖交到美国代表团手中。大白兔一度成为那个年代的中国国礼。

如今，已是花甲之年的"大白兔"如何变身"小白兔"成为品牌重新焕发青春面临的新问题，于是这只兔子开始跨界，走上了年轻化的网红之路。

2018年9月，大白兔联合另一国货品牌美加净推出奶糖味润唇膏，上线一秒卖光，随后加售1万套也在短短3小时内销售一空。2019年，大白兔又携手气味图书馆推出大白兔香水，又创下限量款香氛3秒售罄的战绩，进军美妆界的步伐势不可挡。

大白兔的"跨界"之旅一直未停，在大白兔诞生60周年之际，它用奶茶的形式开启全国巡展。第一站上海，首个大白兔奶茶店在上海LuOne凯德晶萃广场开业。当天，大波奶糖粉慕名而来，能买到一杯大白兔奶茶，简直就是当天社交媒体的宠儿。南京、苏州、广州、北京等地，也陆续掀起了国民糖果品牌热潮。

2015年，大白兔年和法国时尚轻奢品牌"Agnes b."跨界合作推出限量版糖果礼盒；2016年，和中国国家博物馆跨界合作推出"四羊方尊"的文创糖果礼盒；2017年和太平洋咖啡跨界合作推出联名款的拿铁咖啡饮品……

得年轻人者得天下。大白兔在联合营销的路上，每一步都在努力抓住年轻人的心。

第五节　中外百年老店启示录：品牌如何越老越有魅力

"不到长城非好汉，不吃烤鸭真遗憾。"游长城和吃烤鸭都是游人来北京的必备之选。而"全聚德"更是作为北京烤鸭的代名词，深受中外游客的喜爱。可是，全聚德在近几年却遭遇了品牌创新的窘境，近年公布的财报也让人唏嘘不已。

百年品牌的创新窘境

财报显示：全聚德 2018 年全年营业收入 17.77 亿元，较上年同期下降 4.48%；净利润为 7304.22 万元，较上年同期下降 46.29%。营业收入和净利润双双下降。2012—2017 年，全聚德的业绩几乎就是原地踏步，曾经的"烤鸭第一股"早已跌落神坛。

全聚德创立于 1864 年，一个名叫杨寿山的人来到了北京，他先是在前门附近的肉市卖鸡鸭，等积攒了一些钱后，就盘下了肉市中一家濒临倒闭的、名叫"德聚全"的干果店，将旧的字号倒过来，叫"全聚德"，是为"倒转霉运，踏上坦途"之意。

杨寿山又开了个烤炉铺，花重金聘请当年皇宫御膳房的师傅，专营"挂炉烤鸭"，全聚德烤鸭店至此开张。但是杨寿山的后人却经营不善，店面亏损严重。后来，杨家后代聘请了李子明当"职业经理人"，李子明提出了全聚德的"九字生意经"：鸭要好、人要能、话要甜，并制定了严格的经营标准，这才使得全聚德起死回生,并且仅仅几年时间就成了北京城排名第一的烤鸭店。

1949年10月,毛主席用全聚德烤鸭招待外宾,这也是全聚德第一次被端上国宴的餐桌,全聚德的品牌声誉也因此达到顶峰。

声名远播的全聚德为什么会在今天增长乏力呢?

在消费升级的趋势下,全聚德缺乏创新力。全聚德店里的主打产品是烤鸭,但消费者的需求发生了变化,他们已经吃惯了大鱼大肉,不再觉得吃一顿烤鸭是多么美好的事情,然而全聚德除了烤鸭,很难拿出其他新颖的菜品来吸引消费者,因此越来越多的人吐槽全聚德的菜品老套,缺乏新鲜感。

相比之下,一些新派烤鸭相继崛起,它们的配盘、配菜都更加精致。例如,大董烤鸭店就推出了"意境菜"的概念,一菜一句诗,把传统中国文化与现代烹饪手法相结合,这种创新自然得到了喜欢时尚、追求个性的年轻人的追捧。相较之下,年轻一代对全聚德这种"吃老本"的老字号渐渐疏远。

全聚德在2016年进军外卖业务,推出外卖平台"小鸭哥",由旗下控股公司鸭哥科技负责运营,其目标客户就是年轻一代的消费者。可是未能坚持下来,仅仅经营一年就夭折了。

品牌创新的多元化、科技化、IP化

美国迪士尼成立于1926年,距今近百年,但是与全聚德相比,迪士尼仍然生机勃勃。

迪士尼自成立之初就坚持多元化发展,在其"欢乐文化"的背后,是一个产业不断扩充升级的商业运作体系。迪士尼从一个绘制卡通形象的手工作坊起家,逐步将经营方向从单一制作延伸到拍摄电影、动画片,再到开发、出售专利卡通形象产品,以及经营迪士

尼主题乐园、电视频道等领域，形成了紧扣市场的产业链，造就了拥有强大品牌力和年销售额 220 亿美元的大型跨国公司，也带动了一个席卷全球的庞大产业链。

迪士尼的创新也离不开科技研发。迪士尼不仅主打文化娱乐产业，更是倡导与科技紧密结合。迪士尼设有独立的科技研发部门，发展人机互动、虚拟现实、计算机绘图等技术，应用在电影、主题乐园的体验中，带给消费者沉浸式体验。

一个好的 IP 需要同时满足三个条件：

1. 要足够打动人心，能够和消费者建立起一种情感连接；
2. 能结合时代变化推陈出新；
3. 能够反映企业品牌的价值观。

迪士尼同样是 IP 打造方面的专家，拿迪士尼的公主形象来说，从白雪公主开始，到现在最新的公主故事，不断与时俱进，以前的白雪公主美丽、柔弱，遇到了麻烦只能等着王子前来营救，而近年来，随着女性力量的崛起，迪士尼的公主也开始能够掌握自己的命运，变得更加独立和勇敢了。迪士尼通过一个个鲜活有趣的 IP 形象，让自己的品牌始终与时俱进、充满活力，让一代代人为之倾倒，企业也因此长盛不衰，不断焕发生命力。

品牌创新的国际化、高端化、年轻化

拥有百年历史的青岛啤酒也是一家老字号品牌创新的典范企业，它创立于 1903 年，是中国最早的啤酒生产企业之一。

青岛啤酒十分注重品牌的国际化。早在 20 世纪 50 年代，青岛啤酒便开始了海外出口之路，用高品质赢得海外消费者对中国品牌的认

可与尊重。1993年7月15日,青岛啤酒在香港联交所正式挂牌上市,成为首家在海外公开发行股票的中国内地企业。与此同时,青岛啤酒通过举办论坛等形式,将品牌输送到100多个国家和地区。

青岛啤酒：畅享欢聚时刻

在品牌高端化的创新上,青岛啤酒推出了奥古特啤酒。其独特的尊贵设计既有古典韵味,又兼具学院气质,处处体现着享用者的高贵感。奥古特选用被誉为"捷克黄金"的萨兹酒花,以及澳大利亚辽阔田野的金色二棱大麦,始终坚持用品质极高的原料,以及经典的酿造工艺,造就了奥古特在国产啤酒中的非凡品质和地位。

青岛啤酒还洞察消费者需求,追求品牌年轻化。

青啤曾和肯德基合作推出"鸿运当头闻鸡起舞"罐,在《深夜食堂》开播时推出"深夜食堂罐",而在《魔兽世界》《战狼》等电影引爆全球之际,"魔兽罐""战狼罐"也在线上卖得如火如荼。通过这些跨界营销,一个充满活力的、时尚化、年轻化的青岛啤酒形象呼之欲出,企业也因此时刻焕发青春气息。

中国的老字号企业切不可故步自封、闭门造车,要敞开大门、与时俱进,更要洞察消费者需求,结合科技的力量开拓创新,只有这样方可做到基业长青。

第六节　褚橙的秘密：从无人问津到一抢而空，背后的成功密码是什么

云南玉溪哀牢山，这里开启了一位老人从烟王蜕变为橙王的人生梦，这里见证了一个承载着光荣和梦想的企业。

2002年，74岁走出监狱，保外就医的褚时健在哀牢山承包了一片2400亩的荒山，种起了橙子。经过多年的辛勤培育后，褚时健开始在昆明售卖这种橙子，取名云冠橙，一开始无人问津。直到打出"褚橙"的名号时，才一抢而空。

云南玉溪哀牢山原来是一片荒山，经过十年的建设，出现了改天换地的模样，变成了如今的褚橙庄园。庄园里如今有3600亩冰糖橙树。从一棵树到一片树林，然后变成了一个庄园，这是中国农业品牌的典范，也是褚老的情怀之作。

那褚橙的密码到底是什么，人们为什么要吃褚橙？

打造企业家的个人品牌

品牌由两个字构成：一个叫品，一个叫牌。"品"是品质，任何一个产品的核心是品质，如果你品质不好，你做的广告越多，可能你这个企业衰落得越快。另外一个是"牌"，就是我们讲的牌子。

很多企业之所以没有把品牌做起来，主要是因为品质做起来了，品牌却没有做跟上来。中国人传统的心态认为："酒香不怕巷子深"。这种逻辑在互联网经济时代已经失效了。互联网时代的特点是酒香也怕巷子深。光有好品质是不行的，品牌故事也要深入人心。

我们吃橙子最怕吃到的就是酸的橙子。所以褚时健宣称褚橙是 24:1 黄金甜酸比,这一下子就解决了消费者的痛点。但是产品的品质要用故事化和形象化来告诉大家,而褚时健就是最好的 IP,"人生总有起落,精神终可传承"。褚时健种的橙子由云冠橙变为褚橙,实现了品牌故事化、魅力化。

企业转型:懂得利用好互联网

企业也要学会转型。未来所有的财富将会在每个人的手机里,这也是为什么很多企业要做互联网+的原因。褚橙成功的很重要一点,在于开始就用互联网思维做褚橙。褚橙的主要渠道并不在线下超市,而是在互联网渠道。褚橙是用移动互联网营销的方式让大部分中国人都获知自己的产品。

布局商业生态

褚橙之后,褚橙公司开始开发褚酒、褚柑等产品,不同的品牌延伸策略背后是独特的商业模式。企业最核心的战略就是品牌战略。通过褚橙的商业模式可以知道褚橙、褚橙庄园、褚柑、褚酒,其实已形成了一个生态圈。当形成一个生态圈的时候,就不会因为某个单一产品的生命周期出现问题而影响整个企业的发展。

互联网不仅是一种工具,更是一种新思维。当今,中国商业环境正在发生深刻的变化,经济发展进入了新常态,中国经济正面临两大考验:一个是经济转型,一个是社会转型。转型的背后,其实蕴藏着很大的发展潜能,像褚橙一样,如果你能打好品牌这张王牌,新的财富将向你源源不断地涌来。

第七节　华光国瓷品牌故事：闪耀世界的国家名片

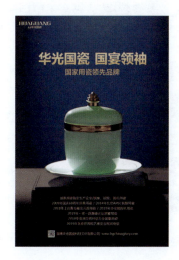

华光国瓷：书写了中国陶瓷走向世界的新篇章

中国陶瓷有着辉煌而灿烂的历史。陶瓷，是中国的国粹、世界的瑰宝，是它让世界认识了中国。但随着西方工业化国家陶瓷产业的兴起，中国近当代陶瓷却逐渐衰落，甚至沦为国际市场的地摊货。如今世界陶瓷行业呈现出高延展性、高附加值、高技术性以及高成长空间这四大特征。但是提起国内陶瓷品牌，许多消费者只能说出产地：江西景德镇，广东佛山，河北唐山，山东淄博等，能说出品牌名字来的少之又少，中国陶瓷行业急需领导品牌。令人欣慰的是华光国瓷率先抓住了中国陶瓷行业转型升级的发展契机，讲好品牌故事，实现了从品质创新到品牌创新的大跨越。

2019年，中国三大主场外交活动相继在北京举行：从第二届"一带一路"国际合作高峰论坛，到2019北京世界园艺博览会，再到 5 月 15 日亚洲文明对话大会的成功召开,华光国瓷屡担重任,相继在重要外交活动中亮相,"丝路华青"宴会用瓷、会议用瓷、会谈用瓷等系列产品凭借着其温润如玉的质感及秀丽典雅的造型惊艳四座,如同一张独有魅力的"国家名片",书写了中国陶瓷走向世界的新篇章。

"一带一路"高峰论坛、亚洲文明对话大会国宴用瓷——华光国瓷"丝路华青"

这是华光国瓷继 2009 年承制中华人民共和国成立 60 周年庆典用瓷、2014 年 APEC 北京峰会首脑用瓷、2015 年西藏自治区成立 50 周年庆典用瓷、2018 年上海合作组织青岛峰会元首用瓷等一系列国事、外事活动用瓷之后,再度成为国家重大外事活动用瓷。华光国瓷屡次登台亮相,为中国陶瓷文化走向世界赢得了至高荣誉。

2014 年北京 APEC 会议首脑用瓷——华光国瓷"国彩天姿"

华光国瓷董事长苏同强先生在接受记者采访时说:"中国瓷,

复兴梦。重塑中国陶瓷产业的辉煌,不仅是民族产业崛起的需要,更是国家文化复兴的象征。陶瓷企业转变发展方式,是中国当代陶瓷回归世界舞台中央的必然选择。"

国瓷基因与回归梦想彰显大国重器

美国号称"咖啡杯王国","平均每三个美国人用一件华光咖啡杯",风格鲜明、家喻户晓的雀巢咖啡杯,曾有很大一部分是由华光生产的。然而那时的出口产品,正如"中国制造"以往的命运一样,大多没有自主品牌。销量很大,产品价值却很低;OEM代工替人作嫁衣,中国陶瓷的复兴梦却遥遥无期。

再好的产品,没有自己的品牌,都很难取得大的发展。华光国瓷董事长苏同强审时度势,果断放弃了低端、低质、低效的发展方式,选择打造自主品牌,进入高端市场,踏上了更加艰辛但充满希望的二次创业发展的新里程。

"'盛世出好瓷',中国陶瓷有着几千年历史,我们的祖先曾经带给世界无数辉煌的作品。先人做的瓷器的确精美,也曾为世界瞩目艳羡,但我们的传承绝不是照猫画虎地高仿。当代陶瓷人要思考探索的是:在这个改革开放蓬勃发展的新时代,代表这个时代的瓷器在哪里?"苏同强深有感触地说。

这个时代赋予了华光人振兴陶瓷产业、重塑陶瓷产业的辉煌使命:要做就做世界最好的陶瓷,给世界留下这个时代的陶瓷印记,给未来留下这个时代的陶瓷辉煌,引领中国当代陶瓷回归世界舞台的中央。

五代后周柴世宗是一位酷爱瓷器艺术的君王,曾多次设置官窑督烧瓷器,并有御旨严词,以求名品。

一日，朝廷官吏请示烧造御用瓷器的造型和颜色时，柴世宗正看着雨后天晴的一抹青云沉思，随即御批："雨过天青云破处，这般颜色作将来"，因此有了流传千古的瓷中珍品——青瓷。此后一千年，青瓷一直为世人追慕。

华青瓷是华光在材质创新上的又一座高峰。中国历代名瓷无一不以青瓷为最高荣耀。传统青瓷准确的概念是青釉瓷，也就是它的青来自于釉面。而华光华青瓷是材质青，是坯子在窑炉烧成过程中自然形成的青色，也就是窑变青色，在原料和釉子配方中不添加任何颜料和色剂。华青瓷清澈通透、温润晶莹、如玉似冰，是一种现代科技触达的制瓷境界，实现了对传统青瓷工艺的超越，她既蕴含了中国传统青瓷深厚的文化底蕴，继承和发扬了中国"尚青"文化，又更好地辉映了时代高尚主流文化的审美情趣，把中国当代青瓷推向了一个新高度。

华光国瓷的品牌核心价值为：品质，艺术，尊贵。基于这三点，品牌故事的弘扬更能彰显华光国瓷的品牌价值，更能打动消费者。中国的青瓷烧造历史源远流长，华光国瓷的"华青瓷"又开创了现代青瓷的新纪元。华青瓷不仅秉承了传统青瓷"九秋风露国窑开，夺得千峰翠色来"的外观特征，而且其造型之巧和装饰之丽，令当今世人叹为观止。

我们为华青瓷精炼的广告语："盛世出好瓷，匠心夺天工"，既包含了对华青瓷技术、艺术与文化底蕴的赞叹，又具有强烈的时代风貌。

2014年11月11日，华光"国彩天姿"从众多陶瓷品牌中脱颖而出，成为陶瓷文明古国的"代言者"，众望所归与APEC北京峰会牵手，成为此次峰会一抹最靓丽的色彩。华光 APEC 首脑用瓷代表着中国制瓷技术的最高水准，以东方文明的独有方式与气蕴，吸引了世界的目光，并将中国陶瓷最靓丽的身姿定格在了世界舞台的中央。

2018 年 6 月，上海合作组织峰会在青岛举行。华光华青瓷"千峰翠色"系列用瓷，从多家实力陶瓷企业推荐的上等瓷器中脱颖而出，最终成为上海合作组织青岛峰会国宴用瓷、会议用瓷、茶歇用瓷和陈设用瓷。

2018 年上合青岛峰会元首用瓷
——华光国瓷"千峰翠色"

2019 年 5 月，亚洲文明对话大会在北京隆重开幕，华光国瓷"丝路华青"系列成为本次盛会的领导人宴会用瓷、会议用瓷及会谈用瓷。华青瓷再度成为中华文明的传承者及文化传播的使者，全程见证了亚洲文明对话大会的盛况。

2018 年上合青岛峰会元首用瓷
——华光国瓷"千峰翠色"

无论是在国家的重大活动、国际的一些重大文化交流中，还是在国家或世界重要的文化收藏机构中，都能看到华光国瓷的身影。

华光国瓷屡屡成为国家用瓷是多年来华光"国瓷基因"使然。由此，华光国瓷也成为引领中国高端陶瓷市场的风向标，苏同强的坚守得到了认可，华光国瓷成功入选中国工业经济联合会选出的"向世界名牌进军具有国际竞争力的中国企业"，他本人也被选为中国陶瓷工业协会副理事长、中国陶瓷工业协会日用陶瓷分会会长。

华光国瓷科技文化有限公司董事长 苏同强

半个多世纪的时间里，华光国瓷从高消耗、低附加值的规模扩张发展，转变为高档陶瓷、高技术陶瓷引领的内涵式发展转变，成为"中国国家用瓷生产企业"。创新引领能力的提高为华光国瓷的发展提供了新动能，华光国瓷也在品牌之路上越走越坚定。

创新实现高质高端高效发展的新跨越

没有品牌、没有高品质的产品，企业自身的生存难，也会被别人看不起。在一次去欧洲考察后，华光国瓷董事长苏同强用身上的 7 000 欧元，买来了 112 件欧洲顶级品牌的瓷器，摆在工厂最显著的位置。苏同强告诉他的员工，华光人的使命就是要超越他们，做世界上最好的陶瓷。

骨质瓷最早产于英国，历史上曾是宫廷专用品和贵族收藏之珍品，而华光自主研制的天然矿物合成骨质瓷，采用天然磷矿石和石灰石经高温煅烧合成，其中磷酸三钙的含量在95%以上，其瓷质细腻通透，釉面光滑润泽，产品的白度、透明度、强度、热稳定性等诸项指标均超过英国传统骨瓷标准，在材质上有效保障了陶瓷产品的健康品质。

华青瓷是华光在材质创新上的又一座高峰。中国古陶瓷泰斗、故宫博物院研究员耿宝昌老先生初见华青瓷时由衷赞叹："华青瓷质如玉，声如磬，明如镜，天地浑然青一色，让人耳目一新。华青瓷把中国当代青瓷推向了一个更高的美学境界，开创了中国当代青瓷新纪元。"耿老欣然题词："雨过天青"。"雨过天青云破处"的意境在华青瓷上真正得到了体现。

华光历经三年，经过上百次的实验和研制，于2016年成功开发出华玉瓷，并以此瓷质首度推出"女士专享用瓷"全新市场概念。华玉瓷取材天然，温润晶莹，瓷质如翡。它温暖的调性，高贵的品相，熠熠生辉，与现代女性知性、优雅、精致、温良、内敛气质格调相得益彰，深受女性消费者的青睐。

华光国瓷 "女士专享用瓷" ——华玉女人

华光陶瓷历时三年，刻苦攻关，解决了一个又一个国内外同行认作无法超越的技术难题,在 2006 年 4 月,华光高光泽度无铅釉研制成功并获国家发明专利证书。中国当代陶瓷泰斗、国家用瓷顾问张守智教授说:"真正能体现中国当代高档陶瓷水平的应该是淄博陶瓷,而华光陶瓷无疑是最优秀的代表之一。"

传承国粹、播撒清雅、瓷悦生活,华光国瓷自主发明的华青瓷、华玉瓷、天然矿物骨质瓷成为世界独有的三大高档材质。让华光国瓷材质领跑世界,也让中国陶瓷挺起了"大国文化重器"的胸膛,为国瓷故事的国际化传播赋予了更深刻的内涵。

Chapter Four
第四章
故事创世纪

> 现实往往比小说更精彩，因为编故事要讲逻辑，而现实不需要讲逻辑。
>
> ——马克·吐温

故事是打动人心的利器。故事可以激发消费者的想象力，可以满足消费者的好奇心，可以迎合消费者追求新鲜事物的心理。

美国著名科幻小说家弗里蒂克·布朗曾写过一篇世界上最短的科幻小说。翻译成汉语，仅仅25个字：

地球上最后一个人独自坐在房间里，这时，忽然响起了敲门声……

但这短短的一句话所衍生出的问题与想象却是无限的。人类的思维是一个极其复杂的过程，这会导致不同的人对故事产生不同的联想。但好的故事却无一例外地博得大多数人的认同。故事不一定要复杂，但要有足够的吸引力，并能给人充分的想象空间。

品牌的成长离不开故事，有故事的人让人另眼相看，有故事的品牌自带光环。

创业需要卖故事

创业如何成功？创业其实是让消费者认可你，让投资方也认可你。你的市场有多大？你的消费者从哪来？消费者愿不愿意为你的商业模式持续地买单？

为什么说创业需要卖故事呢？其实任何企业都要经历从弱小到强大的过程。能不能说服投资者给你投钱，就要看投资者认不认可你的商业模式。很多企业家去纳斯达克敲钟，敲完钟回来后说的第一句话是"我卖出了一个好故事"。那么如何成功地把你的故事卖出去？

如何剪掉老虎胡须

有一位青年去问老法师，如何才能像有钱人一样成功。老法师告诉他，你去剪一根老虎的胡须给我，我就告诉你成功的奥秘。这个年轻人，长途跋涉到了山里，问猴子老虎在哪，猴子说不知道，问大象老虎在哪，大象也说不知道，只好自己去寻找。路是自己走出来的，当他真正发现老虎的时候，两股打战，几欲逃走。因为老虎威风凛凛。每一个创业者要克服的其实是心中的恐惧。当他面对老虎的时候，如果硬来，就好像你的竞争对手非常强大，不能拿鸡蛋碰石头。与虎谋皮做不到，但是让老虎吃你的诱饵却是能做到。

当你能够驯服老虎，控制老虎的时候，当老虎在你的身边安然入睡的时候,你才有机会拿出剪刀,剪下一根老虎的胡须。这个年轻人拿着老虎的胡须回到法师那里,"这下你该告诉我怎么像有钱人那样成功了吧?"法师说,"你已经掌握了人生成功的真谛,你用这种精神去做事,干什么都能成功。"

如何讲愿景故事

有一种说法是当一个团队超过 150 人的时候,不能仅仅用金钱利益来维系这个团队,要有一个远大的目标。大家心往一处想,劲往一处使。首先,要有宏大的愿景。比如你本来是做网商的,搭一个平台让大家在上面卖东西,但是你讲一个宏大的愿景:"让天下没有难做的生意";卖挖掘机的可以讲"品质改变世界";卖牛奶的可以说"愿每一位中国人身心健康"……所以为什么牛奶比豆浆卖得好?因为牛奶讲了一个健康的故事——国家牛奶运动。日本战后整个国家一片废墟,但是要求中小学孩子每人每天能喝上一斤奶。后来,我们为中国的蒙牛乳业做品牌策划时,提出的广告口号就是:"每天一斤奶,强壮中国人"。

原始社会如何让一个部落变得更加紧密团结?就是靠故事。每一个部落都有自己的故事,首先讲血缘的故事,我们有共同的祖先,拜同一个图腾。然后在外部树立一个敌人。敌人越强大,内部越团结。如果没有敌人怎么办?其实历史上很多的部落,很多的组织,很多的国家都是臆想一个敌人出来。

对于政治家来说,卖故事也好过卖方案。当年肯尼迪遇到古巴的导弹危机,整个美国上上下下都有非常大的挫折感,但是肯尼迪没有像小布什那样,911 之后花巨资去发动一场战争,而是讲了一个人类征服月球的故事。让阿姆斯特朗向全世界说出:"我的一小步,人类的一大步!"再次唤醒美国的勃勃雄心,让美国重新站立在超级大国的聚光灯下,靠故事维护美国超级大国的江湖地位。

一幅画如何卖出天价

人为什么那么爱听故事?因为人的大脑是分为两个层次:首先是感性的层次,先要接受故事,其次才是说理的层次,就是逻辑。与其训斥小孩子,让他听话,不如给他讲故事,通过故事来教育他。

毕加索和梵高同样都是天才,但是毕加索生活富足,梵高却穷困潦倒。梵高一生画了无数杰作,但是一辈子只卖出了一幅画,还是他的弟弟可怜他,用自己的钱买了梵高一幅画,谎称是客户付的钱。而毕加索的画在他在世时已经被卢浮宫收藏,他有几百亿的资产。他每画一幅画,第一件事不是卖画,而是把画商召集起来讲这幅画背后的故事。

拒绝平铺直叙好故事要峰回路转

美国人很会讲故事。王后死了,国王也死了,这是平铺直叙。好莱坞编剧会怎样写呢?王后死了,国王因为思念王后,不久死于心碎。国王忠贞不渝思念王后,这不仅是故事,还是传奇。

还有一个广为流传的故事。阿里巴巴这个名字来源于阿拉伯的神话集《一千零一夜》,为什么有一千零一夜?原来有一个残暴的国王,他每次娶完老婆,一夜之后就把她杀掉。这个时候有一个聪明的女子,就开始给国王讲故事,讲了一晚上,到关键地方卖个关子不讲了。国王为了听第二天的故事,就留她一条命。第二天晚上接着讲,她一直讲了一千零一夜,其中就有阿里巴巴和40个大盗的故事。你看,讲故事居然挽救了人的性命。

从前有一个村庄被恶兽把住了要道，供给被掐断，一村人到了生死存亡的关键时刻。然后村里就征集年轻人比武，谁的武功高强，谁去把恶兽干掉。第一个人去了，有去无回。第二个人去了，有去无回，第三个人又去了，又有去无回。这个时候有一个文弱书生出来说我愿意去试试，大家都用很怀疑的眼光看着他，说村里的武功高强的人都被怪兽吃掉了，你需要什么武器？是刀枪剑戟，还是斧钺钩叉？结果这个文弱书生说，我只需要一个苹果。他只身赴会，走到黑风口的时候，怪兽出现了，文弱书生把苹果拿出来，问你饿了么？这故事结局就是怪兽和村民化敌为友。原来这个怪兽是饿了，饿了别找妈，找"饿了么"。故事开始的时候，你能猜到这是"饿了么"的广告吗？

讲好故事就是创业的财富起点，创业也要讲好故事。

江南春创业的时候，当时已经扔了几千万元的钱，仍没有实现盈利，这个时候他遇到了软银的投资人，他讲了一个什么样的故事呢？就是未来最有价值的媒体是生活圈媒体，是人在等电梯的时候产生的无聊经济。最后他成功拿到孙正义的巨额投资。分众传媒从此一路高歌猛进，如今市值已过千亿元。所以好的故事不仅能打动消费者，还能打动投资人。

猫屎咖啡：先讲故事，后创业

"猫屎咖啡"，产于印尼苏门答腊群岛，一直以其稀有和独特延续着它的传奇。

十七世纪，荷兰殖民者把咖啡树苗引入到印度尼西亚。由于独特的地理环境以及温和的气候，苏门答腊群岛育出了优质的咖啡豆。可在当地，有一种独有的野鼬，喜欢吃成熟饱满的咖啡果。收获季节时，咖啡园经常遭它们偷食，让本来赋税已经很重的咖啡农头疼不已，于是将其大量的驱赶和捕杀。

直到有一天，上尉 Willemsen 和往常一样带队执勤经过一农户的院子时，远远就闻到一缕咖啡的醇香，他闯进农户院子，看到农夫正用铁锅炒着咖啡豆。正为收获不够咖啡豆数量而担心被上司责怪的 Willemsen 非常恼火，正要发飙的时候，却被农夫端过来的一杯黑咖啡所吸引。刚入口，Willemsen 就感到无比的顺滑醇厚，一种从未有过的甘香瞬间征服了他的味蕾！当他看到农户指给他看的生豆时，更是目瞪口呆——竟然是野鼬排出体外的粪便！原来当地农户喝不上园里收成的咖啡，看到地上有很多给野鼬吃了消化不了的咖啡豆，觉得可惜，就收集起来处理干净后自己享用，并称其为"猫屎咖啡"。Willemsen 回国时，把这些特殊的咖啡豆也带回了荷兰并献给他的贵族上司，立马就受到了荷兰贵族的青睐，之后一直成为只可皇室享用的贡品。这一切都要归功于造物主的神奇，咖啡果经野鼬体内自然发酵后产生了奇妙的变化，而野鼬的麝香腺体又赋予了咖啡豆独特的奇香。从此，"猫屎咖啡"得以传世，当地的野鼬也得到了有效的保护。

猫屎咖啡的品牌神奇故事

现在一提到世界上最昂贵的咖啡，相信很多人都会瞬间想到猫屎咖啡。因为它的出现，还顺便带火了鸟屎咖啡、象屎咖啡、松鼠屎咖啡……在一些高端酒店里，一杯猫屎咖啡的价格卖到了几百块钱。

这个故事感染了梁乃铭，他发现中国咖啡市场前景广阔，便把"猫屎咖啡"注册了商标，同时在各大媒体传播"猫屎咖啡"的故事，当"猫屎咖啡"的故事传遍大江南北时，他便开始以连锁加盟的方式在中国开起了"猫屎咖啡馆"。现如今更是在全国已有200家门店，遍布北京、上海、广东、福建、江苏、浙江、山东、安徽、湖南、湖北、四川、贵州、云南、辽宁等省市。

好品牌背后都有一个生动的故事。先讲好故事，再创业，往往可以事半功倍，因为好的故事会让你的产品更加生动。让消费者喜欢上你的故事，就相当于让消费者恋上了你的品牌，还愁产品卖不出去吗？

第一节　企业的故事从哪来

企业要善于说服你的受众，善于用故事打动他们。故事是企业文化在实战中强有力的工具，也是企业文化的重要载体。故事来源于生活，简单、形象、生动，辅之以有意识的刻画和引导，会具有相当大的感染力和渗透力。再借助正式的和非正式的渠道传播，故事的影响范围之大，速度之快，都是其他营销手段所不能匹敌的。

故事是讲出来的

俗话说："光说不练假把式，光练不说傻把式，又说又练才是好把式。"

企业对于发生在自己身上并且有利于企业树立形象的故事,一定要天天讲,月月讲,年年讲。

就像同仁堂品牌的树立。康熙的病是同仁堂治好的,这是事实,题字送药堂也是事实。这故事一讲出去,顾客就纷至沓来。可要是不说,不知道的很难再知道,知道的也容易忘记。之后也不会有那么大的影响力,也不会让同仁堂这个老字号经久不衰。

海尔的张瑞敏只砸了一次冰箱,但海尔重视品质的这个故事却讲了几十年,而且还要一直讲下去。

故事要有凭有据,经得起推敲。这样的故事才可以作为企业的精神理念长期存在下去。随着时间的推移也可以赋予它新的含义,使故事可以一直被人们接受,不会因为事过境迁而被忽略。

利用好现有的故事资源

有好事,开干啤

企业要学会挖掘目前已拥有的优质"故事素材",来讲好自己的品牌故事。

杭州有一家知名的啤酒企业——千岛湖啤酒有限公司。这家公司依靠千岛湖独特的区位优势,坚持原产地酿造生态好啤酒。面对国内外啤酒巨头的挤压,千岛湖啤酒居然在激烈的市场竞争中脱颖而出,并且建立了一定的品牌知名度。对于这家企业来说,千岛湖就是它绝佳的故事素材。

我们为千岛湖啤酒撰写的品牌故事是这样讲的:

水好,啤酒才好!

千岛湖啤酒位于国家战略水源地,坐拥国家一级水体;千岛湖年均气温17℃,群山叠翠、湖湾优美,岩溶溪流,水冽泉甘;森林覆盖率达97%,富含"上帝赐给人类的黄金珍品"松花粉;素有"空气维生素"之称的负氧离子高达每立方厘米27万个,是酿造美酒的洞天福地。千岛湖啤酒始终坚持原产地酿造,用"源头活水"酿出"原生态好啤酒"。

水是啤酒的血液,酵母是啤酒的灵魂。千岛湖的环境气候孕育出独有的QA级酵母,赋予千岛湖啤酒细腻的酯香味及酚香味,带来水果的芬芳和丁香的香气;使啤酒富含人体所需的氨基酸、维生素以及多种矿物质;最大程度保留了啤酒原浆的醇厚新鲜,比普通酵母酿制的啤酒更加纯粹浓郁。

有好事,开千啤,唯中国有此千岛湖,唯此湖有此好啤酒!

没故事,创造故事

一张照片短短几年内能创造10亿英镑的旅游收入,这是天方夜谭吗?

在英国苏格兰北部世界闻名的苏格兰大峡谷中,有一个最神秘的湖泊——尼斯湖,那里的水怪传说由来已久。1934年,伦敦医生威尔逊途经尼斯湖,正好发现"水怪"在湖中游动。威尔逊连忙用相机拍下了水怪的照片,虽然照片不清晰,但还是清晰地显出了水怪的特征：长长的脖子和扁小的头部，看上去完全不像任何一种水生动物。

一时间尼斯湖有水怪的事件成了大家茶余饭后的谈资，很多人都声称遭遇或见到了水怪。人们为此争论不休，科学家们争相前来，都想揭开尼斯湖的神秘面纱。而越是这样人们对这里就越好奇，于是游客络绎不绝，成就了这里的旅游大业。

后来照片被证实是伪造的，但这场好剧却没有因此结束。仍然有很多人愿意相信水怪的存在，还在运用各种手段对那里进行研究。尼斯湖水怪的故事带来了当地旅游事业的繁荣。

人们乐此不疲地口口相传关于水怪的故事。这些故事使相关各方都不同程度地获得了好处，并没有任何人的利益因这个故事受损。尼斯湖水怪的故事是旅行经济帕累托最优的经典例证。

讲好是故事，讲不好就成了事故。位于大巴山北麓的陕西镇坪县，因急于发展旅游业，拿着当地农民周正龙把挂历放在树木里拍摄了一张华南虎照，声称发现了早已灭绝的华南虎。但因为照片太假，露出了造假的马脚，最后弄巧成拙，留下了"正龙拍虎"的笑话。

第二节　产品的故事

市场上最受追捧的产品是和消费者建立了情感联结的产品。

有一个实验，要求消费者以1级（一点也不喜欢）到5级（非常喜欢）来评定他们对于一个玻璃瓶的喜欢程度。其中有一些人没有被告之这个瓶子的故事，而有一些人被告之：这个瓶子是在庞贝遗址中发现的。庞贝是意大利的一座古城，公元 79 年，因火山爆发被湮灭。那些相信他们所持有的是庞贝古城遗物的消费者，将其喜欢程度定为 4 级或 5 级；而不知道这个瓶子故事的人其喜欢程度只有 1 级或 2 级。

产品名称说故事——真爱至上"石头记"

"石头记"凭借"世上仅此一件，今生与你结缘"一句煽情的广告语，成为少男少女定情的信物。"石头记"也从一个小作坊，翻身坐上行业的头把交椅。

"石头记"的成功与《红楼梦》这个家喻户晓的故事是分不开的。

"石头记"正是借《红楼梦》之名，使品牌极具色彩。"石头记"本身也具有浓重的中国传统文化韵味，因此深得消费者的喜爱。这要归功于它把爱情作为自己品牌的永恒主题，为品牌提供了很多可以借鉴的元素。

因为家里缺少人手，27 岁的台湾青年苏木卿退伍回乡后，一脚迈进了兄长们的玉石作坊。面对狭小的工作间和落后的制作水平，苏木卿马上意识到如果不进行改革，随时有可能被淘汰。于是在他的发起下"台湾圆艺珠宝企业有限公司"以战略联盟的形式，在普遍不被看好的情况下，短短 3 年时间一跃成为台湾玉石界的龙头。

在接下来的时间里，苏木卿为了让自己的产品进入大陆市场，经过一番研究后，给产品取了一个饱含文化寓意的名字——"石头记"，用故事开启了他的商业传奇。

那时，"石头记"开始用故事推广自己的品牌。它把《红楼梦》的浪漫思想融入自己的饰品文化中，形成了一种传统和现代相结合，故事与玉石相辉映的独特经营模式。

"石头记"不追求原料的稀缺和高昂的价格，而是追求别致的外形设计和浪漫的产品内涵。"世上仅此一件，今生与你结缘"一句浪漫唯美的广告语，不仅说明了"石头记"代表的含义，还体现出它本身设计独特、不拘一格的特色。这些正迎合了大部分年轻人追求独特的消费心理，成为少年男女之间互赠的感情信物。

"石头记"不断推出自己的系列产品，将一个个鲜活的故事嵌入玉石之中。"清秀佳人"彰显纯洁与青春的同时，勾勒出一个窈窕女子在湖边采莲的身影，清新脱俗的外表与满池的莲花交相辉映，令人沉醉；"富贵人生"渲染的是奔波于尘世者的成熟和自信。这些五彩斑斓的饰品虽然是石头，但被赋予了各具内涵的故事，让消费者在不知不觉中心动。

一款寓意为"你中有我，我中有你"的同心系列产品在情人节前后短短 20 多天内，销售额就超过了 1000 万元。苏木卿趁热打铁，推出了"比翼双飞""星月相随""两情相悦""同心缘"等系列产品。故事只说一部分，剩下的留给消费者自己去想象。留白越多，想象空间越大，"石头记"产品内涵也日益丰富。越来越多的消费者通过同心系列知道了"石头记"，也把"石头记"与浪漫时尚相联系，使之成为年轻人爱情的寄托。

"石头记"的品牌因故事而生，因故事而兴。

产品来源说故事——液体黄金"依云"

来自阿尔卑斯山的天然好水，向来以至清至纯享誉世界。

1878 年，依云因其卓越的理疗功效而得到法国药学院的认可。依云水堪称天然矿泉水中的贵族，受到医学界的广泛赞誉，被公认为健康之水。

每一滴依云水都历经 15 年，天然的冰川赋予了它独特的神韵和丰富的矿物质。这是其他产品无法替代的。大自然赋予它尊贵气质和传奇经历，而能"治病"的传说，更是给依云品牌涂上了神秘的色彩。

1789 年夏，法国正处于大革命的惊涛骇浪中，患了肾结石的雷瑟侯爵逃亡到了阿尔卑斯山脚下的依云小镇，每天侯爵都会喝这里的泉水。一个月后，侯爵的肾结石奇迹般地消失了。这个奇闻传开后，人们大量涌入依云小镇，亲身体验依云水的神奇。1864 年，拿破仑三世正式赐名其为依云。其理疗功效于 1878 年得到法国医药研究会的认可，随后以依云的名字命名，并投入生产。

每滴依云水都来自阿尔卑斯山头的积雪，这水要用 15 年时间以每小时 1.5 厘米的速度缓慢渗进位于深山的自然含水层，经过天然过滤和冰川砂层的矿化而成。为了保证依云水的天然品质，其灌装地就在它的水源地。整个灌装过程完全是自动化流程。每天进行 300 次取样化验，以确保每一瓶水的水质都一样纯净。

它的成功不仅有口碑传播的品质基础，更有传奇的品牌故事为其品牌传播提供了绝佳的素材。优良的水质加上苛刻的灌装过程，以高昂的售价出现在全世界各个经济发达的大都市，展示出依云水作为世界矿泉水贵族的地位。

依云一直强调自己不仅仅是一瓶水，也是一种对待生活的态度，是一种生活方式。它所针对的消费人群都是中高收入者，且注重生活品位。这些消费者想在某种程度上表现自我并满足自尊，依云的贵族定位和健康纯净的高品质诉求很好地迎合了这部分人的消费心理，因而备受青睐。

从香水到名酒,无一不体现出法国人的品牌智慧。不过最值得称道的还是这个卖得比牛奶还贵的水。它不仅包含着尊贵和品质,最重要的是承载着神秘传奇。它利用了一个他人无法复制的故事,阐述了产品无与伦比的贵族气质,并将它作为产品的精髓一直保持下来。有一个好的故事,不仅要说还要绘声绘色地说。说到最后,大家都愿意花 25 元去买这一瓶水了。

产品经历说故事——ZIPPO 从战场走向商场

1932 年,美国人乔治·布雷斯代受到启发,发明了一个设计简单,而且不受温度影响的打火机,命名为 ZIPPO。

第二次世界大战,使 ZIPPO 登上了世界的舞台。从美国总统到美国士兵都对 ZIPPO 打火机倍加赞誉,将 ZIPPO 打火机看作他们生活中不可或缺的一部分。

ZIPPO 打火机和牛仔裤、可口可乐一样,已成为美国的标志之一。

男人们都把 ZIPPO 打火机看作是自己迈向成熟的标志,在他们眼中,ZIPPO 打火机就代表着成熟。

那么 ZIPPO 是怎样捕获男人的心,并最终成为行业霸主的呢?

那时候 ZIPPO 打火机还没有被列为军备物资,但是美国士兵却十分钟情于这种打火机。ZIPPO 打火机本身材质是普通的钢,表面涂上黑漆,不会反光。士兵们喜爱它,因为它确实很实用。

第二次世界大战期间,在战火硝烟中穿梭的士兵,在寂静的夜里,把玩着 ZIPPO 打火机消磨时间,或者用它点上一根香烟,或者用它照明写一封家书。这个小玩意儿一直陪在士兵身边,在他们需要时派上用场。

ZIPPO打火机最大的功用竟然是可以拯救人的性命。越战期间，美军中士安东尼不幸左胸中枪，然而却大难不死。因为子弹正中口袋里的ZIPPO打火机，机身被打得凹了进去，却保住了主人的命。事后，ZIPPO公司要求给安东尼更换打火机，但被他拒绝。他想把被子弹打凹的打火机留作纪念。

1974年，飞行员丹尼尔在旧金山正是利用ZIPPO打火机发出的火焰，引导救援队成功找到了自己。

ZIPPO打火机的故事不胜枚举，给人们留下的回忆也是深刻而多彩的。当战争的阴云散去，ZIPPO打火机从战场走进商场。如今钟情于它的，除了士兵还有全球的烟民。世界上没有第二种打火机可以像ZIPPO一样，拥有众多的故事和回味。ZIPPO打火机很少做广告，它所拥有的一个个故事本身就是最好的广告。故事赋予了ZIPPO打火机英雄一样的传奇色彩，使它可以超越一般的打火机，成为男人世界的一种精神典藏。

第三节　企业成长的故事

企业也像人类一样，要从呱呱落地开始，一步步走向成熟。有许多企业的诞生或者成长具有传奇色彩。这些传奇故事作为企业的文化理念被一直贯彻下去，成为企业的精髓。在这个更加注重精神需求的时代，好的故事对于企业的帮助无疑是巨大的。人们早就厌倦了铺天盖地的广告。消费者更想听到有趣的故事，用来调动他们的情绪，激发他们的想象力。

故事营销应该让故事在人们之间口口相传，这是非常有效的方法。真真切切地讲述一个故事,创造一种能够达到你所说效果的产品或服务,就能得到商家和客户双赢的结局。

企业诞生说故事

牛仔裤代表美国的生活方式,代表青春与时尚。

20世纪60年代可以说是Levi's牛仔裤的黄金时代。反战游行与示威、摇滚、叛逆,让牛仔裤成为美国青少年代表性衣着。

它的诞生也具有一个传奇。

1853年,在淘金热的带动下,一大批人前往加利福尼亚州去寻找黄金,这其中有个名叫李维·施特劳斯(Levi Strauss)的犹太人。那时候人们在金矿堆里整天忙碌,裤子很容易破损。施特劳斯为了处理掉自己的帆布面料,尝试着用这种耐磨的布料做成裤子卖给矿工,想不到大受欢迎,很快被抢购一空。之后他将布料改进成靛蓝色粗斜纹布,并用铜钉加固裤袋和缝口。这种坚固美观的裤子迅速受到顾客的青睐,大批货被预订。随后施特劳斯用自己的名字Levi's为产品命名。

淘金浪潮使美国成为冒险的乐园,也在一定程度上促进了经济的发展。作为牛仔裤的鼻祖,Levi's一直象征着自由、进取、独立的美国文化。本来为淘金者设计的耐磨裤子,却恰巧迎合了人们追求新生活方式的想法。

Levi's牛仔裤的热爱者欣赏那份野性和刚毅的同时,又十分推崇美国的开拓精神。所以这个以淘金热为背景的品牌诞生故事也就成为Levi's的精神象征,成为其品牌发展的依托。

牛仔裤的品牌众多,款式也是多种多样。Levi's依托自己品牌的企业文化,成为美国文化的代表之一。事实也证明这种以品牌背景文化为依托的营销是成功的，具有很强的生命力。作为行业中的经典，Levi's 也被越来越多的人所推崇，影响力在全世界蔓延开来。

第二次世界大战催生 Jeep

Jeep 车的由来

Jeep 这个品牌，听着就充满硝烟的气息。其生在第二次世界大战，因战成名，和巴顿、艾森豪威尔、马歇尔等美国名将渊源颇深，曾在北非、欧洲、东亚等战场摸爬滚打。第二次世界大战时美军引以为荣的威利斯 MB、福特 GPW、班塔姆 BRC，变身今天上山下河无往不胜的 Jeep。

早在 1938 年，第二次世界大战西欧战线的战火燃起之际，美国军方向全美所有汽车生产厂家言明，他们正在寻求一种执行通信及先遣侦察任务的新车，以替代传统的三轮摩托车。到 1940 年夏季，这个想法被具体描述为：轻型、坚固、安全、操作灵敏，且其设计规格必须达到军方提出的要求。有三家公司对此做出反应：威利斯、福特、班塔姆。

1940 年 6 月，美国陆军联系了 135 家公司招标，定制一款军用轻型全地形越野车，要求条分缕析，限期却只有 49 天！49 天一款新车，居然有公司做到了，它就是班塔姆。49 天从设计到制造，一辆原型车诞生，班塔姆只用了两天完成设计初稿，不但符合美军的各项硬性指标，简直就是美军指挥官梦想中的越野侦察车。这就是未来 Jeep 的原型班塔姆 BRC。

但是战时有战时的规则。班塔姆当时是一家很小的汽车公司，产品滞销,行将破产。美国军方考虑到班塔姆公司规模小,产量不足,便把班塔姆的设计图无偿给了威利斯公司和福特公司。威利斯公司和福特公司按照军方提供给他们的班塔姆公司的设计方案生产出了样车。在班塔姆公司设计方案的基础上,威利斯生产的"Quad"和福特的"Pygmy"样车分别做了改动和改进。最初,Quad因为发动机的块头太大,整车重量大大超出军方规定的车身重量,险些被淘汰出局。

孰料,后来威利斯却"因祸得福"。军方提高了车身重量的标准,配备强劲发动机的Quad反倒成了符合军方关于汽车马力标准的车辆。Quad在战场上一炮打响,它用途广泛,适应能力强,且零件可互换,成本十分低廉。经过多次改进,生产出第二次世界大战期间使用的威利斯(Willys) MB车。

关于Jeep这个名称的由来,有很多种说法,但都难以证明其真实性。一种流传最广的说法是,Jeep是军方缩略语GP(Government Purpose政府用途,或General Purpose通用)的谐音。

另一种说法认为,第二次世界大战时期的许多士兵对于这种新车型的印象特别深刻,他们私底下称其为Eugene the Jeep。这是大力水手卡通系列片中的一个角色,是大力水手的丛林宠物。它体型不大,但是能够在空间穿梭,并可以解决各种看似不可能解决的问题。以此看来,Jeep与大力水手的宠物之间确实有很多共通之处,Jeep极有可能来源于这部长盛不衰的卡通剧。

1942年出版的《武装力量专用词典》对Jeep的定义是:一种四轮驱动车辆,载重半吨到一吨半,用于侦察或其他军事行动。

早在1941年,威利斯公司让试车员豪斯曼驾驶一辆他们生产的越野车爬上美国国会大厦的台阶。《华盛顿每日新闻》的专栏记者事后问豪斯曼怎么称呼他驾驶的车辆，豪斯曼一时也不知如何回答，但是他想起自己曾经在兵营听到士兵们称它为 Jeep，于是顺口回答它叫"Jeep"。

1941 年 2 月 20 日，文章见诸报端，包括豪斯曼和他驾驶的车辆的照片。其中一张照片图说的大意是：这是一种新型的军用侦察车，称为"Jeep"，坐在后面的士兵泰然自若。

这样，Jeep 的称谓被固定下来，其他说法都逐渐被弃用，军队还把没有经过测试的车辆都称为 Jeep。威利斯是战后唯一一家继续生产 Jeep 车型的厂家，1950 年 6 月，它正式成为 Jeep 注册商标的持有人。

战场多功能"出租车"

事实上，在第二次世界大战中，Jeep 的确几乎无所不能。共有 60 多万辆 Jeep 被投入战斗，扮演诸多角色，堪称战场上的多功能"出租车"：担架、机枪架、侦察车、轻型卡车、前线用车、枪支弹药运输等。Jeep 把伤病员运送到安全地带，把 37 mm 反坦克加农炮拖到战壕，运送盟军士兵穿梭于比利时的泥沼地、缅甸的丛林、撒哈拉大沙漠之间，立下了赫赫战功。

盟军统帅艾森豪威尔将军在第二次世界大战结束时说："Jeep、飞机和登陆艇是我们赢得战争胜利的三大武器。"

像士兵一样荣获勋章，战争中流传出来的轶事，更让 Jeep 在强悍中又有些许可爱。

1943 年，在"哈斯基"作战行动中，巴顿的第 7 军攻入西西里。在靠近默西拿海峡的一个小山村，贫困的山民正为榨油机发生故障断了生计而发愁。美军当即拨出一辆 Jeep，一位机灵的士兵将

Jeep发动机的传动装置连接到榨油机上，5天便榨出44吨橄榄油。此外，美国兵还将汽车的前轮抬起，用帆布带将前轮连接上一台轮式锯，用汽车动力来锯木头。

在北非，Jeep车成为美军的身份卡，"G.I."（美国兵）和"G.P."（吉普车）密不可分。突尼斯人一直以为美国士兵在领取身份识别牌和军装的同时也配发了Jeep车。一天深夜，值勤的法国哨兵突然向一帮步行的美国兵开火，尽管对方一再声称自己是美国人，可法国哨兵就是不信："如果是美国兵，你们为什么不乘坐Jeep？"

战地记者们发现，一线士兵对Jeep的感情远远超过电影明星，因为当影星们在享乐时，Jeep车正忠诚地与士兵们在一起浴血奋战，他们把Jeep车看成是有血有肉、有生命的活人。到第二次世界大战结束时，美国已把60多万辆Jeep装入板条箱运往世界各地，Jeep被列为《租界法案》发往反法西斯盟国的头号战略物资。

战争结束后，人们的伤痛久久难以平复，Jeep汽车被用于林业和农垦，重建家园。从那时起，走进和平年代的Jeep经过一次次的改进日趋完美，也把那份原始的激情与野性保留至今——瓦格尼尔、斗士、切诺基、牧马人相继到场，Jeep兄弟们以不同的个性，丰富并完善着Jeep的市场。

企业成长说故事

海尔：砸出来的品牌

从最初的电冰箱到后来的各种家电，海尔在家电行业享有较高的声誉。甚至到现在很多家庭里还可以看到20世纪80年代海尔的产品。

1985年,海尔从德国引进了冰箱生产线。随后,有顾客反映海尔的冰箱存在质量问题,76台海尔生产的"瑞雪"牌冰箱经检验不合格。当时人们的生活水平还不高,商场里甚至允许有"残次品"出售,76台冰箱对于企业来说也是很大一笔财产。厂里职工对这些冰箱的去留看法不同,有人主张低价卖给职工,有人主张修好后重新投入市场。但新任厂长张瑞敏举起大锤,果断命令当众砸毁了这些不合格冰箱。正是这一砸,砸醒了职工的质量意识;也正是这一砸,砸出了海尔的信誉,为海尔砸出了一个光明美好的未来。

1984年,张瑞敏刚接手海尔的时候,它还是一个亏损的小厂,连工人的工资都是张瑞敏从老东家那借来的。海尔创业的每一步走得都很艰难,砸冰箱反映了张瑞敏狠抓质量的决心。

1992—1998年,海尔先后兼并多家企业,激活"休克鱼",使自己的实力进一步扩大。这个时期海尔也在进行多元化经营,从单一生产冰箱到生产各类家电。海尔的知名度迅速提升。

20多年前的动画片《海尔兄弟》,在为很多80后带来欢乐的同时,也为海尔带来了巨大的传播声量;而2018年5月,海尔董事长张瑞敏在世界智能大会上,首次提出的以人单合一模式创建物联网生态品牌的理念,又一次为海尔抢占了时代的先机。海尔的战略布局包括:生态圈、生态收入以及生态品牌三要素。三者依次递进,最终实现建立生态品牌的目标。

"海尔兄弟"为海尔带来了巨大的传播声量

海尔的生态品牌强调为用户提供高质量、有温度、能交互的体验,使得"无名的顾客""冷漠的交易"成为"实名的用户""温情的交互"。这种生态品牌的搭建,可以让用户的体验通过不断迭代实现升级,也可以在用户和品牌之间建立情感连接,最终成为终身用户。

从海尔最初的亏损到现在的辉煌,充满艰辛的成长历程也给了我们不少启示。历经 30 多年的发展,海尔终于成为中国家电行业的第一品牌。为狠抓质量而砸冰箱这个故事很好地诠释了"真诚到永远"的企业理念,因而得到了消费者的认同。

这些反映海尔成长的故事,对于海尔自身来说是财富,对于消费者来说是选择产品的理由。无论是砸冰箱、兼并亏损的企业还是走国际化的路线,海尔都用心书写着属于自己的品牌故事。

第四节 人物的故事

故事总是以人为主体的,每个人或多或少都有些故事。而且有些人的故事与企业的发展密切相关,有时候甚至可以决定企业的生死存亡。

"文无第一,武无第二",古代两军相争,将军要身先士卒,率先出阵比武,武将败了也就没有再打下去的必要了。《三国演义》里,武将先要自报家门,然后再捉对厮杀。要是自己的武将被斩于马下,剩下的兵士就丢盔弃甲逃走了。比武也是一场心理战,关羽一上阵,对方马上就知道,面前这员猛将温酒斩华雄,斩颜良诛文丑,千里走单骑……故事如雷贯耳,首先就在气势上压倒了对方。这里的关羽就是被故事渲染起来的名牌产品,竞争力自然更胜一筹。

无论是具有引导力的舆论领袖,还是众人追捧的代言人,又或是普通消费者,他们的故事都具有很大的影响力。他们身上的故事,有时候可以主导品牌的兴衰。

领导者的故事

乔布斯:影响一代人的精神领袖

人类的欲望从苹果开始,它诱惑了夏娃,砸醒了牛顿,然后又被握在乔布斯手上。

史蒂夫·乔布斯,在20岁和沃兹创办苹果电脑公司时,不会想到有一天苹果会成为世界上市值最高的高新科技公司,不会想到他会获得美国总统授予的国家级技术勋章,会登上《时代周刊》成为封面人物,会被《财富》杂志评为"全美最佳CEO",但这一切皆成事实。不仅如此,国际青年成就组织进行的调查表明,他因"以与众不同的方式提升了人们的生活质量,使世界变得更加美好",而成为最受青少年尊敬的企业家。

2011年10月5日,乔布斯辞世,终年56岁。时至今日乔布斯仍是人们心中的偶像,他的人生犹如苹果产品一样让人惊艳。但他令人崇拜的并非仅仅是事业上的成功,而因其与众不同的人格魅力。

从白手起家创办公司引发个人电脑行业革命,成为声名显赫的"计算机狂人";到被迫黯然离开苹果进行二次创业,新创立NeXT和Pixar,制作世界上第一部用电脑完成的动画电影——《玩具总动员》;再到临危受命重新执掌苹果公司,带领苹果摆脱危机,一路高歌猛进,用iPod超越MP3鼻祖——索尼,用iPhone甩掉手机霸主诺基亚,用iPad挑战IT巨人微软和英特尔。他的传奇人生和独特魅力辉映苹果的激情与浪漫,他的非凡成就影响了整个IT产业和电子世界。

新兴产业发展的"三螺旋理论"告诉我们:在"技术创新——资本市场——企业家"三个维度中,企业家扮演着举足轻重的角色。苹果一次次突出重围、起死回生、终成大器的发展历程,与苹果的精神和灵魂人物乔布斯密不可分,更与他的卓越领导力密不可分。乔布斯是当之无愧的魅力型领导,他巨大的个人魅力让苹果的员工甚至消费者,对他产生了崇拜和品牌忠诚。

乔布斯几经坎坷、跌宕起伏,依然屹立不倒、傲视群雄,他用行动诠释了海明威的名言"英雄可以被毁灭,但不能被打倒"。短短10年内,他就将苹果从自家车库里的小作坊,发展为雇员超过4000名、价值超过20亿美元的大公司。然而在事业巅峰时却被自己创立的公司扫地出门。遭遇几近毁灭性打击的他,12年后卷土重来,重新主宰了苹果公司,并将其带上前所未有的高度和辉煌。

乔布斯在很小的时候就表现出有主见和自信的处事原则。他拒绝去读高中，还强迫父母搬了家。他说服父母让他去一个收费高得让家里难以承担的大学读书，然后却辍学了。在生意场上，他常常自信地为产品的设计提出一些"古怪"的想法，比如，他提出界面的按钮颜色可以模拟红绿灯：红色代表关闭窗口，黄色代表缩小窗口，而绿色则代表放大窗口。开始时开发人员都觉得这种想法莫名其妙、不可理喻，做完后才发现乔布斯是对的。乔布斯认为，要勇敢地追随自己的心灵和直觉，只有心灵和直觉才知道自己的真实想法；要全心全意地去找寻梦想，如果一时还没能找到，不要停下来，不要放弃。他告诫人们，不要被教条所限，不要活在他人的观念里。他对自己所做的事情无比钟爱，并因相信其伟大而怡然自得。他说："成就一番伟业的唯一途径，就是热爱自己的事业。"

1997年9月，乔布斯重返苹果并任首席执行官，他对深陷发展困境、危在旦夕的公司进行了大刀阔斧的改组。一上任他就迅速砍掉了没有特色的业务，将公司的产品数量从350种砍到只剩下10种。这样的举动在今天看来十分明智，但当初做决定时却阻力重重且令人提心吊胆。乔布斯正色道：不必保证每个决定都是正确的，只要大多数的决定正确即可。同样，他坚持在一款iPhone智能手机上取消所有物理按键，以一块大屏幕取而代之；他执意在"雪豹"操作系统上删除一组操作系统代码，以获得更高的稳定性和可靠性；他要求产品尽可能傻瓜化，从而诞生了连小孩也能使用的iPad。如此等等，不一而足。

在控制成本方面，乔布斯的强势和坚决也令人折服。2009年，苹果研发共投入11亿美元，仅占全年总收入的2.3%，只有微软的1/8，但1美元的投入却能带来8美元的回报。作为一家以创新著称的高科技公司，能以这样的成本获得如此的投资回报，不能不令人称奇。然而，奇迹背后的支撑力量，是众所周知的"乔氏"逻辑："创新和资金无关，关键是研发管理和创新机制"，以及他本人在推行这一逻辑时不容动摇的坚定态度。

活力四射的乔布斯是一位激励大师。"活着就是为了改变世界""领袖和跟风者的区别就在于创新"，是他始终秉持的理念。用计算机做工具，协助填补科技与艺术、理性与感性之间的鸿沟，是他梦寐以求的愿景。他将这种愿景和理念传递给苹果的全体员工，并将其融入着力开发的，后来移植到 iPod、iPhone、iPad 上的独特操作系统中。这使得苹果产品在功能上领先，具有卓尔不群的高品质，其外观又典雅唯美、时尚新潮。用创新的方法改变商业图景，改变社区面貌，改变人生轨迹，引领并改变整个计算机硬件和软件产业，是乔布斯矢志不渝的追求。多年来，通过潜移默化和耳濡目染，特别是他的身体力行和一以贯之，这种追求已成为苹果人骨髓和血液里共同生长的基因，不仅体现在公司的架构上，还体现在用人甚至财务运作上。

乔布斯对自己的观点和产品都持坚定不移的态度，并经常与批评者们发生冲突，因而获得一个急迫暴躁的名声，但他同样非常注重选人、用人以及团队建设。乔布斯认为，一个出色的人才能顶 50 个平庸员工。在工作中，他将四分之一的时间用来招募一流人才，并为发掘和吸引人才不遗余力。乔布斯也注重员工间的沟通。当苹果公司受到微软、IBM 强烈冲击后，他更加注重员工间的合作，大力提倡减少内耗，致力于消除沟通障碍，这使得苹果的团队凝聚力大大增强，整体效率也大为提高。值得每一位管理者学习的是，乔布斯明白与员工的沟通永无止境，这也是对于员工想法的尊重，这样的尊重将会成为激励机制的一部分。

说乔布斯是世界上最具沟通能力、最擅长演讲的顶尖高手并不为过。他对语言的驱遣游刃有余，对场面的驾驭、情绪的调动和人心的掳获均得心应手。他的演讲才情奔逸，极富亲和力、感染力和思想张力。他极具传播力的语句信手拈来，脱口而出，让与会者如沐春风。他在斯坦福大学的那场演讲，酣畅淋漓，堪称经典。实际上，每当有重大产品发布时，乔布斯都会亲自上阵，与世界分享苹果的新创造，让世人感受苹果的惊艳。他为新产品演讲拟定的标题简洁具体，卖点鲜明。例如，"今天，苹果重新发明了手机"；"把1000首歌装进你的口袋里"。这样的标题令人印象深刻、过目不忘，不仅能调动听众、读者的好奇心，更能激发消费者的购买欲。在向市场展示苹果的惊世作品 iMac、iPod 和 iPhone 时，他所使用的精美 PPT 以及高超别致的表达技巧，使苹果产品大放异彩，他个人也赢得粉丝无数。

现实比电影更精彩：世纪贼王张子强

《追龙2》是香港银都影业出品的一部港产片，讲的是香港世纪贼王张子强的传奇经历，所有的宣传都围绕着张子强绑架李嘉诚的大儿子李泽钜的往事展开，但看完电影你会发现，编剧的智力和"贼王"张子强的智力根本不在一个水平上。电影中的故事远还没有华人首富李嘉诚父子的真实经历引人入胜。难怪马克·吐温说：现实往往比小说更精彩，因为编故事要讲逻辑，而现实不需要讲逻辑。

1996年5月23日，香港首富李嘉诚的儿子李泽钜在下班途中被张子强绑架，李泽钜坐的是防弹轿车，但张子强砸开李泽钜座驾的前挡风玻璃，把他活生生拖出车来。随后，向李嘉诚索要20亿港币的赎金。

接到勒索电话后，李嘉诚第一个咨询的是自己的老朋友，刚退休的香港警务署长李君夏，结果，李君夏给李嘉诚的答复是：如果你是公事问我的话，你就去报警；如果你是私事问我，为确保你儿子的安全，你最好是交钱换人。

为什么李君夏署长建议李嘉诚要向张子强"妥协"？是因为张子强心狠手辣，一旦报警，张子强势必撕票。在1991年7月，张子强及其同伙曾在启德机场抢劫香港中国银行解款车时，劫走港币3500万元，美金1700万元，总价值港币1.7亿港币，是香港开埠以来最大劫案。这次抢劫案，让张子强很快被抓获并判决坐牢18年，可是张子强的老婆罗艳芳懂得发动新闻媒体的力量，还请了香港最好的律师，打了三年官司，1995年香港高等法院宣布，张子强无罪释放。无罪释放之后的张子强，立马反诉香港警察局，最后香港警察局还赔偿了张子强800万港元。

李嘉诚听取了好友建议，也是出于对家人的担忧，做了一个重大决定：不报警！

很快，张子强给李嘉诚打来了电话。

【对话内容来自张子强的口供】

张：找李嘉诚说话。

李：我就是李嘉诚。

张：很好，我叫张子强。

李：张子强？

张：李先生，我想您一定知道我。

李嘉诚（没有一丁点惊慌）说：那么张先生，你有什么要求请说。

张：我已经在去贵府的路上，我想不用我再重复了，你应该懂得规矩。

李：请放心，只要保证犬子的安全，我保证不报警。

由于此前张子强已经对李家大宅多次踩点，他很熟悉去往李嘉诚家的路，很快，张子强来到李家大门，按响门铃，并大大方方地走进去；此时李嘉诚已经坐在客厅门口等候他了。

张子强进门第一句话就是："李先生，请把你家里的警察叫出来吧。"想用此话诓一下李嘉诚。

李嘉诚听到此话，没有任何惊慌不安，他说："我做了一辈子的生意，没有什么特别成功的经验，但有很深的体会，就是做人做事要言而有信。张先生如果不相信这一点，我可以去领你看看。"

于是，李嘉诚带着张子强参观了李家的豪宅，表明自己确实没有报警，张子强很满意，两人便回到客厅继续开始谈条件。

李嘉诚告诉张子强：李家没有那么多现金，最多只能支付10亿港币，为表示诚意，李嘉诚把家里的4000万元港币现金全部交给张子强。

第二天，张子强分两次取走这10亿港币赎金。

拿到钱的张子强，也信守承诺立即送回了李泽钜。

张子强拿着这笔钱前往澳门赌博，不久就把手里的钱挥霍光了。

于是，他又开始策划抢劫富豪，很快他就确定了目标——香港富豪排名第二的新鸿基地产的郭氏兄弟，郭氏兄弟一共三个，分别是郭炳湘、郭炳江、郭炳联。

张子强把绑架李泽钜的过程在郭炳湘身上重新演练一遍,但郭炳湘和家人的强硬态度,没能让张子强顺利拿到赎金,他作为绑匪,拿不到钱,开始虐待郭炳湘,最终郭炳湘在被虐待的第四天实在受不了才给家人打电话,张子强从他这才拿到了6亿港币赎金。

接连的胜利,让张子强更加胆大包天,认为自己是天下第一悍匪,根本不把香港警察放在眼里,此后他还策划了绑架澳门赌王何鸿燊(未遂)、香港布政司陈方安生(未遂)。最后还买了800公斤炸药,准备在香港劫狱救出同伙再犯惊天大案。

最终,在1998年1月25日张子强在广东被诱捕,于当年年底被执行枪决。

为什么说现实比电影更精彩,是因为现实波诡云谲、一日三变,谁也不知道明天会有什么大事降临……而编故事的人,却只想着把故事编得天衣无缝,结果却漏洞百出。

《追龙2》的失败不在于它与《追龙》的毫无相关,而是剧情牵强,故事缺少逻辑性,已失去港产片的"魂儿"。

当电影人失去想象力,故事就会越来越乏味。《追龙》这部电影的编剧和导演都是王晶,而王晶已经江郎才尽了。当年王晶亲手"毁"了玉女舒淇,如今王晶又"毁"了香港世纪贼王张子强的形象。

马云如何讲故事

故事力是领导力的重要组成部分,移动互联网时代,故事是一座财富的金矿。在互联网下半场信息爆炸,最值钱的就是用户的注意力;而最能吸引人的,就是故事。

马云不仅是个成功的企业家,也是个故事大王,很多人都喜欢听他讲的故事。

加拿大总理特鲁多曾经撇下美国第一夫人以及英国哈里王子这两位贵宾,只为了听马云讲故事。

马云和特鲁多的友谊要从 2017 年的联合国妇女大会的全球商业和慈善论坛说起,特鲁多是女性创业的支持者,在大会上他表示:他努力了好几年,他的内阁成员才终于有了一半男性,一半女性。在商业上,女性解决问题的方案往往比男性那些生拉硬拽的方案有温度许多。

对于特鲁多的演讲,马云接着做出相似的回应,一开口他就先说:"我完全认同特鲁多总理的观点",接着又说:"特鲁多所追求的,正是阿里巴巴所追求的,阿里巴巴有女性的 CEO、CPO,当企业有女性领导者时,她们能确保企业的产品以人为本,并对用户是友善的,所以 21 世纪应该有更多女性领袖。"

马云非常擅于抓住听众的心,也非常擅于在演讲中建立自己的同盟,他的第一句话就迎合特鲁多的理念,让对方卸下心防,两个人的交谈也因此轻松顺畅许多。有了这次志同道合的交谈,一星期后,马云在加拿大的多伦多举办中小企业论坛时,特鲁多听闻后,撇下同时也在多伦多的美国第一夫人,以及英国哈里王子,无论如何也要赶到场听马云的演说。

马云擅长现场发挥,见到特鲁多这位贵宾,他临时将演讲的核心内容和特鲁多的愿景结合起来,让阿里巴巴"天底下没有难做的生意"的理念,也套用到加拿大的中小市场中,替加拿大描绘了一个更具当地特色的商业愿景,并告诉特鲁多如何让加拿大没有难做的生意。特鲁多在台下听得津津有味,连吃饭的时间都错过了,甚至将内阁会议搬到现场开，为的就是让阁员也听听马云的演讲，向马云学习。那一天，特鲁多全程参与马云的活动共六个半小时之久。

且看马云如何讲故事。

倒叙法

马云非常擅于运用倒叙法，他曾在电视节目中一开口就说："创业不是为了赚钱"。此话一出，颠覆了很多人的观念，台下议论纷纷，也成功激起了听众的好奇心，都瞪大了双眼，竖起了耳朵，准备听马云接下来如何说。

这就是所谓的倒叙法，先将出人意料的结论抛出来，更能吸引听众的注意力。紧接着马云便可以娓娓道来："创业是因为你喜欢它，你喜欢做这件事，你喜欢这个工作，这才是最大的激情和动力所在，若你只是想赚钱，那世界上永远会有比你想象的更赚钱的东西。既然你选择创业是因为你喜欢，你就不要抱怨。"

马云这段演说带有结论式的口吻，让他的观点非常坚定，不仅直接还富有冲击力，让听众像是被洗脑般地认为他说的结论就是最佳结论。比起长篇大论，结论往往更容易被人记住。

马云的说服术

马云说的话为什么那么多人想听？因为马云说的话干脆而且强势，还有很强的说服力。

关于说服，马云有一个创举，就是1999年与孙正义的那一场"6分钟的谈判"。这场谈判最后变成孙正义追着要投资马云。这6分钟背后的故事，要追溯到阿里巴巴的隐形诸葛——蔡崇信。蔡崇信在加入阿里巴巴以前，在瑞典投资公司工作，他第一次和马云见面，就震惊于马云不凡的谈吐和远大理想，几天后，他们相约到西湖泛舟，在舒适的阳光照耀下，清幽的氛围中，马云没有去聊营利模式和商业模式，而是聊起了自己的崇高愿景和远大使命，蔡崇信听到马云的远大抱负，深受吸引，主动放弃了年薪 70 万美元的高薪工作，甘愿加入这个每个月只开 500 元工资，当时甚至还没注册成为公司的阿里巴巴。靠着蔡崇信的斡旋，1999 年 10 月，以高盛为首的投资集团，投资了阿里 500 万美元。正是这珍贵的 500 万美元，协助马云撑过了创业初期那段最困难的时光，也让阿里巴巴从此名声大噪，后来才有孙正义投资的故事。

当时孙正义是全亚洲最出色的投资人，每天都要处理很多投资项目，接待创业者和企业家，而当时阿里巴巴还只是一个籍籍无名的小企业，要见上孙正义难如登天。在雅虎总裁杨致远的大力推荐下，孙正义才愿意挪出 6 分钟的时间给马云。

一般人面对这样难得的机会，都会抓着孙正义问他要不要投资，但是马云没有这么做，他直接说："我不需要钱，我只想跟你谈谈互联网和阿里巴巴的未来"。见惯了每天来要钱，求合作、求融资的企业家，孙正义第一次见到马云这种人，这激起了他对马云的好奇心。

一看到机会来了，马云再次利用表达的天赋，绘声绘色地介绍了什么是阿里巴巴，以及阿里巴巴要做什么。6 分钟结束后，孙正义表态了："如果我要投资，一定不是投小钱，你要多少钱？"没想到马云笑了，他说："我不是来找你要投资的"，孙正义大为惊诧，"你不要投资，来找我做什么？"马云说："我只是想找你聊聊互联网的未来发展方向。"

其实马云去见孙正义的目的非常明确，就是获得投资。即使他已经从高盛那里获得500万美元的投资,但这对于阿里后续的发展是远远不够的,马云心里也清楚这次见面的目的,只是为了获得主导权,马云换了一种表达方式,让他在谈话中更有气势,也更有说服力,最终马云成功用6分钟换来2000万美元的投资。

这是一种以退为进的沟通技巧,利用退让的姿态,先说不是要孙正义的钱,让对方降低防备心和抵触心理之后,再替自己创造进一步的机会,达成自己的目标。

套在马云身上,他越自信地说自己不需要钱,人就越想投资给他。

马云是个沟通大师,他曾分享过一个故事:

如果有一天你不小心穿越时空到了一个充满原始人的石器时代,你看到原始人将火把插在背包里随身携带,于是你大步走向前,骄傲地向他们大声说道:"你们根本不懂火"。然后从口袋里掏出一个打火机,轰的一声,点起火来,你知道接下来会发生什么事吗?你很可能眼前一片黑暗,再也看不见光,因为原始人会觉得你是怪兽,对他们是一个威胁,所以把你吃掉。

你应该怎么做才能既保住命,又说服他们打火机才是真正好用的工具呢?你应该跟他们说:"你们真聪明,我很喜欢你们的生活方式,我很想加入你们,我会努力让自己有用的",这时原始人会怎么样?他们会觉得:要跟就跟着吧。接着几个月过去后,你认真工作,努力融入他们,也建立了情感,在一个只有你和部落里三四个重要人物一同狩猎的探险中,你再慢慢地说:"你们知道吗?这几个月来我们与自然和平共存,我真的好喜欢这样的生活方式,但我告诉你们,在我来的地方,有一个和你们不同的用火方式,不知道哪一种比较好,你们帮我看看,给我点建议"。这时你再拿出你的打火机,轻松将火点燃,这些原始人会怎样?他们会推崇你当酋长。

用数字挑动情绪

曾经,马云到美国进行市场调查的时候,跟他的美国朋友说:"我相信五年后,中国的网民会超过美国",那时他的美国朋友没有一个人相信,马云便列出了一大堆数字佐证,他说:"美国才三亿人口,而中国有十三亿人口,人口基数越大,网民成长的速度自然就更快。"

当时那些美国人心里想的是两国经济发展上的差距,若局限于这个层面,马云的胜算不大,但马云用人口数据支撑,强化了自己的观点,成功地把焦点从经济转到人口数上,颠覆了美国朋友的观念,让他们觉得马云的话很有道理。因为数据是具体可靠的信息,相较于各自表述,数据的科学性更能提升说话的说服力。

人们对于数字的敏感度强,数字能让人更轻易地看出对比性,也能让你说的话更有力度。"我的公司实力雄厚,发展得很好"这样的一句话实在很难让人信服,因为听众不知道好是多好?到底有多雄厚?若加进数据"我的公司每年盈利超过一百亿元",这句话不仅变得更直观,也更好理解。在劝他人不要重蹈你的覆辙的时候,你说:"我之前就是这样做,所以造成很大的损失",他可能认为你在泼他冷水,但若你说:"我上次就是这样做,结果损失了五千万元",五千万元是个庞大的数字,更有冲击力,他就有可能仔细思考你的话,并三思而后行。这就是数字的力量。

活用比喻的扩散思维

马云有丰富的阅历和知识,也喜欢观察生活、总结生活,所以他总有说不完的精彩故事和题材可以跟大家分享。马云的演讲中，即使一种观点和立场，也有上百种表达和描述的方式。正因为脑袋里的东西多，所以他的思维很跳跃，有时候虽然前后逻辑性不大，但总会让人耳目一新。

曾经许多公司都在走多元化的路，很多互联网公司投资了各种各样的公司，也赚取了很多收益。在讲到企业应该专注和聚焦时，马云讲了一个比喻："如果同时有十只兔子，你要抓哪一只？很多人会这只抓一抓，觉得那只又比较好抓，又跑去抓那只，到头来一只兔子也没抓到。"马云将 CEO 比喻为抓兔子的人，机会这么多，但你只有一双手，你只能抓一个。这个比喻生动又有道理，容易让人记住也容易让人接受。

有一年冬天，马云被问到经济萧条的问题，他想到早上刚好在报纸上看到的新闻，就随手拿来作了一个比喻，他说："今天北京的一个报纸上登了一只大傻鸭，因为没想到今年冬天那么冷，所以被湖面上的冰冻住了，然而其他聪明的小伙伴早就提前上了岸，安全地站在旁边"，马云用这个例子，是想表达经济危机并不可怕，每个企业都同样面临着一样的问题，有些公司是死了，但还是有活着的，所以聪明的还是能活着，真正可怕的是没有准备。

这样的比喻恰当又毫不牵强，不会让人产生抵触心理。马云的随机应变在于平时看得多，资料搜集得多，用实际发生的事情来比喻，能把一些不好想象的东西具体地说出来，让表达更形象化，给人留下深刻的印象。

好故事注重细节

故事的细节包括：人、事、时、地、物，丰富的细节更能让听众对号入座，将自己投射到故事中，原本和听众毫无关联的事，都变成自己听到、自己看到、发生在自己身上的事，更能让人感同身受。然而细节不是流水账，必须带有趣味性，充满曲折或冒险，增加对话的情境感。

马云对于自己的创业故事，曾经做了一次很详尽的描述：我现在很幸运，创业的前四年，我在中国黄页做了两年半到三年，之后到国家的对外贸易经济合作部做十三个月的临时工，全都失败了，但没有人看到我的这些失败。从阿里巴巴到现在，我们做了十五年，我们很幸运，我们成功了。

马云的描述点出了具体的时间和地点，让他的话变得更加可信。故事的细节就像是在枯木上添加叶子，枯燥的细节是枯叶，没有任何作用，反而掉得满地，造成清洁人员的困扰；好的细节则是翠绿的新叶，产生枯木逢春的作用，让树变得生意盎然，再次鲜活起来。

马云谈管理

阿里巴巴的成功，绝不是只靠马云一个人的努力。马云是个伯乐，在人才的管理上，他也有自己的独特见解。马云曾经说："一直以来，在某些老师眼里，只有高学历、高职称的人才是人才，有些人即使很有本领，只是缺少一纸文凭，也不被看作人才。可是我觉得，要看一个人是不是人才，关键是要看他会做些什么，怎么做，做出来的成绩如何，只要能做出成绩，他就是人才。所谓的人才是你交给他一件事，他做成了，你交给他另一件事，他也能做成。"

马云讲过一个故事：有一天，大象和蚂蚁发生激烈争执，他们都宣称自己的力气比对方大,为此吵得不可开交。大象怒气冲冲指着一棵大树问蚂蚁:'你能举起这棵树吗?'蚂蚁摇摇头,于是大象很骄傲地用鼻子轻松将树连根举起。这时,蚂蚁不服气,指着地上的一片叶子,问大象能搬动这片叶子吗?大象心想这还不简单,但是他用鼻子试了几次,都无法成功举起这片小小的叶子,于是蚂蚁哈哈大笑,背着叶子走掉了。

马云用这个故事说明,每个人各有所长,要学会客观地看每个人的优缺点,在用人时,将人摆在对的位置上,要让员工之间能取长补短,才能发挥每个人的最大价值,帮公司带来最大的绩效。

马云的幽默感——这个人看上去就不是个好人

在中国还没有连通互联网的时候,只有马云一个人成立了一家公司想要做互联网的生意,当时大家都认为他在做一个永远不可能存在的东西,觉得他不是疯子就是个骗子。

刚创业的马云需要资金,而当时的雷军早已意气风发,实现了财务自由,年纪轻轻就当上了金山的CEO。有一次雷军请投资公司的一些老板吃饭,在上卫生间的过程中,突然被人拦住讲了半天商业模式,雷军回到座位上后说:"刚才我在门口有一个贼头鼠脑的人,看上去就不像好人,居然跟我说要把所有的东西拿到网上去卖,我一看就是个骗子。"而他口中的这个人,就是马云。

这个尴尬中带点幽默的故事,是马云亲口笑着讲出来的,这就是他的幽默感,只有能正视自己的人才会自嘲,自嘲能使人内心强大,幽默能缓和气氛,降低对方的防备心,从而让对方更容易被说服。

马云的幽默信手拈来,他擅于挖掘生活中各种有趣的小细节,他是具有幽默细胞的笑话收集大师。在杭州电子工业学院当老师的时候，有一次他迟到了，当同学左顾右盼想着老师怎么还没来的时候，他小跑步匆匆忙忙地跑上了讲台，气喘吁吁地说道："我们今天要讲的主题是迟到，我最讨厌迟到，迟到是一种不尊重人的行为……"当马云一本正经批评迟到的行为的背后，其实是在调侃自己，台下的同学也早已笑弯了腰。马云的幽默让他化解了很多尴尬，也让沟通的气氛轻松活跃了起来。

马云也曾分享他种种被拒绝的经历。他说肯德基刚进入中国市场时，有 25 个人一起去应聘服务员，结果 24 个人都应聘上了，只有 1 个人因为长得丑没有被聘用，那个人就是我。当阿里巴巴如日中天之后，曾经传出蚂蚁金服要收购肯德基所属的百胜集团中国业务，很多人开玩笑说马云是"君子报仇 30 年不晚"。马云不害怕被取笑，用自己的幽默，教大家学习如何接受"被拒绝"，尽管遭到拒绝，也不应该放弃自己的梦想，反而要持续努力工作，因为成功的企业家都是要学会承受拒绝的。

马云经常自嘲长得又矮又不好看，但正是因为外表无法吸引大家的目光，所以他靠富有情感的表达方式，掌握说话的技巧，用好口才和好剧本说出一个个经典故事，形成他的个人魅力，成功地吸引世人的眼球。

卖商品要学会讲产品的故事；搞创业要学会讲吸引投资的故事，孔夫子有句名言"言之无文，行而不远"，讲好中国故事，方能提升中国品牌。

品牌代言人的故事

"飞人"让耐克腾飞

不论是多次获得 NBA 总冠军，还是扣篮大赛上那超越人类极限的一跳，在篮球界，乔丹无疑是最伟大的人物之一。

乔丹让全世界都开始关注 NBA，同时也关注他脚上的鞋子。耐克在乔丹的帮助下，大大提升了自己的品牌形象。

1983 年，耐克公司总销售额达到 7 亿美元，超过 20 世纪 70 年代大获成功的阿迪达斯，成为当仁不让的世界运动第一品牌。但第二年，其销售收入却迅猛下跌。一时间，人们议论纷纷，耐克公司将要破产的谣言传遍各地。此时，《幸福》杂志刊登了一则惊人的消息：耐克公司将出资 250 万美元，购买 NBA 一名新手 5 年的"穿鞋权"。这个人就是之后在 NBA 叱咤风云的人物——乔丹。

后来乔丹的辉煌与耐克销量的不断提高都证明了乔丹作为代言人的价值。

1984 年 6 月，连续获得大学最佳球员的乔丹在 NBA 选秀会上以首轮第三的成绩顺位被芝加哥公牛队选中。

1999 年 1 月 13 日，乔丹在芝加哥正式宣布退役，带着 5 个 MVP、6 个总冠军 MVP、10 个得分王和 12 次全明星荣誉离开 NBA。这一个个令人难忘的瞬间，成为最受欢迎的故事。人们喜欢上了乔丹，也喜欢上了耐克。以他的名字命名的乔丹系列产品，也成为耐克的经典，多年来保持了良好的销量。可见一个成功的代言人，给企业带来的帮助是多么巨大。尤其是像乔丹这样，具有长期的影响力，使耐克公司可以长期以乔丹为旗帜来宣传自己的产品。

第五节　有想象力的故事更具魅力

想打造品牌提升影响力，那就给消费者讲一个动听的故事。

生硬地推销产品对于消费者来说已经司空见惯，也没什么吸引力。但故事可以讲得精彩纷呈，即便它并不完全真实，只要前后连贯，生动有趣，同样可以让人信服。

我们在创造故事的时候要尽可能抓住大多数或者最重要的受众的想象力。消费者希望通过你的故事，进行一场奇幻的旅行。只要故事讲得足够好，他们愿意相信一切都是真实的，从而成为你故事的拥护者。创造故事的宗旨是捕获人心，精彩的故事远比十几页的彩页传单或面对面的推销有效果得多。

迪士尼讲的故事

20世纪50年代初，迪士尼公司成立了具有很强创造力的小组——想象工程。在建造迪士尼乐园的过程中，它的宗旨就是通过梦想来创造新的娱乐场所。

今天，在几家迪士尼主题公园里有大概2000多个创意工程师。他们就是"梦想天地"概念的创始者。

曾经，迪士尼公司试图在迪士尼世界建立一个水上公园。一组人员到领导的办公室集合，办公室内挂着一些玻璃雪球，这些玻璃雪球晃动时会产生雪花飘舞的感觉。领导拿着雪球无奈地说："很糟糕，我们不可能从这些雪球当中建造一座公园。"于是早已成型的迪士尼讲故事的方法派上了用场，他们一起编出一个暴风雪中的童话故事。

故事内容是：暴风雪为佛罗里达州带来了厚厚的积雪。一个冒险家来到这里，建造了一个滑雪场。他进展得一直很顺利，直到天气转暖，冰雪融化，滑雪场变成了一泻千里的瀑布。瀑布又变成了喜欢冒险的人们的滑水场。这一荒诞的故事作为他们的灵感，迪士尼的那些工程师和建筑师们建立了新的水上公园，将其命名为"暴风雪沙滩"。

迪士尼于1993年建立的"发现号"旅馆同样也变成了一个鼓舞人心的传奇故事。"发现号"旅馆的传奇故事是这样讲述的：那是一个虚构的地方，在那儿冒险，远程旅行和时间都是不受限制的。那是一个像列奥纳多·达·芬奇、托马斯·爱迪生、弗兰克·罗伊莱特等伟大人物经常出入的地方。那是一个到处充满友好气氛，被传说和神话围绕着的地方。

在讲故事方面，迪士尼极具创造力。这些故事给迪士尼带来了很大的成功。好的故事不仅要有趣味性，还应该给消费者足够的想象空间。

麦田怪圈带来的经济效益

1980年秋，全世界流传着一则惊人的消息：英国威尔特郡麦田中出现了神奇的怪圈。从此威尔特郡的麦田圈引起了众多世界级专家、学者的关注，全世界开始对这个能与飞碟相提并论的世界第二大奇谜苦苦探究。

到底是人们的恶作剧，还是真的和UFO有关，一时间众说纷纭。

但可以确定的是，之后出现的一些麦田圈是人们制造的。这些人被称作是"麦田圈艺术家"。随着麦田圈文化的盛行，当地以麦田圈为中心的旅游事业也在蓬勃发展。

1991年7月17日，英国一名直升机驾驶员飞越史温顿市附近的麦田时，赫然发现麦田上有个等边三角形，三角形内有个双边大圈，另外每一个角上又各有一个小圈。

1991年7月30日,威德郡洛克列治镇附近的农田出现了一个怪异的鱼形图案,接下来一个月内,另有7个类似图案在该地区出现。

这些麦田怪圈引起了广泛关注与热议,几名天体物理学家参观后发表了自己的感想,他们认为:这个怪圈绝对不是人为的,很可能是来自天外的信息。而一些见过UFO照片的科学家甚至认为,小麦倒地的螺旋图案很像是由UFO滚过而形成的。

麦田怪圈研究者露西·平格的经历使得麦田圈更具有传奇色彩。她声称那天她正对一个麦田怪圈进行研究,感觉累了便很放松地坐在麦田怪圈内,刚坐下就觉得有一股能量注入她的肩膀。此时她因为参加网球赛而痛得无法抬起的右臂已丝毫不觉得疼痛了。露西·平格立刻叫来一个正受着雷诺氏病症折磨的朋友,这个朋友因此病总是坐卧不安。她告诉露西她的手指正感到剧痛,就像是被冷冻了那样(这是雷诺氏病症的痉挛现象)。当坐在麦田怪圈里时她说自己感到温暖,血液也开始正常循环。而由于病痛平常无法侧躺的她,过了不久竟然能侧躺着了。而且至少躺了20分钟,她才很不情愿地起身离开。之后她告诉露西她的雷诺氏病症消失了。

关于麦田怪圈的传奇故事在不停地上演,对于结果大家还在争论不休,但那些有商业头脑的人已经开始通过麦田怪圈来赚钱。很多游客慕名而来,只为看看这外界传得神乎其神的麦田怪圈,这无疑对于当地旅游产业是一种促进。

麦田怪圈出现最多的季节是在春天和夏天,麦田郁郁葱葱的时候。每当麦田怪圈出现后,麦田怪圈的旅游季节也随之开始了。旅游开发商便组织起来,创造出乘坐直升机俯瞰麦田怪圈或亲手触摸那些改变生长方向的麦子等旅游项目,衍生出种种相关的旅游纪念品。这个麦田怪圈旅游季节会一直持续到麦地被游人踏平或农作物被收割后才结束,而当地农民从麦田怪圈旅游中获得的收入远比种麦子高。

一个个离奇而又充满争议的故事,却满足了人们的猎奇心,迎合了人们追求新鲜事物的心理。这些都体现了故事非同一般的影响力,以这些故事为基础的旅游产业自然蒸蒸日上。

第六节　西贝:好吃的故事

自古以来,中餐就是最能代表中国的品牌符号之一。富起来的中国,餐饮产业正实现历史性的跨越,年营业收入超过 4 万亿元人民币。

当中国成为世界上增速最快的餐饮市场时,一家主推西北菜的中餐品牌"西贝"快速崛起,演绎了一个精妙"好吃"的品牌故事,成为中式正餐品牌的佼佼者,2019 年上半年全国直营门店超过 345 家,正在朝着年营业额百亿元的目标迈进。

西贝找到了餐饮行业的本质:口味

"好吃人"的好吃故事

"民以食为天,食以味为先",在中国悠悠的历史中,很多伟人都以"好吃"闻名;中国民间也有无数爱吃、会吃之人,他们如今都被冠以"吃货"的美名。"吃货们"对于吃的精致讲究和不懈追求,为中华的美食文化增添了丰富的内涵,推动了中国餐饮行业的不断发展。

西贝的创始人贾国龙颇具"吃货"天分,西贝的品牌名字就源于他姓氏"贾"的上下拆分,恰好又是"西北"的谐音。1988 年正值中国改革开放的第一个 10 年,贾国龙在内蒙古的临河区开起第一家黄土坡风味小吃店,能做出正宗西北味道成了贾国龙的美食标签。1999 年,贾国龙将"西贝莜面村"开进了北京,西贝全国化的品牌经营进入快车道。西贝对食材的讲究近乎极致:最初其所用的莜面选自张北,对口味极敏感的贾国龙发现这个莜面虽然吃着筋道,却容易发僵,口感比不上小时候吃的那么软。一番溯本探源之后,发现是厂家在莜面中添加了玉米淀粉。随着"西贝莜面村"的快速发展,为了寻找品质更加稳定的莜面,从 2004 年开始历经 10 多年,西贝人终于在内蒙古武川筛选出蛋白质、脂肪、粗纤维等指标最优的莜面。为保障食材供应,西贝斥巨资在武川兴建莜面厂,保留磨制莜面的传统工艺;同时购置全世界最先进的制粉机械——瑞士布勒制粉机来保证莜面品质。终于,贾国龙找到了品质稳定又有小时候味道的西贝专属莜面。

伴随着西贝的成长壮大,贾国龙一直对西贝品牌的核心价值进行了不懈的探索追求:从莜面村到西北民间菜,再到西贝西北菜、烹羊专家,最后又回归到西贝莜面村。贾国龙找到了餐饮的行业本质:口味,并提出了"好吃战略",让消费者从各个层面全面体验西贝的特色:好吃。

西贝让"好吃"看得见、听得到、记得住

美味在民间

高手在民间,美味也同样在民间。美味是中国食文化的核心。做饮食行业找到独特的美味,生意就不用愁了,经不住"口舌之欲"的凡夫俗子会乖乖地找上门来,美名远播,食客盈门。这也就是成功餐厅的秘籍所在。简单来说,每个餐厅都应该有一道招牌菜。如果这道招牌菜能让吃过的人回味无穷,让食客为了这一口美味牵肠挂肚,魂牵梦绕,那么,这家餐馆也就成功了。

树品牌,品质是根本。西贝不断在乡野中挖掘美味,打造出一道道招牌菜:

西贝草原羊选自广袤的内蒙古大草原,每到羊羔长成的季节,西贝莜面村就会派专人到羊场选羊。平均每30头羊中,仅有一头符合西贝的标准。经过层层选拔,精选的50万头草原羊,成为众多西贝连锁门店中炙手可热的珍馐。

西贝面筋取材于河套平原,小麦生长期长达135天。河套地区天气以晴为主,光照时间长,昼夜温差大,促进了小麦蛋白质、淀粉的积累，面筋值高。河套平原的硬质小麦是西贝面筋的上佳食材。

沙棘汁——西贝的美味符号：西贝曾花 4 年时间在西北的山野乡村寻找满意的沙棘食材，考察标准包括生长环境、颜色、糖度、酸度、浓度、成熟度等。在吕梁山找到理想的沙棘后，又对生产严格把控。比如，采摘必须精细，只剪细枝，不剪枝干；沙棘要在全低温环境下加工，脱粒、筛选、风选、分选、清洗、沥干、速冻、封存，每一个环节都精细管控。

招牌莜面：五谷杂粮，莜面为王。莜面是世界十大健康食品之一。莜面系列产品是西贝的招牌，用优质的莜面，给顾客烹制莜面美食，是西贝好吃战略的基础。

好吃是西贝的核心竞争力，充满敬畏地从大自然中精心优选食材，再用合乎食材天性的健康方式"先去味，再添味"，踏踏实实做一桌好饭……西贝找到了烹调美味、打开食客心扉的钥匙。

看得见的好吃

如今，在中国，消费者既在意"食以味为先"，更在意"食以安为先"。食品安全是全社会每个人的痛点。

为了做到好吃看得见，让顾客对食品安全亲眼可见，西贝在各个门店全部采用"明厨亮灶"。优质食材的烹饪过程，成了顾客安心体验与欣赏美食制作的舞台。

顾客来西贝就餐，不仅可以看到后厨的全部设施，同时也能对厨房人员的仪容仪表以及每个菜品的制作过程一目了然。这种"明厨亮灶"模式，不仅能有效监督厨房的食品安全工作，更增加了门店与消费者间的信任互动，实现阳光操作，透明化管理。

听得见的好吃

人们去餐厅消费,有三个方面的需求,第一个是满足口舌之欲,第二个是社交需求,比如商务宴会、亲朋聚餐等,第三个是追求营养健康。第一个需求最具促成消费的作用,所以西贝一句热情自信的口号"闭着眼睛点,道道都好吃"一下子就打动了食客。

为了让好吃随处听得见,西贝给予了一线服务员充分的授权:不好吃不要钱,任何菜品不满意可退可换。用餐结束时服务员会询问顾客,对菜品还满意吗?如果顾客指出哪道菜盐多了醋少了等,服务员立刻帮顾客退掉。不管动没动过,吃没吃完。

让顾客记住"闭着眼睛点,道道都好吃"是开始,一线服务员让顾客感受到"不好吃不要钱,任何菜品不满意可退可换!"则成为西贝好吃听得见最大的能量加持。

记得住的好吃

选择历来是人生的难事,对于吃货来说,最难决定的事:今天吃啥?最难回答的问题:你喜欢吃啥?口味是餐饮业的本质,让人们把好吃的故事牢牢记住至关重要,这就需要餐饮品牌多维度的整合营销传播。

《舌尖上的中国》由中央电视台出品,围绕着中国人对美食和生活的美好追求,用具体人物故事串联起讲述了中国各地的美食生态,成就了中国传媒史上一档现象级的纪录片。《舌尖上的中国》成了中国所有餐饮品牌向往的最理想平台;而西贝借力《舌尖上的中国》则成为了事件营销的经典案例:2012年6月,西贝与《舌尖上的中国1》介绍的陕西绥德"黄老汉"签约,推出黄馍馍产品,两年内卖出了3000万个;2014年7月,西贝与《舌尖上的中国2》

介绍的陕西榆林"张爷爷"传人签约,推出手工空心挂面产品,销售超过一亿元。

随着中国国民收入的不断提高,消费者追求健康饮食、健康升级的趋势越来越明显。中国人历来信奉"药补"不如"食补",一日三餐是人们获得营养最重要的途径。西贝的追求是既要让消费者吃出美味,又要让消费者吃出健康。五谷杂粮,莜面为王。莜面也称燕麦,是联合国推荐的十大健康食品之一,西贝正是莜麦文化的传承者。

2013年,西贝莜面村成功入选中国烹饪协会主办的"中国美食走进联合国"活动,走进联合国总部和纽约大学,展示了莜面这一古老中华美食的传统制作技法。

2015年3月,西贝餐饮受邀参加中国烹饪协会、联合国教科文组织餐饮办公室主办的"中国非遗美食走进联合国教科文组织"活动。西贝莜面村第二次走进联合国,在法国巴黎联合国教科文组织总部再一次绽放了莜面美食的迷人魅力。

随着人们的生活水平的提高,人们的思想观念也在发生变化,由过去的"吃饱",转变为吃得美味、健康,吃得有品质、有个性。西贝好吃找得到、看得见、记得住,其品牌故事、多维度的好吃战略,既吸引了越来越多食客的眼球,又诱惑着他们的味蕾。

第七节 向星云大师学营销

在中国宝岛台湾西南的高雄市郊,有一座荒山,周围有五座小山,像五朵莲花拱卫脚下。1967年,已是不惑之年的星云大师来到这里,亲近感和使命感油然而生。星云大师起心动念,要在这里建成"人间佛教"的弘法胜地。

几十年后,荒山变成了"佛光山",大佛肃穆,法相庄严,金碧辉煌。

星云大师在佛光山创立了大学、佛教学院,兴办了图书馆、出版社、翻译中心、报纸以及电视台。出家人与社会如此"紧密联系",似乎太世俗化,与想象中的"青灯古佛"貌似有点差距。但建庙也好、弘法也罢,离开世间的财富,也都是寸步难行。

长袖善舞、多财善贾。谁说学佛一定要当苦行僧?资财万贯更可弘法行善。

大师之路

孟子曰:"天将降大任于斯人也,必先苦其心志,劳其筋骨,饿其体肤,空乏其身,行拂乱其所为,所以动心忍性,增益其所不能。"大师的经历可谓波澜起伏,正是这些境遇造就了他不凡的人生。

星云大师俗名李国深,1927年8月19日生于江苏扬州,4岁时就跟随外祖母生活,生活颠沛流离。1937年南京大屠杀时,10岁的他开始了流浪生涯,11岁随母寻父,而后剃度进入栖霞律学院修学佛法。

剃度出家的那一年,星云大师12岁。

多年以后,小和尚长大了,准备大展宏图。20岁的星云大师担任了白塔国民小学校长,还创办了《怒涛月刊》。1949年,星云大师只身南渡加入台湾佛学院。初到台湾,星云大师曾经被人诬陷甚至蒙冤入狱。

"金鳞岂是池中物",就像大师曾经许下的豪言壮语:"我现在不行,再过二十年,我们再来看"。"四十而不惑",星云大师怀揣梦想,开始在台湾正式筹建"佛光山"。而后,星云大师开启了弘法生涯,将佛学智慧和中华文化开枝散叶传播到全世界。

1988年,61岁的星云大师来到洛杉矶,他要在此创建西半球最大的佛教圣地——佛光山西来寺。如佛西来,只为弘法。2010年,83岁的星云大师向南京大学捐赠3000万元人民币。

星云大师的使命,是将佛法发扬光大。

当年中国台湾的那片荒山,如今也成了赫赫有名的"南台佛都"。从一无所有,到积累下高达500亿元的佛教资产和令人信服的品牌价值,星云大师是如何做到的?

全球化战略与借势营销

星云大师在全世界弘扬"人间佛教",用的是国际化语言,国际化人才。星云大师的首席女翻译妙光,是位移民二代。12岁随父母到澳大利亚,一口流利的英语惊艳众人。其实翻译并不难,但要想翻译得信、达、雅,那可得下一番功夫。就是这位普通的女孩,最初英语只能考3.5分,在星云大师的激励下,发奋练习英语,成就了一段励志佳话。网友戏称她为"首席佛系翻译",一时间爆红网络。

佛光山人才济济,硕士、博士如云,短短的五十年来,星云大师在全球建立了数百所道场。每个来到洛杉矶西来寺的华人,站在寺前,一睹那满眼的雄伟庄严,都会由衷赞叹。

西来寺是西半球最大的华人寺庙,全美最壮观的佛寺。历时十年，取意"佛光西来"，耗资2000万美元，融汇中国建筑艺术，香火鼎盛。黄墙琉璃瓦，钟声透窗棂。世间修道人，谁人不识君？有了规划蓝图和专业人才，又具备开拓精神和实践能力，星云大师的传法路有了国际化新格局。

星云大师的个人品牌已成为一笔丰厚的无形资产。

想要打开市场，就得把产品推广出去，形成个人品牌，可以事半功倍。2016年3月2日，星云大师一笔字书法展亮相国家博物馆，这也是国家博物馆首次推出个人书法展。打开了国内市场之后，星云大师走出了国门。同年，星云大师在全球范围内的"一笔字巡回展览"，获得了国外认可。自此，外国朋友也知道了遥远的东方有一种书法，叫"一笔字"。

事件营销是提升品牌的捷径。2016年6月，星云大师的作品《大福延年》拍出了全场80万元的最高价。2017年6月，星云大师的书法《法水流心》以68万元成交。星云大师的"一笔字"已然成为他个人品牌的符号，在弘传佛法的同时也获得了商业效益。

每当佳节来临，商家都会搞降价促销，星云大师却另辟蹊径。大师的店铺节日期间佛珠宝物也搞打折降价，但并不是"买1送1""满400减50""100抵50"，而是"感恩结缘""付邮赠书"，让人心中爱意满满。借着节日的喜庆传递情感，正是一次顺势而为。

媒介宣传和新媒体推广

星云大师爆红网络的那句话"我是中国人"，源自3000万元捐助南京大学建楼。"将来这个大楼随便叫什么名称，不要叫星云大楼"。不图名不为利，此乃"喜舍人生"。

僧人虽始终坚持传统的修行生活，但佛光山今日的兴盛也离不开"钱"。在佛光山的文化、教育、慈善、共修四大事业中，资金花费总计230亿元以上。

利用有效的手段进行宣传，能够收到意想不到的效果。

无论是传统纸媒还是新媒体营销，多渠道推广给佛光山带来了不菲的收益。儒家有三不朽"立功、立德、立言"，功、德有了，还得著书立说。在《贫僧有话要说·三说——我究竟用了多少"钱"？》一文中，星云大师提到，他这一生"不好财富，却在名义上有很多财富上的关系"。星云大师的口述历史《百年佛缘》定价680元，首印2万套很快脱销，成为真正的畅销书。在台湾，星云大师已经出版的书大约有300多种，销量已超过40万册。然后得多渠道推广。上电视、录广播、接受各大媒体采访。

2013年，央视中文国际频道做了系列节目《天涯共此时》，专访星云大师。2014年，《杨澜访谈录》采访星云大师。2016年，《星云大师的梦想》在央视网上线。

星云大师成了公众人物，是电视上的常客，也成了观众眼中的"熟人"。熟了，再做事情就容易被接受。布施的人也多了，回过头来，书又大卖。

紧接而来的是互联网的兴盛，社交网络和互联网金融带来的市场机遇，对于耄耋之年的星云大师而言，并不是一场挑战。跟年轻人一样，大师也开了微博、有了微信公众号。运用互联网思维，星云大师也做了一回"微商"。在微信公众号上，植入了信众可结缘的"法宝"，像"招财旺运"的佛珠手串、"平安转运"的本命佛吊坠，还有免费结缘的书籍。

星云大师与商界大佬

在这个世界,财、色、名、利对人的诱惑很大。当你拥有了财富,是继续追逐更多的金钱,还是看破、放下,追求内心的财富?但是,不是仅仅钱才是财富。

"世间并没有穷人。"星云大师如是说。贫穷、富贵只不过是一种价值认同,聪明智慧是财富,健康是财富,慈悲也是财富。"人为财死,鸟为食亡",往往是看不到内心的财富,让很多人误认为自己"一贫如洗"。

星云大师曾开导李开复,什么是"最大化"影响力。病中的李开复,去佛光山拜见了星云大师,大师如是说:"一个人如果老想着扩大自己的影响力,你想想,那其实是在追求名利啊!"成功的营销背后,更要关注财富应如何使用。看破、放下是一种智慧,财富和影响力终究是一场过眼烟云。

营销,分两重境界。一种是技巧,一种是格局。

谋利当谋天下利,求名要求万世名。星云大师的营销是一种体系化营销,从长远出发,站在宏观的角度,对各个层面进行规划整合。赢的不是一粒子,而是一盘棋。

Chapter Five
第五章
故事传播

广告是品牌传播的武器,广告的形式一直在不断进化。现代广告将人的视觉、听觉、触觉等感官充分调动起来,更加注重全方位的传播效果,力求达到最大的营销目的。在许多杰出的广告中,故事扮演着越来越大的作用。你可以拒绝一个观点,却很难拒绝一个故事。无论在报纸广告、电视广告还是户外广告中,都很容易找到故事的影子。

故事是人类社会的信息储藏库,记录着不同时代不同地区人类的生活和追求。无论年代多么久远,故事总是让人难以忘怀。中华五千年的历史长河中,盘古开天辟地、女娲补天、仪狄造酒这些远古的传说,并未因为遥远而被湮灭,反而穿越时空流传到了今天。故事是人类的非物质文化遗产,口口相传的故事有着强大的生命力。只要人类存在,故事就永远流传。故事传承着文明,既蕴含着人类的本能和梦想,也积淀着人类的"集体意识",即思想和智慧。

故事是抢占人心最有效、最持久的工具,故事具有传奇性、曲折性、冲突性、戏剧性、传播性、传承性。它是一个国家、一个民族、一个企业的"根",也是抓住人心的一把"钩子"。

许多生动的品牌故事都是企业在无意间书写的。当然，为了更好地塑造品牌，也需要我们做个有心人，在企业诞生和发展过程中有意识地挖掘有价值的事件，演绎出能够打动人心的品牌故事。

故事是连接人与人之间情感最快的方式。商品营销，只要故事说得好，就能在品牌和消费者之间创造一个具有深刻意义且影响长久的共享经验。

品牌在诞生和发展中所产生的传奇动人故事，也能够让消费者轻松记住并主动传播，从而强化对品牌的美好联想。

讲故事比理性的叙述有效得多。它直通人的感情神经，虽然顾客对细节斤斤计较，但是其决策过程很容易受感情影响。感情让人知道自己需要什么，是决定如何满足自我需要的主要工具。

有了好的故事，还要有好的传播，故事的寓意才能千古流芳。

好的故事只有用好的方式演绎才能打动人。

为什么单田芳的评书大家趋之若鹜，而长途旅行中喋喋不休的人使你避而远之？那是因为评书演绎的是大家之作，而喋喋不休之人正如你休息时的苍蝇在耳。故事也许都是精彩的，但是不同演绎的效果却大相径庭。

第一节　Who ——谁来讲

美国品牌专家杜纳·E. 科耐普说"品牌故事赋予品牌以生机，增加了人性化的感觉，也把品牌融入了顾客的生活……因为人们都青睐真实，真实就是品牌得以成功的秘籍。"可以看出，一个卓越品牌的成长历程往往与许多动人的经典故事相伴，品牌通过故事与消费者进行情感交流，从而融入消费者心中。

《哈利·波特》一经推出，洛阳纸贵。哈迷们对下一部作品翘首以盼，甚至彻夜排队抢购。为什么？因为讲故事的人是 J. K. 罗琳。

再看看书店里有的读物上面的灰尘和书一样厚，为什么？因为你不知道是谁在讲故事。换句话说，他们没有 J. K. 罗琳知名，没有她"火"，即使他们讲故事讲得也不错。现今更多人因为相信讲故事的人，而对他的故事喜爱至极，深信不疑。

99%的品牌代言人是名人，名人讲故事是最受追捧的。

提起马云、王石、张瑞敏、柳传志，你肯定会联想到阿里巴巴、万科、海尔、联想，这就是明星领袖的魅力，他们是自己品牌的免费广告。

请代言人讲故事

我们为中国床垫第一股喜临门做策划时请的品牌代言人是巩俐。美国《时代》评价她是"最美东方女人"。

她在广告中一语道破玄机："美丽是睡出来的"，这就是"喜临门"床垫。"喜临门"的英文标识"sleemon"为英文 sleep、man

和 moon 的三者结合，意为"月亮上的酣睡者"。它既有国际时尚感觉，又给消费者带来"舒适、温暖"的联想，本身就定位为国际风尚睡床。魅力当红，风韵不减——巩俐的国际化形象与喜临门国际风尚睡床定位非常契合。

喜临门床垫：美丽是睡出来的

巩俐这个家喻户晓的国际巨星，为人们讲述了一个睡出来的美丽故事。"美丽是睡出来的"这句经典广告，让喜临门品牌走进了千家万户。

企业家讲故事

企业家是企业最好的代言人，"企业如何包装 CEO"是各大商学院 EMBA 学员的必修课程。

褚时健种植的"褚橙"，创造出非常大的口碑传播力度，成为业界佳话。价格不菲、销售渠道有限，却仍能如此抢手，无论打的是饥饿营销还是激励营销牌，"褚橙"确实成功了。也因此，"褚橙"被称为"励志橙"。

"人生总有起伏，精神终可传橙。"韩寒曾为褚橙写了短小精悍富于幽默感的包装语——"复杂的世界一个就够了"。正因为谱写了一段褚老历经磨难的创业故事，感动了无数移动互联网用户，激起了人们的精神共鸣,引发了大众的追捧,王石、潘石屹等知名企业家纷纷发声为褚橙捧场,让"品褚橙,任平生"成了贴在褚橙上的正能量标签。

有故事的品牌,加上背后的意见领袖、个性化的包装设计,就容易获得群众和粉丝们的认可,成为口碑扩散的引擎。这正是新媒体背景下企业讲故事的方式。

时尚圈讲故事

Prada 是一个时装设计世家,Miuccia Prada 出生在这个家族里,她注定要和时尚结缘一辈子。她的小名叫 Miumiu。

20 岁的时候,Miumiu 邂逅了一位街头画家。他长得非常英俊,也很有才气,他们俩一见钟情。

Miumiu 的家世决定她不可能嫁给他,但女孩十分叛逆,决定和爱人私奔。他们租了一架飞机,准备逃到希腊去结婚。但是,仿佛像中了"罗密欧与朱丽叶"的爱情没有好结局的魔咒一样,飞行途中,飞机发生故障,飞行员背了一个降落伞,抢先跳了下去。画家先给 Miumiu 背上一个降落伞后,才发现降落伞居然只有两个。

Miumiu 决定和男友同生共死,但男友把她推出了机舱。她获救回到了家,但男友从此杳无音信。后来,Miumiu 成了著名的时尚设计师,嫁给了一位很有经商头脑的名门之后,把 Prada 的家族事业经营得非常出色。Miumiu 也创立了属于自己的品牌,就叫 Miumiu,是 Prada 的副品牌。

就这样,20 年过去了。

一天,MiuMiu 收到了一封信,信里夹着一张非常美丽的画。信竟是他写来的!原来那天飞机降落在海上,让他得以生还。他在信中说：我只是想让你知道，我还好好地活着。但是我不会告诉你我在哪里，也请你不要再找我，因为我已面目全非，而且还失去了右手。这些年来，我一直在练习用左手画画，为的就是有一天能把美丽的画再次呈现在你的眼前。Miumiu 顿时泪如雨下。

Miumiu 又找寻了很多年，但始终没能找到他。于是 Miumiu 用珍藏了多年，那顶她的初恋爱人用生命换来的降落伞，设计出了 Prada 著名的尼龙包。许多女人都争相拥有一个 Prada 的尼龙包，而这尼龙包背后的故事，竟是如此感人。看似普通的一个包，其实代表着设计者当年永远错过的爱情，还有爱人的生命。

总统讲故事

善借人气，点旺财气，成为很多现代企业的创富理念。于是，不仅仅是自己讲故事，当故事由更具有感染力的人讲出时，故事的力量变得无比强大。

总统是国家元首，借用总统的影响力讲品牌的故事可以收到不同凡响的传播效果。

美国有一出版商出版了一本书但销售不畅，他便给总统寄了一本书征求意见，总统随口说了名：“这本书不错。”出版商如获至宝，大肆宣传：这是一本总统都爱不释手的书，很快被抢购一空。

不久，出版商的第二本出版了，他又送了总统一本。这回总统没有说好话，而是说：“这本书糟透了。”出版商闻过则喜，打出广告说：“这是一本总统讨厌的书。”书又很快卖完了。

当出版商第三次送书给总统的时候，总统这次学乖了，不置一词。出版商仍然有说法，他做的广告是：这是一本连总统都无法置评的书。这本书同样登上了畅销书榜单。

著名的厨房辩论

1959年，美国副总统尼克松访问苏联。为欢迎尼克松的到来，苏联领导人在莫斯科举办了美国商品博览会，精明的美国百事可乐国际部经理斯蒂尔决定利用这千载难逢的好机会把百事可乐打进苏联的市场。对此斯蒂尔不仅做了精心准备，还揣摩时任苏联领导人赫鲁晓夫的心态，制订了周密的广告宣传方案。当尼克松副总统陪同赫鲁晓夫走进商品博览会展厅时，斯蒂尔拿出两瓶百事可乐饮料，向赫鲁晓夫强调：一瓶是美国原装货，另一瓶则是用莫斯科的水调制而成的。他请赫鲁晓夫品尝，并请他鉴别哪一种更可口。答案是在意料之中的，赫鲁晓夫不假思索地认为后者更可口，并连饮了好几杯。这正中斯蒂尔的下怀，他的目的是宣传百事可乐的品牌而不是宣传哪一种更可口。结果，媒体把赫鲁晓夫品尝百事可乐的情景展现给了苏联的民众，引起了人们的极大兴趣。随着百事可乐获准在苏联销售，一场品尝百事可乐的热潮也在苏联各地掀起。紧接着美国在苏联境内设置的百事可乐生产厂相继投产，生产规模越来越大，并长期保持着旺盛的销售势头。

1980年，百事可乐赞助了莫斯科奥运会，这是百年奥运史上，可口可乐第一次痛失奥运会赞助权，当年可口可乐的销量也大幅度下滑。

消费者讲故事

证言式的广告可信度高,消费者讲的故事更有说服力。

阿迪达斯是世界上最早的体育运动品牌,制鞋匠出身的阿迪·达斯勒是阿迪达斯品牌的创始人。阿迪·达斯勒也是一位田径运动爱好者,他在20世纪20年代中期制造了世界上第一双带皮钉的足球鞋。1936年德国柏林奥运会前夕,阿迪·达斯勒找到美国著名的短跑运动员杰西·欧文斯,希望他能穿上自己设计的钉鞋参加比赛,并向他保证钉鞋对其比赛肯定大有帮助,但当时被欧文斯拒绝了。于是阿迪·达斯勒又建议他可以在赛前训练中试穿。结果,使用效果使欧文斯如获至宝,并在正式比赛中使用了阿迪·达斯勒设计的钉鞋。那届奥运会欧文斯连夺四枚金牌震惊了世界,欧文斯连连夺奖这款跑鞋,让大家认准这个品牌——ADIDAS。

1954年,在瑞士世界杯足球赛上,阿迪·达斯勒提供的全球首创嵌入式螺钉足球鞋,帮助德国足球队过五关斩六将,最终成功赢得世界杯冠军。从此以后,阿迪达斯品牌也声名大震,成为雄踞足球用品市场的霸主。

阿迪达斯在影响广泛的国际体育活动中占据统治地位。例如,在蒙特利尔奥运会上,穿阿迪达斯公司制品的运动员,占全部个人奖牌获得者的82.8%,这使公司"一举成名天下知"。

美国Medtronic生物医学工程公司是一个生产医疗设备(装置)的专业厂家。Gary Prazac说,自己患有帕金森氏病已经好多年了,他被病魔折磨得举步维艰,只能靠手杖助行,忍受着抖动摇摆带来的巨大痛苦。没想到自从外科医院的医生给他嵌入Medtronic的深脑激发装置以后,他的病情大为好转。这个深脑激发装置至少可以使用 10 年，那真是一个奇迹。Gary Prazac 说："不久前，我在门前的小树林遛狗，与一位邻居邂逅闲谈，他问：'此前我曾见过这条狗，但那是一个老人拄着拐杖与狗在一起，那是令尊大人吗？''不，那正是我自己呀'。"Prazac 讲完了自己使用深脑激发装置的故事，最后说："是 Medtronic 的产品使我焕发了第二青春。"经过短暂的惊讶与沉默之后，每个旁观者用纸巾擦干了眼泪，同时也牢牢记住了这个公司的名字。

这些消费者为阿迪达斯、Medtronic 价值的提升提供了足够的说服力，以平视的角度向人们讲述一个故事更容易被人接受。

竞争者的故事

当法拉利汽车如日中天时，有一位曾担任意大利皇家空军机械师的年轻人进入一家商业拖拉机厂工作，他的名字叫费鲁齐欧·兰博基尼。在 20 世纪 50 年代中期，兰博基尼的拖拉机厂成为意大利最大的农业设备制造商之一，此时他购买了第一辆法拉利汽车 250GT。作为一个爱车之人，兰博基尼十分喜欢法拉利汽车。但他从驾驶者的角度认为，显然这个牌子的汽车更适合赛道而非公路。

某天，兰博基尼驾驶的法拉利离合器出了问题，导致他参加比赛时出了车祸。当他发现这辆车所使用的离合器竟然和自己的拖拉机所使用的离合器完全一样时，他去找恩佐·法拉利投诉。但自大的法拉利对兰博基尼说："用不着一个造拖拉机的人来告诉我如何制造跑车。"这句话深深伤害了兰博基尼的自尊心，从此他便开始研发属于自己的跑车。

和红色狂野的法拉利汽车不同的是，兰博基尼这个牌子的汽车十分有雄性气概，每一个棱角、每一道线条都充分展现出这款汽车的力量，犹如商标上的犀牛一般。

耐克不敢掉以轻心，是因为阿迪达斯虎视眈眈；奔驰跑得快是因为宝马紧追不舍，兰博基尼横空出世，是因为受到了法拉利的刺激……竞争者的故事很容易激起消费者的兴趣。

第二节　Way ——讲故事的方式

只有视觉冲击力的广告还称不上是好广告。真正的好广告是，"说什么"比"怎样说"更重要。要由"怎么说"转变到"说什么"，加入故事元素，广告会更生动。所以，一个好的故事是这个广告的立足点。俗话说：巧妇难为无米之炊。就像一部电影，如果没有一个好的故事和好的剧本，纵然有好的演员、好的设备，充其量也只能是一部具有精美画面的电影，而不能说是一部具有深刻思想的电影。真正有力量的故事，哪怕是以最朴素的方式表达出来，也必具有惊天动地的能量，反映在广告中就是必须言之有物，贴近大众的生活，不能说空话、套话。

"故事里的事说是就是，不是也是。"我们熟悉的歌曲把故事唱得玄妙神秘，不过究竟要怎样让小故事讲出大道理确实大有讲究。

历史是故事的最好载体。一段久远的历史会使故事变得异常厚重。

文化通过故事得以传承，文化基因赋予了故事丰腴的质感。

声誉是品牌故事的灵魂，优良的口碑让品牌的形象深入人心。

情感是人们与生俱来的东西，也最能拨动人的心弦。只要人们将某种情感赋予品牌，无形之中就增加了品牌在人们心中的分量。

古井贡酒年份原浆：中国龙，世界香

讲历史

中国老八大名酒——古井贡，位处亳州，是中国古代酿酒业最早发源地，拥有五千年历史，是历史最悠久的白酒。

既然有历史的积淀，就应该讲一个好的历史故事，关于古井贡酒的历史故事是这样的：公元196年，曹操将家乡的"九酝春酒"和酿造方法进献给汉献帝刘协，并上表说明九酝春酒的制法。奏书中道"臣县故令南阳郭芝，有九酝春酒。用曲三十斤，流水五石。腊月制曲，正月冻解。用好高粱，三日一酝酿，九日一循环，如此反复……臣得此法，酿之，常善。今谨上献。"

以此古法所酿成的酒"色清如晶，纯如兰香，入口甘醇，经久不息"。因此"九酝酒法"成了古井贡酒的酿酒秘籍，永续传承。

另外，古井贡还拥有"中国最老的古井"——千年魏井。井里的水性温，质清，pH值为7.7左右，含有钙、镁、锶、硒等丰富的矿物质，特别适宜酿酒，用此水酿出的酒，更是芳香馥郁。

从2016年开始，古井贡酒连年获得央视春晚的特约播出，2018年古井集团实现营业收入104.75亿元，而古井贡酒也以

1018.65亿元的品牌价值位列中国白酒行业品牌价值第5位，同时也继续保持安徽白酒品牌第1名的地位。

古井贡酒这个品牌是由深厚的历史孕育出来的，以下是我们为古井贡酒精炼的品牌故事：

"天地始开，混沌初分，亳乃先民诞生之地，繁衍生息，躬耕劬劳，始酿美酒。族人以为神赐之圣水，盛以佳器，奉祀敬献，此乃'国之酒源'，古井贡酒之前身。

"殷立，商汤命臣相伊尹建都高台，亳成三朝之都，酝酿古井美酒，曲酿成熟，可调酒度。及武丁盛世，亳酒渐入佳境，精益日进，见诸《尚书》曰：'若作酒醴，尔惟曲糵；若作和羹，尔为盐梅。'亳州'中华酒都'，由来有之。

"代代相传，如琢如磨，方成《九酝酒法》，所酿之酒'色清如晶，纯如兰香，入口甘醇，经久不息'。

"建安元年，曹操以亳酿古井美酒进贡汉帝，君臣尽欢。历代皇室贡酒，皆以亳州古井贡酒为善之善者，迄今已历一千八百余年。美泉酿美酒。千年古井，水清性温，清冽甘美，回味无穷。亳之贡酒真国香，开酿时节动京城。民间至今有'涡水鳜鱼苏水鲤，胡芹减酒宴贵宾'之说。

"明朝万历年间，内阁大学士沈鲤为万历帝祝寿，以'亳州减店（今古井贡酒所在地）美酒'呈贡，万历帝饮后赞不绝口，自此岁岁年年进贡，'古井贡酒'美名钦定。'佳酿千年传魏井，浓香万里发汤都'。2008年，古井贡首创'年份原浆'，以'九酝酒法、无极之水、桃花春曲、国保窖池'酝酿龙之骨香，惊艳寰宇。正可谓：古井贡酒，中国浓香；年份原浆，世界共赏。"

历史就是事实,历史也不会过时,故事讲得好就能成为经典,如何玩转历史讲出能世代相传的历史故事是关键。

邦迪创可贴的经典广告

除了讲品牌自己的历史故事外,还可以借助品牌来讲历史。邦迪创可贴是一个老牌子,在以前的广告中注重对产品功能的诉求。然而在后来一段时间内,邦迪推出了一系列经典广告。其中一张以韩朝峰会的照片作为主题的广告,最令人叹服。韩朝两国首脑在峰会上再聚首,由对抗到举杯,这一历史性的时刻自然成为世界瞩目的焦点。邦迪抓住了这一国际性事件,毫不犹豫地"贴"了上去。这一贴使得邦迪一夜成名,这则广告也如愿获得了国际大奖。再仔细解剖一下这则广告,只有一张照片一句台词:"邦迪坚信没有愈合不了的伤口。"两者缺一不可。两个国家的宿怨伤口都可以抚平,更何况小小的身体伤口。这则广告简洁却不简单,它不仅借助一个历史性的时刻来宣传自己,也向人们宣传这一历史时刻。

讲文化

2008 年 8 月 8 日,张艺谋在闪光灯聚焦的"鸟巢"下,摊开卷轴讲起了中国的故事。

一个国家如果没有能力向世界输出文化和价值观，就永远称不上强国。中国拥有五千年灿烂丰富的文化，但是中国的文化在全球还缺乏广泛和深入的传播，还没有成为一个文化输出的大国。

从这个角度来说，全球瞩目的2008北京奥运会的开幕式，就是向全世界展示中国文化的绝佳机会。北京奥运会开幕式的关注度可以说举世瞩目，全球80多个国家的元首政要云集北京，全球最优秀的运动员都齐聚中国，开幕式现场超过91000个观众，全世界有超过40亿个观众都在关注。

北京奥运会开幕式使用的中国特有的绘画长卷、汉字、戏曲、礼乐、太极等文化载体，以及具有中国美学的写意精神，都展现了中国几千年的文化底蕴。同时开幕式中还使用了富有创造性的当代艺术表现形式，赋予了现代性和国际性的风貌。

在广告创意中文化与故事融合，会焕发出永恒的魅力，"百年润发"的洗发水品牌虽然已经消失了，但周润发演绎的广告却依然动人心弦：10年前与女主角相依相恋，命运却安排他们天涯相隔。10年后故地重游，有情人终成眷属。时光流转，岁月荏苒，古韵悠长。一条深巷里弄的戏班，一个眉目传情的女伶，一个偶然驻足的游子，一出辉煌绚烂的戏曲，还有男主角在女主角化妆台前的镜子上用口红写下的"百年好合"。最后一句广告语更是让人心有戚戚焉：如果说人生的离合是一场戏，那么百年的缘分更是早有安排。所有的元素运用得十分到位，使这则中国式广告倍受青睐。周润发的名字里含有"润发"二字，与品牌很好地契合，这是其一。其二，这是一则人生悲喜剧，破镜重圆，十分符合中国人的大团圆心理。

广告是社会文化的一部分,广告的故事性元素可以加深广告的传播层次。它可以提高产品的文化品位,使其不仅仅局限于诱惑大众买东西的层面,而是能够作为一种优质文化保留下来。

讲情感

多数故事性广告都是以情感诉求为主。古人云:感人心者,莫先乎情。世上没有什么比"情"更能令人怦然心动,更能震撼人心。在现代这个广告如流的社会里,人们对一般的广告产生了一定的"免疫力"。在海量的广告信息中,产品的描述、质量保证说明书、细小的价格差已经不能打动消费者了。社会进入了一个产品相对丰富的时代,人们消费的目的也有所改变。现今许多人消费的目的更多是为了享受以及情感的满足。

以马斯洛的需求层次理论来看,人的需要分为五个层次:有生理的需要、安全感的需要、爱和归属感的需要、尊重的需要、自我实现的需要。现在的人们需要更多的安全感、爱和归属感,以及更希望被接受、被赞扬等。现代广告的设计者充分利用这些情感需求来突破消费者的心理防线,把广告的精华都浓缩在故事里面,把广告主的要求通过故事委婉温和地告知受众。

在情感类广告中,大多数都是采用故事的形式。正如《华尔街日报编辑指南》写道:用故事来传达人的性格、思想、感情,用故事来表达你的立场。

动人的故事会使消费者心动、行动。

还记得"南方黑芝麻糊"的广告吗?

"小时候,一听见芝麻糊的叫卖声,我就再也坐不住了。"一个中年男子的回忆就这样被勾起。江南小镇的巷子里,闪烁着暖暖的又带些昏黄的灯光,芝麻糊的担子越来越近。

"黑芝麻糊哎!"

声未落,小孩兴奋的脸就出现了,下一个镜头就是小孩在贪婪地舔着碗上残余的芝麻糊。

这样一个回忆幼年的故事撩起了许多人的往事,或喜或悲。但是无论喜乐哀愁,都有深深的感动。

伟大的故事创意中都有一种人性的展示。在广告领域,感性诉求在60%的情况下是起作用的。人性无论什么时候都会存在,而广告中也必须有人气的存在。人气就是人文,以人为本,体验民生。关注人的生存状态,关注人的命运,关注人的内心感受,关注人深层的心理状态,关注人与人之间的会晤与交往,关注与他们生活相联系的社会大背景的变迁。将这些民生事物融入广告,触动人心里的那根或许已经掩埋很久的温情线,不但能唤起大家真挚的感情,也能为产品树立一个好的形象。

第三节　Where ——在哪儿讲

凡事分场合,讲故事更不例外。

这是一个拥有海量信息的时代。在这个信息极其丰富甚至泛滥的社会中,人们的"注意力"成了最稀缺的资源。就像诺贝尔经济学奖获得者赫伯特·西蒙说的,随着互联网的发展,有价值的不再是信息,而是人们的注意力。

讲故事的人固然重要,选择合适的场合才能起到事半功倍的效果。

广告中讲故事

广告的类型有很多，有故事情节型、意境氛围型、说明证明型……利用广告说故事很容易被人们记住。

有一段时间网上很多社交软件上的签名都是"Keep Walking"，原以为他们是集体受到一些培训，后来才知道这是受到一则广告的影响。

这是 Johnnie Walker 黑牌威士忌的一系列广告，前后分为一至五集，讲述的是一位优秀的建筑设计师历经坎坷挫折，屡受精神打击，但在三位好友的不断鼓舞下，不断前行，向着成为世界级建筑师的梦想迈进的故事。励志的情节旨在激励人们不断努力去实现梦想，提高自我，超越自我，追求更高成就，永远向着自己的目标勇敢迈出下一步，坚持"Keep Walking（永远向前）"的精神。

广告是产品诉求点的直接表述，也是受众最广泛、最易于接受的营销模式。讲故事的广告更能被消费者铭记，并在很深的程度上自主对商品做出评价。广告里的故事常常能跨越国家和种族的界限，对受众产生延伸的影响。它不但能推销商品，还能传播社会观点、道德观念、思想意识等信息。故事性是现代广告的灵魂，而讲故事是现代广告的图腾。

传播与沟通中，故事诉求是最有效、最常用的手法。在一条车流稀少的美国西部州际公路上，一对父女驾驶的敞篷轿车突然车抛锚了，父女二人一时束手无策。

正在两人焦急的时刻，另一辆皮卡小货车停在了他们前面。从车上走下来一个年轻英俊的青年牛仔，瞬间吸引了美丽姑娘的目光。牛仔帮西装革履的父亲揭开引擎盖后，一股股浓浓的烟雾冒了出来，显然车出了大故障，无法在这里修理了。那青年人开始脱掉他的牛仔裤，这一举动让父亲警觉起来，赶紧把女儿挡在自己身后。可是只见牛仔把牛仔裤的两只裤腿分开，一头拴在父女俩的车头，另一头拴在自己的皮卡车尾。牛仔一个亲昵自然的点头示意，姑娘就勇敢地坐上了他的车，留下父亲独自在后面的轿车上掌控方向盘。

这是 Levi's 牛仔裤的电视广告。这样的故事既吸引眼球，又令受众过目不忘。Levi's 经过这样的故事演绎，对青年人们产生了极大的吸引力。在关键时刻能拯救危机，也让男青年身上的 Levi's 显得更酷。故事的感染力、说服力表现得淋漓尽致。

Levi's 最善于讲故事。从创办初期创始人西部淘金、牛仔装诞生的传奇故事，一直到后来的经典广告，都是令人津津乐道的。正是凭着其讲故事的本领，Levi's 成为世界牛仔第一品牌。

利用媒体讲故事

鲁迅先生说："悲剧将人生有价值的东西毁灭给人看，喜剧将那无价值的撕破给人看"。

一个经典的故事营销案例，让来自中国台湾的茶叶成功打入法国市场。

1990 年起，台湾商人叶两传开始陆续代理法国多个品牌的产品。他一直想把中国茶饮料推广到欧洲，所以去了法国上百次。1998 年，对市场很敏感的叶两传感觉时机来了，于是他靠着过去累积下来的经验，为品牌找了一个响亮的，且欧洲人不陌生的名字——老子曰。

经调查后发现，欧洲人最熟悉的东方名人有孔子和老子等。孔子虽然比老子有名,但欧洲人对老子的好奇度高于孔子,因为老子讲的顺其自然等思想很吸引西方人。

"老子曰"将茶叶与老子的道家思想结合,使茶叶与中国数千年前的历史人物有了很深的联系。不仅产品的设计突显故事,其网站也成了说故事的最佳帮手。

进入老子曰的网站,老子曰三个字洋洋洒洒地显出来。可爱的老子与他的牛开始对话,将点阅者带入道的世界。"没有开始没有结束,更没有界线",中国最玄的道家思想被翻译成英文,网站中出现的人物公仔,都若有若无地蕴涵着某种意境。而老子曰卖的茶,更是蕴含了阴阳、五行。

由法国设计师所设计的人物造型,轻松俏皮的音乐,令人似懂非懂的道家思想,整个网站就是老子曰故事中的世界。点阅者可以在这个世界中遨游,体验何谓道。或许是因为道无拘无束的思想与法国文化有共通之处,成立不足三年时间,老子曰就在欧洲市场占据了重要地位,也被法国的时尚界所接受。不得不承认这样以文化为本的故事的确勾起许多消费者的想象,消费者在喝老子曰茶的时候,说不定也认为自己就是那倒骑牛的老子。

一个故事美化了产品,但重要的是要通过有影响力的媒体进行广泛传播。

新媒体时代,无论是微博还是微信,无论在网络还是在纸媒,人人都在讲故事。iPhone、三星、杜蕾斯、海底捞、小米……传统深沉的企业文化必须有所改变。曾先后担任过福特和克莱斯勒总裁的美国著名企业家李·艾柯卡曾说过:"不创新,就死亡"。法国作家罗曼·罗兰也有言:"生命的第一个行动是创造的行动。"品牌创新,不单是产品功能的创新,还包括品牌营销的创新。无论是70

后、80后还是90后,生活节奏的加快,使得人们总想慢下来,品一段小故事,享受瞬间的感动,或者接力一个趣味游戏,体验片刻的愉悦。

在商业杂志或网站上,编辑与记者们的一句话往往举足轻重,比刊登广告更能让人接受并相信。一则故事在报纸上娓娓道来,看到的人难免又和他人聊起,把自己感兴趣的向他人传播、再传播。这样一连串的人与人的传播,能使故事的读者数量远远超出报纸发行量。

通过网络讲故事,超越人们原本的线性叙述方式,可以形象生动地带给听故事的人音乐、动画。透过超文本的连接,故事也可以活化,甚至听故事的人也可以互动成说故事的人,无形间又加强了人与故事之间的联系。因此,要让自己的企业或商品脱颖而出,我们要不断创新讲故事的方式。

巧借电影讲品牌故事

提起电影《变形金刚》你首先会想到什么?博派?擎天柱?没错,这些主角的形象深入人心,伴随着一代人成长起来。但是别忘了他们还有共同的身份——汽车人。

北京车展上"大黄蜂"前面人山人海的场面,足以说明他的走红程度。大家仍难以忘记影片中身披雪佛兰金领结的"大黄蜂"雪佛兰跑车闪亮登场的画面,它把雪佛兰"未来为我而来"的品牌精神演绎得淋漓尽致。

将产品和电影故事嫁接的远不止《变形金刚》一部影片。观众最熟悉的《007》,从第三集《金手指》里肖恩·康纳利的座驾开始,那部能够旋转车牌、具有雷达导航装置的DB5,使阿斯顿·马丁一举成名。在《速度与激情》中，布莱恩开的那辆丰田 SUPRA 凭借完美的加速和操控性能，使它获得了"凶猛速度机器"的称号。《碟中谍 3》里的路虎发现 3，在都市霓虹中和枪林弹雨下驰骋，在火光中狂奔，在隧道里追车的惊险刺激，令越野狂热者销魂。在影片《我·机器人》中，男主角威尔·史密斯的宝贝座驾——由 15 名奥迪顶尖设计师特别设计的 RSQ 超级概念跑车，集合了中置引擎、蝶翼式车门，以及以球体滚动的设计等多种高科技元素。奥迪凭借此片成功植入了其一贯秉承的"突破科技，启迪未来"的造车理念和品牌文化。而标致 406 轻便快捷的产品定位也在《的士速递》这部法国喜剧电影中得到足够了渲染：快到可以和飞机比速度。此外还有《黑衣人 II》中的奔驰 E 级轿车和《偷天换日》里的 Mini Cooper，都是经典影片与名牌汽车联手缔造出的珠联璧合的佳作。

电影与汽车结缘并非巧合，而是汽车品牌瞄准了能将其作为"故事营销"载体的电影巨作。将产品或品牌及其代表的视觉符号甚至服务内容策略性地融入电影、电视剧情节之中，通过场景的再现，情节的渲染，带给观众情绪上的感染，让观众在不知不觉中对产品及品牌留下深刻印象，从而影响观众的消费选择，继而达到营销的目的。

搭个舞台演故事

品大戏、看皮影、听评书、逛庙会……这是以前人们的主要娱乐活动。这些娱乐活动都有一个共同特点，就是"演职人员"自己搭台、唱戏、讲故事，吸引人们前来消遣娱乐，同时自己还赚得盆盈钵满。

吉百利把这一模式发扬光大。

公元前500年,玛雅部落里。族人的可可豆不小心掉到火中,后被磨成粉,于是巧克力诞生了。吉百利巧克力意味着浪漫、青春、爱情、愉悦。吉百利由英国人伯明翰于1824年创立,迄今已有200多年的发展历程。

吉百利的成功象征品牌体验的成功。巧克力本身就是一种情感的体验,"吉百利世界"也吸引着世界各地的游客前来体验吉百利,体验这个甜蜜的品牌。

"吉百利世界"主题公园包括一个博物馆、一个餐厅、巧克力包装车间和一个"巧克力大事记"商店。浏览者可以了解可可粉和巧克力的起源,玛雅人和印第安人的生活方式,巧克力怎样传入欧洲,以及吉百利公司是怎样创立和发展的。这里就是吉百利的"故事仓库",当然人们也可以品尝各种不同口味的巧克力。这样,"吉百利世界"就把味觉体验与品牌的历史生动地联系在一起了。这种方式收到了很好的效果,每年都有40多万人参观吉百利世界公园,并由此促进了品牌与消费者之间的理解和交流,进而为公司创造了大量利润。

故事也是一种体验。营销其实也是在提供一种体验,而故事往往最能引领人们,给消费者一种身临其境的体验感。体验的乐趣就是一个过程。为了让顾客和品牌产生互动关系,这个过程应该经过精心设计。

BBC同样擅长于塑造品牌体验。为了纪念BBC成立75周年,它特意开放了一个体验中心。其中让人印象深刻的是第一次和公众见面的无线电报的相关展品,包括最早的无线电设备以及从泰坦尼克号上发来的电报和相关照片等。马可尼是无线电技术的先锋,也是 BBC 的主要创始人之一。这个体验中心位于伦敦的摄政公园，在这个地方人们可以体会 BBC 75 年的发展历程，并了解在这么长的时间内，BBC 在英国的历史和文化中所扮演的重要角色。

迪士尼国际电视公司的贺博德曾说："迪士尼是一个讲故事的公司，我们最终诉诸的是故事而不是商务或技术。因为人类的情感是共通的，我们要做的事情就是用我们的故事与我们的顾客紧密相连。"

第四节　How ——怎么讲

传奇、生动、有趣的故事能够把品牌从冰冷的物质世界带到一个生动的情感领域，随风潜入夜，润物细无声，不知不觉地传播了品牌的内涵、文化、价值，成功俘获了消费者的心。

完整的故事能给客户深刻的启迪和强烈的情感冲击，让客户用独特的视角来看待故事中的人，通常很容易就把自己带入故事中的场景。故事能够描画一个清楚的蓝图，甚至让听众感同身受，其传达的理念自然比较容易被接受。

讲故事的时机选择

讲故事，选择正确的时机才能达到最佳效果。

电影《嫁个有钱人》里，装扮成有钱人的任贤齐和郑秀文，都以整套的 Burberry 服饰亮相，这就是有钱人的样子。商场中最基本的一款 Burberry 风雨衣，售价近万元。

第一次世界大战期间，英国将士广泛使用 Burberry 生产的防风雨服。据统计，第一次世界大战期间共有 50 万名英军官兵穿着

Burberry 雨衣。第一位登陆南极的罗阿尔·阿蒙森以一身 Burberry 户外用品达成壮举,还在南极留下了一个 Burberry 帐篷,向后来者证明自己的探险。

有人这样形容当时的 Burberry:"如果西方的天空被一块巨大的乌云笼罩,下起绵绵细雨,那么从总统、白领到新锐娱乐明星就有了一个共同特点:都穿 Burberry 风雨衣。"因为 Burberry 在成为时尚奢侈品牌之前一直是个比较实用的牌子,尤其是经典的风雨衣。

Aquascutum 和 Burberry 几乎像孪生兄弟一样。Aquascutum 的第一家店设立于 1851 年,短短 1 个月内,便旋风般地成为当时伦敦最时尚、名声最响亮的服装店。这一切都得益于伦敦潮湿的天气和 Aquascutum 独家设计的防雨面料。Aquascutum 一词本身来自拉丁文,意思就是"防水",以此面料制成的防水风衣深受消费者喜爱。1853 年,英国和俄罗斯开战,Aquascutum 独家布料制成的大衣,也成为英军对抗俄罗斯恶劣气候的重要装备。还有一个神奇传说,因为 Aquascutum 大衣本身是晦暗的灰色,还曾帮助过一队英军士兵从俄军阵地死里逃生。虽然作为防雨外套出现,但其款式也非常时尚,所以赶时髦的伦敦人在晴天的时候也愿意穿。

Burberry 和 Aquascutum 聪明地把自己的品牌通过"战争"用故事的方式与国家品牌嫁接,巩固了其在奢侈品行业中的地位。

用正能量讲故事

2014 年最热门的公益事件"冰桶挑战",引发了全球广泛传播。到底是什么能量产生了如此大的影响力?具有社会影响力的明星加入,带动了全民参与,引爆了传播力。

2014 年 6 月高尔夫球手克里斯·肯尼迪挑战冰桶,并向亲友发起挑战,这位亲友的丈夫恰恰就是 ALS 患者。亲友应战过程被上传到 Facebook,随即开始在 ALS 患者及他们的亲朋好友间传播。美国体育明星们随即纷纷加入,从 NBA 球星勒布朗·詹姆斯、奥尼尔,到足球明星贝克汉姆一家人,再到全球首富比尔·盖茨。这些名人都身体力行,创造了巨大的影响力。詹姆斯和歌手贾斯汀·比伯都挑战了美国总统奥巴马,奥巴马虽然没有身体力行应战,但捐献了 100 美元善款。此义举得到迅速传播,不到一个月便为 ALS 组织筹集善款数千万美元,成为当时最热门的话题。

尽管这看上去像是一场活动营销,与品牌故事没有什么结合之处。但是仔细分析,从社交媒体上传播的视频、图片中,能够看出大众是如何讲故事的。简单、有趣、个性的故事更能吸引他人的关注和参与。

实际上,这正是一场正能量的接力棒,用一段接一段的故事,传播着关爱、欢笑、温馨与能量。将民众与名人接轨,将个人故事与品牌故事捆绑,创造出神迹般的传播力。

故事语言的感情色彩

用合适的词语来表达一种情感,才更容易让听众有认同感。在不同场合使用不同的语言会产生不同的效果。讲故事也一样,不同的故事需要用不同的感情色彩来演绎。

相传第二次世界大战时,美国军方推出了一种保险。如果每名士兵每个月交 10 美元,那么万一上战场牺牲了,他会得到 1 万美元。这个险种出来后,军方认为大家肯定会踊跃购买。结果他们把消息传到各连,要每个连的连长向大家宣布这个险种已经出现了,希望大家购买。

其中一个连按照上级的命令,把战士们召集到一起,向大家宣布这件事,可是却没有一个人愿意购买。连长很纳闷地说:"这可怎么办?怎么会是这个样子呢?"

大家想得其实很简单,在战场上连命都没了,过了今天都不知道明天在哪里,我还买这个保险有什么用呀?10美元还不如买两瓶酒喝呢!所以大家都不愿意购买。

这时一个老兵站起来说:"连长,让我来向大家解释一下这个保险的事情。我来帮助你推销一下。"连长不以为然地说:"我都说服不了,你还能有什么办法呀?既然你愿意说,那你就来试一试吧。"

这个老兵就站起来对大家说:"弟兄们,我来和大家解释一下。我所理解的这个保险的含义,是这个样子的。战争开始了,大家都将会被派到前线。假如你投保了,如果到了前线你被打死了,你会怎么样?你会得到政府赔给你家属的1万美元……"

这时候有位士兵嘀咕:"反正已经死了,1万美元有什么用?"

老兵马上说:"你们想一下,如果战争爆发了,政府会派谁先上战场呢?是战死了需要赔偿1万美元的士兵,还是战死了也不用赔一分钱的士兵呢?"

老兵这一番话说完之后全连弟兄纷纷投保,大家都不愿成为先被派上战场的人。

当然这个故事有点黑色幽默的成分在里面,不过让我们设身处地地想一想,如果你是一名士兵,处于战火纷飞的战场上,听了老兵的这番话,你会购买吗?估计你也得乖乖地把钱掏出来吧。

"买卖不成话不到,话语一到卖三俏",由此可见故事营销中语言色彩的重要性。一个故事要想有把产品介绍得富有诱人的魅力，激发顾客的兴趣，刺激其购买欲望，就要讲究语言的艺术。

面对依靠数据说话的信息时代，讲故事的人需要转移数字，融入直观的、形象化的、有人情味的故事色彩。真正的市场营销是让故事在人们之间口口相传，这是非常有效的一招。真真切切地讲述一个故事，创造一种能够达到你所说效果的产品或服务，就能得到商家和客户双赢的结局。

成功的品牌会诚实地对人们讲一个他们相信并愿意分享的故事，故事会成就一个品牌的传奇。

第五节　企业家讲故事

21世纪是通过讲故事传播信息的时代，是"说书人"的时代。讲故事在企业经营管理中发挥着越来越重要的作用。

一位优秀企业家一定是一位讲故事的高手。故事讲得好，所有利益相关者听了都会获益。

企业家不会讲故事，与团队和消费者之间的沟通就会出现隔阂，企业的文化理念传播也会受阻。

香草冰淇淋与"蒸汽锁"

这是一个发生在美国通用汽车公司的真实故事。有一天，一名顾客写信给美国通用汽车的庞迪亚克部门，抱怨说他习惯每天在饭后吃冰淇淋。最近刚买了一部新的庞帝雅克，每次只要他买的冰淇淋是香草口味的，从店里出来后车子就较难发动。但如果买的是其他口味，车子发动就很顺利。部门立刻派一位工程师去查看究竟，发现事实确实如顾客所说的。这位工程师当然不相信这辆车子对香草过敏。他经过深入了解后发现：这位车主买香草冰淇淋所花的时间比买其他口味所花的时间要少。原来香草冰淇淋在这家店最畅销，为便利顾客选购，店家就将香草口味的分开陈列在单独的冰柜里，并将冰柜放置在店的前端。而其他口味的冰淇淋放置在离收银台较远的地方。深入调查发现，问题出在汽车的"蒸汽锁"上。当这位车主买其他口味时，由于时间较长，引擎有足够的时间散热，重新发动时就没有太大的问题。买香草冰淇淋由于花的时间短，引擎还无法让"蒸汽锁"有足够的散热时间，所以车子就难以发动。

一个看似没有任何联系的问题，却让工程人员发现了汽车零件的缺憾，从而改善产品。这个故事不仅有趣，也生动地说明了用心才会让顾客满意的道理。这样讲故事远比讲道理有效得多。

天堂与地狱

有人问上帝，天堂和地狱最大的区别在哪里？上帝对他说："来吧！我让你看看什么是地狱。"他们走进一个房间。一群人围着一大锅肉汤，但每个人看上去一脸饿相，瘦骨嶙峋。他们每个人都有一只可以够到锅里的汤勺，但汤勺的柄比他们的手臂还长，自己没法把汤送进嘴里。有肉汤喝不进肚子，只能望"汤"兴叹，无可奈何。"来吧！我再让你看看什么是天堂。"上帝把这个人领进另一个房间。这里的一切和上一个房间没什么不同。一锅汤、一群人、一样的长柄汤勺，但大家都身宽体胖，正在快乐地歌唱幸福。"为什么？"这个人不解地问道："为什么地狱的人喝不到肉汤，而天堂的人能喝到肉汤？"上帝微笑着说："很简单，在这儿，他们每个人都会喂别人。

用讲故事的方式告诉团队成员团结合作的精神，揭示互惠互利的道理，生动而发人深省。

故事既可以是真实的事件，也可以是有哲理的寓言。关键是内容可以揭示一个道理，这个道理又可以很好地说明当前的问题。

斯蒂芬·丹宁讲的故事

在西方企业管理界，斯蒂芬·丹宁享有"故事大王"的美誉。丹宁不仅善于讲故事，而且极力推崇领导者应通过讲故事的方式提高其领导力。

讲故事对于企业家来说有很多好处。当员工已经厌烦了喋喋不休的说理与一大沓厚厚的统计资料，并且对你精心制作的幻灯片无动于衷的时候，当消费者已经对生硬的广告推销缺乏兴趣的时候，公司的领导们，你们是否想过换一种方式来说服员工理解并接受企业的理念与未来，劝服顾客让他们成为你产品忠实的消费者？

丹宁曾任世界银行知识管理项目部主任。当时他致力于把世界银行变成一个知识分享的组织，为此他运用幻灯片、图表、书面报告等多种手段，试图让世界银行的官员们接受他的观念，但这一切努力都无济于事。后来，丹宁想到了讲故事。

1995年6月，丹宁向世界银行官员讲了这样一个故事：赞比亚卡马那市的一位医生苦于找不到治疗疟疾的方案，最后，他想到了借助网络。于是他登录美国亚特兰大疾病控制中心的网站，在很短的时间内获得了想要的全部信息。问题总有解决的办法，关键是要摆正心态，找到最有效的途径。世界银行官员听完这个故事，很快就汇集在一起讨论知识管理事务，并向行长提交了报告。

1996年8月，世界银行行长在年度会议上宣布，要把世界银行变革成一个知识分享的组织。

以自己的亲身经历为基础,丹宁极力推崇用故事来传达理念。在《松鼠公司》中,丹宁强调的一点就是,能够在正确的时间讲述正确的故事,将成为在新世纪应对挑战和获得成功的重要领导技能。讲故事是一种能力,讲故事的背后也透露着一种睿智和领导魅力。

在《松鼠公司》中,丹宁讲述了一个松鼠公司运用讲故事而获得成功的寓言。该书的主人公是一只名叫戴安娜的松鼠,她是松鼠公司的CEO。戴安娜从酒馆老板那里学会了编故事和讲故事的本领,于是组织公司主管在公司内部大讲特讲各自的故事,以调动员工的积极性,激发企业团队精神,共享最新信息,从而成功地使松鼠公司从传统的松果埋藏企业转型为松果存储企业。

这个故事以寓言的形式呈现,易于被人们理解和接受。丹宁的观点也得到了广泛的认同,高级管理人员对MBA的热情在减退,越来越多的人对如何讲故事兴趣盎然。

以往那种第一点、第二点的方式讲述未来趋势的方式看似条理清晰,对听众来说却是平淡无味。因此作为企业领导人,在提高管理能力的同时,也应该提升讲故事的本领。

乔布斯讲的故事

乔布斯以善于讲故事闻名。美国知名IT杂志《连线》网络版曾刊文称,苹果之所以能够受到人们的强烈关注,主要有五大原因,其中就包括乔布斯善于讲故事。而乔布斯为斯坦福大学的毕业生做的演讲也堪称经典。那时的他刚治愈胰腺癌不久,就在那为毕业生演讲。很多人的演讲,只会说一些毫无意思或老生常谈的官方话。他只讲了三个跟自己有关的小故事，它们发生在他生命中不同的时代。

第一个故事是关于如何把生命中的点点滴滴串联起来。乔布斯好容易上了大学，却在半年后选择了退学。退学后的乔布斯跟着他的直觉和好奇心走，遇到的很多东西让日后的他觉得是无价之宝。乔布斯说，他的母校里德学院（Reed College）在那时提供也许是全美最好的美术字课程。里德学院的每个海报、每个抽屉的标签上面全都是漂亮的美术字。因为乔布斯退学了，不必去上正规的课程，所以他决定去参加这个课程，去学学怎样写出漂亮的美术字。当时看起来这些东西在乔布斯的生命中好像都没有什么实际应用的可能，但是十年之后，当乔布斯在设计第一台 Macintosh 电脑的时候就不是那样了。他把当时他学的东西全都设计进了 Mac。这是第一台使用了印刷字体的电脑。

第二个故事是关于爱和失去。乔布斯在很小的时候就树立了远大志向，他知道自己喜欢什么。在乔布斯快到 30 岁的那年，他被自己的公司炒了鱿鱼。离开之后，他花 1000 万美元从乔治·卢卡斯手中收购了 Lucasfilm 旗下位于加利福尼亚州 Emeryville 的电脑动画效果工作室，并组建了皮克斯动画工作室。再之后 10 年，该公司成为著名的 3D 电脑动画公司，并在 1995 年推出全球首部全 3D 立体动画电影《玩具总动员》。1996 年 12 月 17 日，全球各大计算机专业报刊几乎都在头版刊出了"苹果收购 NeXT，乔布斯重回苹果"的消息。之后在苹果的日子里，乔布斯在 NeXT 发展的技术在苹果的复兴之中发挥了关键的作用。2006 年，迪士尼收购了皮克斯公司，乔布斯也因而成了迪士尼的个人大股东。

第三个故事是关于死亡的。乔布斯讲述自己最接近死亡的时刻，是得了令人生畏的胰腺癌。乔布斯说，这让他觉得，人的时间很有限，所以不要将时间浪费在重复其他人的生活上。不要被教条束缚，那意味着会和其他人思考的结果一起生活。不要被其他人喧嚣的观点掩盖自己内心真正的声音。还有最重要的是，要有勇气去听从内心的召唤。

每一次苹果新品发布会上，乔布斯的演讲都备受期待。当苹果宣布推出新产品或服务后，公司高管层会讲述与新产品有关的幕后故事，从而使外界对苹果新产品的来由有更全面了解。在乔布斯发表主题演讲的过程中，除通过幻灯片介绍新产品具体功能外，还会穿插讲述一些产品开发故事。

乔布斯离开了人世，但他在斯坦福大学的演讲仍然广为流传，乔布斯在苹果新品发布会的演讲仍然是 IT 公司的楷模。乔布斯的经历和他的故事让苹果品牌散发着久远的魅力。

第六节　政治家讲故事

政治家同样需要讲故事，需要通过故事来宣传自己，得到最广泛的认同。政治这个舞台和市场环境不同，一个政治家所代表的利益不只是一个企业那么简单，有时候可以左右一个国家的发展，一个民族的兴衰。

资本家讲故事是为了自己的产品或理念可以深入人心；政治家则希望树立自己的威信，显示国家的实力。

俄罗斯总统普京非常善于用故事向人民展示自己的领袖魅力。

柔道高手普京

2000 年 9 月，普京访问日本期间，曾到东京江道柔道馆参观。在那里，这位刚刚上任的国家领导人和 10 岁的日本女孩一同走进柔道场地练练身手，结果普京被小对手摔倒在地。当人们从电视和报纸照片上看到普京被摔倒在地的情景时，没有人认为这是失态。全俄罗斯的人都看得出来，那是他们的总统有风度的谦让，那是他们的总统和日本友好的外交。因为他们都知道关于柔道大师普京的故事。

普京酷爱柔道，从孩提时代起就开始练习，18 岁时已经成为黑带高手。他不仅多次在苏联大学生运动会柔道项目上获奖，还一度成为圣彼得堡市的桑勃式摔跤和柔道冠军，并因此获得桑勃式摔跤和柔道大师称号。1973 年，还在大学读书的普京已经从一名学徒成为桑勃式摔跤教练，毕业时普京正式成为柔道教练。在他的众多弟子中不乏优秀人物，其中包括曾两度获得世界冠军的桑勃式摔跤运动员阿布杜拉耶夫。为表彰普京的特殊贡献，苏联曾授予他"功勋教练"的称号。

克格勃特工普京

少年时的普京酷爱看许多有关情报官员和特工的书刊和电影，十分崇拜那些间谍英雄，并产生了从事情报工作的愿望。普京在一篇中学的作文中写道："我报效祖国和人民的方式就是去做一名出色的间谍，用我的恶名去换取敌人的失败，用我的牺牲去赢得祖国和人民的胜利。"

16 岁的普京几乎没做任何思考，带着他对特工的痴迷，径直走向了列宁格勒的克格勃大楼。但他还没有进门便被一位刚从克格勃大楼里出来的官员拦下了,官员问普京来这做什么,普京回答:我要加入克格勃当特工。官员告诉他:"我们从不接受直接找上门来的人,我们只会在法律专业毕业的大学生中挑选合适的对象。"于是普京立志报考法律系,以便日后加入克格勃。

1970年,普京如愿以偿地考入圣彼得堡大学法律系专业。5年时间飞快过去了,1975年普京这一届的学员即将毕业,各种招聘活动风起云涌。周围的同学室友几乎都找到了一份称心体面的工作,但普京从始至终坐在房间里,没有参加任何招聘活动。他在等待克格勃的出现。几个月过去了,同学们开始陆续离校,普京成了班里唯一一个没有找到工作的人。系主任很欣赏普京的才华,想帮他介绍一份工作,便把普京叫到办公室来谈这件事情。但这时办公室的帘子后面传来一个声音:"你可以帮任何人介绍工作,但这个人不能是普京。"这件事最终就此作罢。又等了半个月,来了一个叫伊万·瓦西里耶维奇的人找普京,见到普京后问,你在16岁那年是不是去过克格勃?普京点头。又问,在克格勃的门口你是不是被人拦住了?普京点头……一番询问与谈话,正如普京所预料的,他获得批准正式加入克格勃。

从平凡到不凡的经历、神秘的特工背景,让普京从出现在公众视野的第一刻起就引起了无数人的好奇。俄罗斯媒体称普京为"黑盒子",每个民众都在争着补充、编撰这个神秘传奇。如谜一样的故事成了人们广泛关注的焦点,让普京在参选时迅速"家喻户晓"。

美国总统大选故事会

"我们的故事到哪里去了?我们必须保存我们的故事!"当克林顿刚刚当选美国总统,他的顾问们正在讨论政策取舍时,希拉里反复这样提醒大家。

克林顿从一个200万人口的小州起步,最终打败了结束冷战、赢得海湾战争的老布什,关键是因为他能向老百姓讲一个完整动人的故事:一个生长在贫困小州的穷孩子,了解老百姓的疾苦,要用手中的权力,帮助那些在生活中挣扎的人们。这个故事打动了人,于是克林顿赢得了大选。

总统大选就是一个候选人向选民讲故事的过程。任何成功的总统,都要能把老百姓带进自己的故事中。竞选随之成了一场故事会,谁故事讲得好,最终赢得总统大选的概率也会提高。

奥巴马也是一个讲故事的高手。奥巴马喜欢在演讲中举出具体的事例,以生动的故事承载深奥的政治理念。下面是奥巴马在一次演讲中讲到的一个故事:

前不久,我在伊利诺依州东莫林市的老兵俱乐部里遇到一个名叫沙莫斯的年轻人。他长得帅气高大,有两米左右的个头,眼睛清澈,笑容可掬。他告诉我他参加了海军陆战队,下周将要开赴伊拉克。我听他娓娓诉说他入伍的原因,他对于我们的国家和领导人完全信赖,他对于责任和服役完全忠诚。我感觉这个年轻人的言行正是我们每个人对自己的孩子所有的期待。然而我又扪心自问,我们为他提供的服务有他给我们提供的服务好吗?我想起有900多个服役的男男女女将不会再重返家园,他们是儿子和女儿、丈夫和妻子、朋友和邻居。我想起我遇到的那些家庭,他们正努力克服缺少了爱人全职收入的困窘,或尽量摆脱由于身体残疾或精神崩溃的爱人,在归来后又因为是预备役军人而无法享受长期健康补贴的困境。当我们派遣我们的年轻人踏上牺牲的路途,我们必须责无旁贷地搞清楚和核实让他们出征的一切数字和一切理由，必须责无旁贷地在他们离去后照看他们的家庭，在他们返回后关照他们的生活，更必须责无旁贷地确保在没有足够的部队时不要宣布开战，以便真正保卫世界和平并赢得世界的尊重。

政治家是一个特殊的群体，一方面体会普通人的生活，和他们打成一片；另一方面要求政治家是不平凡的人物，有各种传奇的经历。人民希望自己的领袖可以和自己聊天、散步，又希望他们在世界舞台上叱咤风云。

在这样一个资讯发达的时代，讲故事可以让竞选者获得支持。竞选者经历再丰富，管理经验再多，如果没有一个好故事，是很难吸引选民的。

人民需要一个了解和体恤穷人的领袖，一个充满英雄气概却气定神闲的领袖，一个也许只有好莱坞可以创造的领袖。这些都要靠童话般的故事来表现，让人们相信讲故事的人正是他们所需要的。

第七节　史上最牛的营销天才

谁是史上最牛的营销天才？有人说是乔布斯，他创造的苹果神话开启了互联网的新时代。乔布斯确实身怀绝技，但是在他一生的营销之路上，还有两位精神导师，一位是毕加索，他是全世界最会卖东西的人；另一个是耐克，是全世界最会卖东西的企业。今天我们就来说说毕加索和耐克的故事。

毕加索

毕加索的故事

毕加索是世界闻名的大画家,他怎么成了"卖东西的人"了呢?其实,毕加索不仅会画画,他更是一位"营销天才",有人曾将毕加索和另一位大画家梵高做了一个对比,发现了一个惊人的秘密。

梵高 27 岁开始画画,在 37 岁时开枪自杀,他一生创作了超过 2000 幅作品,却没有卖出去一幅,还是他弟弟给了他一些钱,骗他说是画商买走了一幅画,要不是弟弟在他去世后竭力宣传,梵高的作品恐怕都很难流传下来。

而毕加索在 15 岁开始学画,直到 91 岁去世,一生留下的作品近 37000 件,他活着的时候就是世界画家中的首富,生前积累的财富高达数十亿美元,他的一生辉煌无比,在全世界前 10 名最高拍卖价的画作中,毕加索的作品就占据 4 幅。

为什么同为伟大画家,梵高和毕加索的境遇会天差地别呢?因为毕加索更懂得营销,他是一位"被画画耽误了的营销大师"。

毕加索是一位营销传播高手,当年他准备去法国艺术圈闯荡,但是苦于籍籍无名,聪明的毕加索雇了几个年轻人,到画店里挨家挨户地询问:"有毕加索的画吗?""毕加索什么时候来法国?"如此反复多次,毕加索的大名就传遍了大街小巷,来到法国就瞬间成了名人,他的画也自然而然地成了"爆款"。

毕加索的这个做法类似于现在的"饥饿营销",苹果手机就是搞"饥饿营销"的高手,每一次新产品上市都会引发排队购买的狂潮,甚至有人不惜裹着毯子在专卖店门口通宵排队,就是为了买到一部最新型号的苹果手机。

毕加索还懂得"差异化竞争",为了让自己的画更好地卖出去,他没有走其他画家靠展览卖画的老套路,而是另辟蹊径,找画商帮他卖画。毕加索给画商的回报也很独特——帮他们画肖像画,这种"私人订制"的方式自然赢得画商们的青睐,纷纷主动前来找毕加索洽谈合作。其实,这种订制的画作,也体现了毕加索"渠道建设"的营销智慧,画商们都想让自己的肖像画更好看,毕加索深谙此道,他笔下的画商个个都正襟危坐,器宇轩昂,他们的家眷也个个美丽端庄,所以毕加索的肖像画深受欢迎,变成了"社交货币",人见人爱。

毕加索还是一个故事营销的高手。跟传统的画家不同,他不是等画完了再拿去卖，而是从创作构思到整个绘画的过程，他都在讲故事。毕加索经常召开"发布会"，讲作品的创作背景、创作意图，以及与作品相关的典故，让大家翘首以待。所以毕加索卖的不仅仅是画，还有画背后的故事。最值钱的就是品牌背后的故事，一瓶普通的矿泉水和一瓶来自阿尔卑斯山脚下的矿泉水相比，是完全不同的概念。一幅画想要卖得好，先要画得好，可如果仅仅只是一幅画，恐怕没人愿意为它付出高价，人们更感兴趣的是这幅画背后的故事。这是一种产品"货币化"的过程，很多人不明就里，而天才的毕加索却了然于心。如今，市场上价格昂贵的奢侈品无一不是有着生动的品牌故事，而且这些品牌故事每天还在被创新地演绎着。

除了会讲故事，毕加索还非常善于"炒作"。毕加索充分利用画商的心理，让他们互相竞争，从而抬高作品的价格。毕加索每画好一幅画，就开始向一些特定的画商兜售，就像是为女儿招女婿，不是只招一个小伙子，而是同时招许多个一起来"比武招亲"，一幅画要找好几个画商一起来看，这就充分吊足了画商的胃口，每一个画商都唯恐自己出价过低而拿不到这幅画，因此毕加索的画在市场上的价格越炒越高，而画商拿到这幅画的时候，也感觉自己捡到了宝贝。

毕加索还懂得利用自身的"名人效应"做品牌。毕加索买东西从来不带现金，而是随时随地开"支票"。如果你是商家，毕加索跟你买了一盒雪茄，并随手给你开了一张支票，你是把这张支票拿去入账，还是把它放在店门口挂起来？答案当然是后者，因为毕加索的签名更值钱，有巨大的升值空间，毕加索能来你的店里消费，简直是让店里蓬荜生辉，所以商家往往会收藏毕加索的支票。这是一场"双赢"，商家轻而易举就获得了毕加索的真迹，而毕加索不用花钱就得到了各种生活用品,就像现在的名人"刷脸"一样,这就是毕加索的聪明之处。

毕加索的营销秘籍里面还有一招叫"囤积居奇"。20世纪70年代,毕加索的声誉达到了顶峰,当时欧洲著名的罗斯柴尔德家族慕名前来,找毕加索设计酒标。罗斯柴尔德家族是全世界最神秘的富豪家族,掌握着巨额的财富。此时罗斯柴尔德家族要推出一款新酒,毕加索知道罗斯柴尔德家族的酒一定会升值。所以除了酒标设计费之外,他还要求罗斯柴尔德家族给他囤积一大批酒,酒的价格每天都在涨,而毕加索的手里的钱也在疯涨,帮罗斯柴尔德家族设计酒标这单买卖,为毕加索带来了巨额的财富。

耐克的故事

说完了毕加索,我们再来说说乔布斯的另一位精神导师——耐克的故事。乔布斯曾将耐克比作是"全宇宙有史以来最佳的营销案例",那么他向耐克又学了什么招式呢?

耐克是全球著名的体育运动品牌,它创立于1972年,总部位于美国的波特兰市。其实耐克公司在创立之初并不叫耐克,它的前身叫"蓝带体育用品公司",创始人菲尔·奈特觉得"蓝带"这个名字有点土,打算给公司改名叫"六度空间",但是公司的很多员工又不是很喜欢,于是菲尔·奈特号召员工集思广益,为公司取新名字。

伟大的创意往往诞生在一瞬间,其中一位员工很喜爱古希腊文学,他突发奇想,提议用古希腊胜利女神耐克的名字来为公司命名。这个提议简直太棒了!"胜利女神"代表着欧洲悠久的历史文化,是胜利、勇往直前、追求卓越的代名词,这个提议得到了菲尔·奈特的认可，他将公司改名为"耐克"，不费吹灰之力，就把胜利女神所代表的好运全部嫁接在了产品上，耐克的运动产品也因此大受追捧。

不仅如此，耐克"对勾"标志的设计也取材于胜利女神翅膀的形状，极具视觉冲击力的对勾，成为耐克公司经久不衰的超级符号，耐克的品牌也因此传遍了全世界。一年一度的高考，对于中国广大学子来说是一件大事，很多服装品牌也借此纷纷推出"高考战袍"，上面写着对考生的祝福标语，以求得大卖。在众多品牌中，耐克独占鳌头，因为耐克战袍上的红色对勾格外醒目。江湖传言"高考买耐克，门门都是勾"，这代表了"做的题全对"，穿上它就意味着胜利。耐克的高考战袍，又一次将其品牌价值最大化，轻轻松松就战胜了其他对手，足见品牌力量的强大。

当然，企业的品牌想做大做强，光靠取一个好名字是远远不够的。有了品牌，应该采取什么样的方式做宣传，就特别值得探索。

打造品牌价值，最直接的方法就是打广告，而广告通常会宣传两件事，要么是产品的功能，要么是品牌的价值，宣传产品功能会直接给产品销售带来瞬间爆发力，使得产品大卖；而宣传品牌价值则是"放长线钓大鱼"，为品牌提供长远的续航力。对于企业来说，无论是销量还是品牌都很重要，我们看看耐克是怎么做广告的。

乔布斯曾说："耐克的广告从来不讲他们的产品，他们不会说自己的气垫（鞋）为什么比竞品好，他们反而去赞颂那些伟大的运动员们，这说明了耐克是谁，这就是耐克所代表的价值。"

耐克曾经拍过这样一则广告：广告一开始，一位穿着耐克球鞋的运动员正在球场练球，旁白中这样说道："重要的不是这双鞋，而是知道要往何处前进，从没有忘记自己来自哪里，又拥有面对失败的勇气……"

广告里主人公是 NBA 著名球星林书豪，林书豪是谁？热爱篮球的人对他都不陌生，他在 NBA 的经历可谓是一段传奇。林书豪是一位华裔，他祖籍福建，父母于 1977 年移民美国，他毕业于哈佛大学，热爱篮球的他并未走向科研之路，而是坚持自己的篮球梦想，但是，他在 NBA 的经历却不是那么尽如人意。

与其他球员相比，林书豪的身体并没有那么高大强壮，这使他在强手如林的 NBA 一时难以立足，屡次被球队裁掉，甚至有段时间无球可打，他住不起出租屋，只能睡在队友家的沙发上。后来，林书豪加盟纽约的尼克斯队才迎来转机，正巧球队的主力球员接连受伤，林书豪终于有了上场的机会，在自己首发的比赛中，他化身为球队的英雄，屡次上演精彩的飙分大战，带领球队取得了连胜，在与湖人队巨星科比的一次较量中，他的得分超过了科比，并取得了胜利，这让科比也刮目相看。林书豪用自己的实际行动诠释了一段励志佳话，全世界都为他疯狂。

林书豪的故事激励着每一个为梦想奋斗的人，而耐克的品牌理念正是坚持梦想、追逐胜利，两者不谋而合。耐克在这个广告中并没有着力宣传自己的产品，而是借着林书豪的励志故事，向人们传达了耐克的品牌理念，这赢得了全世界为梦想而奋斗的人深深的共鸣，不仅加深了对耐克品牌的认可，更带动了产品的销量。

乔布斯非常欣赏耐克的品牌理念，他向耐克学的正是如何打造品牌价值。

为什么乔布斯会拿"苹果"这个名字来为公司命名？有人说乔布斯爱吃苹果，这个名字也简单易记，其实，"苹果"的背后，蕴藏着丰富的文化内涵。早年苹果的标志，并不是"被咬了一口的苹果",而是物理学家牛顿坐在苹果树下读书的画面。正是因为一颗苹果砸在了牛顿的头上,让牛顿茅塞顿开,发现了万有引力,人类才进入了科学时代。不仅如此,《圣经》也讲到,人类的祖先亚当、夏娃正是受了蛇的引诱吃下了苹果,被上帝赶出伊甸园,才有了后来人类的繁衍。所以,苹果是创造力、改变世界的代名词!

乔布斯是一个有野心的人,他想的是改变世界,自然不会甘心给公司取一个平庸的名字,正是因为乔布斯看准了"苹果"背后的文化内涵,所以才将公司命名为苹果。后来苹果的标志"被咬了一口",有人猜测是乔布斯在向"计算机之父"图灵致敬——图灵正是因为吃了一口沾有毒液的苹果而自杀身亡的,但后来乔布斯本人辟谣:"这不是真的,但是我们希望它是。"

苹果在广告方面也深受耐克的影响。1997年,乔布斯重返苹果,他拍摄了一支叫作"Think Different(不同凡响)"的广告,因为当时电脑巨头企业IBM的口号正是"Think"。乔布斯拍这支广告的目的非常明确,就是想向全世界宣告苹果的新目标:改变世界!想到耐克公司"赞颂伟大运动员"的广告理念,乔布斯"更上一层楼",一下子找来十几个曾经改变世界的名人前来助阵。

短短一分钟的广告里,画面拼接了包括爱因斯坦、爱迪生、马丁·路德·金、甘地、毕加索等十几位各个领域的名人,他们都曾在不同的领域改变世界,为人类文明的发展做出过卓越的贡献。旁白中这样说道:"他们特立独行,他们桀骜不驯,他们惹是生非,他们格格不入……你可以赞颂他们、反对他们,但唯独不能漠视他们,因为他们改变世界……或许他们是别人眼里的疯子,但他们却是我们眼中的天才。因为那些只有疯狂到以为自己能改变世界的人,才能真正改变世界!"

乔布斯的这支广告让苹果公司脱颖而出，他的竞争对手还在卖产品，在跟消费者谈生意，而苹果公司却是在为全人类做贡献，它承载的是人类共同的梦想。苹果公司仅仅靠着一支广告，就达到了其他公司难以企及的高度，此后的发展更是"一路开挂"，其他公司难以望其项背。

创意恒久远，创新永流传！不论是毕加索、耐克，还是乔布斯，这些营销天才之所以能成功，都是因为他们在不断创新。我们在享用这些前人创新成果的同时，也不要忘记：只有持续创新，才是我们人类文明发展的不竭动力。

Chapter Six

第六章
故事的盈利模式

玛丽莲·梦露说:"晚上睡觉我只穿 Chanel No. 5。"从此,Chanel No. 5 香水风靡全球,稳坐世界香水销售冠军的宝座。梦露与香奈尔的故事已经流传了 50 多年,更成为时尚女性消费香水的启蒙故事。

一个故事,一段传奇,成就了一个无与伦比的香水品牌。

今天,故事营销无处不在。即使人可以闭上眼睛拒绝看广告,却无法闭上耳朵不去听故事。更为神奇的是,一个好故事不仅不会被拒绝,甚至会被听众传诵,产生爆炸性的品牌效应。故事营销就是要让受众听完你的故事,爱上你的故事,传诵你的故事。

因为每个人的喜好不尽相同,所以卖故事要弄清楚跟谁讲、讲什么、怎么讲,并且做好每一个环节。找对人,针对不同的消费者、相关利益方、投资者,在 30 秒内让你的听众和故事之间产生化学反应。

做好这些,你就可以享受故事带给你的丰厚收益了。

第一节　找对人

所有的故事都是讲给人听的,但并不是每个故事都能被人接受。让故事营销获得最大的效果与收益,除了故事本身的动力,还有一个很重要的因素就是要找对人。

例如,南京古南都酒店把姚明下榻的超级客房进行"原味拍卖"。所谓"原味拍卖",就是姚明住过的客房不清洁、不打扫,房间里姚明穿过的拖鞋和睡衣也保持原状。"原味拍卖"的住宿要价高达 2 万元。倘若向足球迷推销,纵使再努力也是收效甚微。可是到篮球迷的圈子里讲一讲,效果就相当明显了:两名 20 岁的年轻人驱车千里,特意为了这个"原味"房间而来。

古越龙山,皇帝喝的酒

你喝过黄酒吗?你也许喝过绍兴黄酒。中国黄酒中最著名的就是绍兴黄酒。绍兴黄酒以选料上乘、工艺独特、酒精度数低、营养丰富、具有多种养身健体之功效而闻名于世。正所谓"天下黄酒源绍兴",绍兴黄酒早已成为黄酒的代名词。

绍兴黄酒继承了江南悠久的黄酒文化。黄酒一直是江南酒文化的重要象征。卧薪尝胆的勾践、貂裘换酒的秋瑾、海纳百川的蔡元培、甘为孺子牛的鲁迅等,江南才子佳人都对黄酒推崇备至。黄酒成了"诗人酒""才子酒",这也是中华酒文化源远流长的见证。

古越龙山作为绍兴黄酒的龙头老大,带领黄酒打天下,创造了超越同辈的成就。

早在1988年,古越龙山就正式入选钓鱼台国宴用酒,它还作为国礼频繁出现在重大国事及商务活动中。

可以说,古越龙山是一个有着辉煌历史的名牌黄酒,但是一方面,古越龙山长期以来都相当低调,守着这些传奇不做宣传,浪费了宝贵的品牌资源;另一方面,古越龙山经过多年的壮大遭遇到了发展的瓶颈,面临困境,需要并决定进行新一轮的营销传播。经过自身资源发掘与梳理之后,有了故事,下一步就是讲出来!讲给谁听,如何让故事产生最大的传播价值?

"数风流人物,品古越龙山"。首先给人高端的印象,酒和喝酒的人都是有身份的。同时国宴用酒一般出现在外交场合,具有社交价值。综上所述,这个故事应该讲给有身份有地位的人听,告诉名士商绅:古越龙山是最好的商务用酒。

"数风流人物,品古越龙山"树立了古越龙山尊贵、高品质的品牌形象

在我国，餐桌是人们开展社交、商务等活动的重要场所。商务、文化人士无疑是酒，特别是高档酒消费的主力。古越龙山需要撬动的新消费主力军就是这类人士。调查结果还显示，商务消费用酒中，这类人士最看重的是酒所体现的身份感！

身份！故事体现出来的价值感，与古越龙山新消费群体的需求高度契合。古越龙山作为国宴用酒的故事一经传播，在那些对黄酒还很陌生的人群里产生了不小的反响。紧接着古越龙山邀请陈宝国做代言，并拍摄了富有创意的广告片"竹林对弈"。片中，陈宝国一人分饰两角，一位古代帝王，一位现代名士，两角在竹林中对弈，讲述了一对智者潇洒博弈的故事。

陈宝国扮演的汉武帝将古越龙山明确定位成"皇帝喝的酒"。古越龙山的广告语"数风流人物，品古越龙山"迎合了人们餐桌上的心理，迅速树立了古越龙山尊贵、高品质的品牌形象。

谁不想端起美酒，煮酒论英雄！谁不想坐拥一杯天下珍酿，品味万里山河美！而这些，就是古越龙山可以给你的。

找对了人，讲对了故事，通过故事营销，古越龙山在2018年销售额突破17.17亿元，取得了令人瞩目的成绩。

如今，针对年轻一代消费者，古越龙山已经开始讲"我们正年轻"的青春黄酒品牌故事。

第二节　说对话

说对话，会让故事产生不可思议的力量。

英国文豪萧伯纳是个尽人皆知的瘦子。一天，他遇到一个有钱的胖资本家。资本家讥笑萧伯纳说:"萧伯纳先生,看到您,我确实知道世界还存在闹饥荒的现象。"萧伯纳也笑着回答:"而我一见到您,便知道世界闹饥荒的原因。"面对资本家的讽刺,萧伯纳给予了机智的回击。

萧伯纳崭露头角以后,法国著名雕刻艺术大师法朗索瓦·奥古斯特·罗丹曾为他塑过一次雕像。几十年后的一天,萧伯纳把这尊雕像拿出来给朋友看,并说:"这件雕像有一点非常有趣,就是随着时间的推移,它变得越来越年轻了。"面对受人尊敬的罗丹,萧伯纳给予了睿智的赞美,巩固了两人的友谊。

相对于找对人,说对话则是一件高难度的事情。说对话,就是恰到好处地满足听众的心理需求。巧妙的表达,会消除听众对产品的距离感,在目标受众与品牌之间搭建一座桥梁,同时赋予品牌特定的内涵与象征意义,在听众心中留下美好的印象。这就是说对话的意义。

跟消费者讲故事

想要打造传世品牌吗?那么就向消费者讲述一个他们愿意相信的故事吧。

如果说一辆8万美元的保时捷卡宴和一辆3.6万美元的大众途锐其实差不多是同一种汽车,而且由同一厂家制造,你真的会介意吗?或者,如果你的新笔记本电脑实际上并不比它所取代的旧电脑速度快多少呢?为什么消费者愿意多花钱去买那些标榜为不含抗生素的鸡蛋呢?其实所有下蛋的鸡(即使是那些下便宜蛋的鸡),都没有被喂过抗生素。

商家们能获利是因为消费者购买的是他们想要的而非需要的。

需要通常是实际的、客观的，欲望则是非理性的、主观的。不论你卖什么，也不论你是卖给企业还是个人消费者，要获得利润增长就在于满足消费者的欲望而非仅仅是需要。

人们会相信故事是因为那些故事具有说服力。我们常常在决定购买何种东西时对自己不诚实。消费者喜欢那些他们认为能够为他们节省时间，让他们看起来更漂亮、更富有的东西。消费者比任何营销人都更明白自己的欲望，于是消费者会自己编一个故事，让自己相信新买的东西真的能满足自己最深层的需要。

邦尼·史高尔和艾米利·奥伯曼在纽约做图形设计师。她们的公司叫第十七号，有包括 NBC 等在内的几家大客户。与公司相关的每件事情，如公司地址、职员、办公室，还有她们的个性都仿佛在讲述着同一个前后连贯的故事：两个有趣且有超凡魅力的女人标新立异的故事，其标新立异的程度非常人所能及。她们的网站仅有一页篇幅，以至于有些人以为是排版错误。她们的办公室隐藏在纽约市某个偏僻角落的一栋毫不起眼的楼房的一扇毫不起眼的门后。可是，客户一旦打开这扇门，就会立刻沉浸在趣味、怀旧、离奇和勃勃的生气之中。从来没有人只是单纯地购买第十七号公司的设计，他们购买的还有购买过程给他们带来的感受。

芬妮是一个理疗师，她非常了解自己的需要。在结束了一整天的辛苦工作之后，她想买一双限量版彪马运动鞋，125 美元一双。按照她的收入水平，这完全可以接受。

芬妮当时考虑的真是那双鞋的鞋底材料或鞋面结实程度吗？当然不是。她想的是别人看见她穿上这双限量版彪马的酷劲儿之后会是什么样子。她想要证明自己是一个成功的专业人士。只要自己愿意，就买得起这种昂贵的运动鞋。换句话说，她在对自己说谎，在给自己编故事。

芬妮买的是那双彪马运动鞋给她的感觉,而不仅是运动鞋本身。其实她只需花彪马鞋价格的一个零头就能买到一双足够好的鞋子。商家卖给她的只是个故事,一个让她觉得自己与众不同的故事。

在人们之间广为传播的是故事,而不是理念;不是产品特征,也不是产品带来的好处。

不要以为这仅仅是一个故事。彪马致力于向人们讲故事,这个故事里有潮流,有归属感,还有时尚。而且,它的整个商业活动都围绕着发挥讲故事的能力而展开。

真正了不起的故事的成功,就在于它们能够抓住最大多数的或者最重要受众的想象力。了不起的故事都是真实的,这里的"真实"并不是说它完全符合事实,而是说它会说得前后一致,说得可信。如果商家企图用一个胡乱拼凑的故事来糊弄人,消费者立刻就能找出其漏洞。美国隆加伯格篮子制造公司将其总部建成一个巨大的篮子造型,这就体现了它对其产品的执着,这也构成了隆加伯格故事的关键部分。

向消费者讲故事,事实上也是提供品牌的附加消费。

讲故事,听故事,就是品牌和消费者之间的沟通。通过交流,故事对产品提供的需求价值进行肯定,事实上是对消费者需求的一种肯定和鼓励。通过故事的感性塑造,能将产品升华为一种价值观,消费者购买产品就表示认同并向往该品牌的价值观。结合这两方面,故事营销不仅超越了产品提供的生理需求,更提供了品牌的附加值。

例如,一双运动鞋,最基本的功能和普通的鞋子区别不大,只是有助于运动,在做动作时更自由更舒适。但是,当耐克为你讲述篮球之神乔丹的飞翔传奇,最后告诉你"Just do it",你再穿上耐克鞋,不仅仅双脚感觉舒适,更是获得了"尽管去做"的巨大鼓励。让消费者勇敢地展现自我,消费者在内心将产生一种昂扬自豪的情绪。

故事打动了消费者,产品也就打动了市场。

跟相关利益方讲故事——狮子和羚羊的追求

员工是企业最重要的相关利益方。

海尔总裁张瑞敏说:"我始终坚持认为,管理者管的不是资产,管的是人。人才是最有价值的。实际上资产不可能增值,但是你又想让它增值,就得靠人。"企业发展要依靠员工,但又不是简单的"依靠"。张瑞敏又强调:"文化可以有很多的借鉴,你怎么说都行。但是说到家,就是怎么调动人的积极性,就是这么一件事。"

讲故事,提高员工的危机意识,是调动员工积极性的有效手段。

全球闻名的 GE 公司是这方面的行家里手。在企业界流传的狩猎故事,正是源于 GE 公司的董事会:猎狗在一次狩猎中,追逐一只野兔,结果猎狗费尽力气也没能追上野兔。"为什么我体形比你大得多,力气也比你大,却怎么也追不上你?"野兔回答:"那是因为我们奔跑的目的不同,你只是为了饱餐一顿,而我则是为生存而奔跑!"

马云曾讲过一个故事,讲创业者和职业经理人的区别:

上山打野猪,一枪打出去,野猪没死,冲了过来。把枪一扔,往山上跑的,是职业经理人。子弹打完了,把枪一扔,从腰上拔出柴刀和野猪拼命的，是创业者。

企业就像野兔，"为了生存必须奔跑"，绝不能安于现状。GE公司不仅在董事会上给企业高管们讲故事，还把这个道理做了更丰富的演绎，于是"狮子和羚羊"的故事诞生了。

清晨，非洲草原上的羚羊从睡梦中醒来。它知道新的比赛就要开始，对手仍然是跑得最快的狮子。要想活命，就必须在赛跑中获胜。狮子思想负担也不轻，假如跑不过最慢的羚羊，狮子也很难生存下去。当太阳升起时，为了生存下去最好还是快跑吧！

先贤说："生于忧患，死于安乐。"昨天不等于今天，今天的辉煌不代表未来的成功。狮子之强，羚羊之弱，差别不可谓不大，然而在物竞天择的广阔天地里，两者所面临的源自求生欲望的压力都是相同的。在动物世界里，要想逃避死亡的追逐，就必须越跑越快。

GE把"狮子和羚羊"的故事做成招贴画，贴到公司的宣传版上，让员工的耳边时刻听见狮子和羚羊的对话：羚羊跑在前面说，"只要我稍一松懈，就会成为狮子的美餐。"而狮子则在后面穷追不舍，"虽然我是狮子，但我若追不上羚羊，就会饿死"。

除了树立员工的危机意识外，通过讲积极的故事，打造明星员工，为员工树立正面积极的榜样，也是提高员工工作效率的好方法。

对投资者讲故事

对精明的投资者讲故事，尤其是一个考验。

给投资者讲故事，这个故事必须包括两方面内容：报告文学和传奇小说。报告文学是基础,要讲清楚行业的情况,但是太专业了,投资者会没兴趣。所以在报告文学的基础上,还得有传奇小说,要讲得精彩,讲得通俗生动,才能打动投资者。

马云借武侠讲故事

马云把自己的"电子商务王国"描述成"光明顶":阿里巴巴让"天下没有难做的生意",淘宝网让"天下没有淘不到的宝贝",阿里软件让"天下没有难管的生意",阿里妈妈让"天下没有难做的广告",支付宝让"天下无贼"。马云用他的"达摩五指",欲将80%的中小企业"一网打尽"。当马云胸怀天下的时候,投资商们也趋之若鹜。

第三节 做对事

做对事是讲客户爱听的故事,并且让产品和服务支持故事,让故事更真实。

如果产品很"烂",没有客户喜欢的"口味",即使故事再动听,客户也不会消费。产品是故事的基础,如果故事脱离产品这个基础,即便是万能的"上帝"也只能沉默,再动听的故事也只是玩笑。

阿拉斯加瓶装水(Alaska Water),其产品标签上注明的是"Alaska Premium Glacier Drinking Water: Pure Glacier Water From the Last Unpolluted Frontier(阿拉斯加优质冰川饮用水:来自最后一块净土的纯净冰川水)"。优质水源的传说让阿拉斯加瓶装水的销售火爆一时。但经曝光,其水源不过是来自阿拉斯加首府朱诺(Juneau)的市政供水,很快阿拉斯加瓶装水就倒闭了。

做对事的意义是要保证产品的质量，让产品"正是客户想要的"，在这个基础上用故事打动客户。所以说，"做对事"比"找对人""说对话"更关键。

做对事能使故事营销事半功倍。

捷蓝航空，把人道带回航空旅游中

当你选择航空交通时却发现：座椅让你感觉难受，漫长的旅行让你无聊，甚至你乘坐的航班延误了 8 个小时！即便是只有一点不满意，我们都认为你该换一家航空公司了。是的，你有权利享受捷蓝航空（JetBlue Airways）舒适的皮革座位和有 36 个频道的电视服务。大多数乘客都会告诉你，他们非常享受捷蓝航空的准时服务。尤其在面临大多数航空公司频繁的延误和恶劣的服务水平的时候，高效、舒适成为大多数顾客选择的最优标准。

"9·11"事件给了美国航空业巨大的打击，而捷蓝航空成为"9·11"后少数维持盈利的美国航空公司之一。捷蓝航空于 2002 年首次公开募股并于纳斯达克上市，成为有史以来最受欢迎的航空股，如今其市值已经达到数百亿元人民币（约 60 亿美元）。探究捷蓝航空成功的根本，我们发现，这一切从其创立的第一天就注定了：大卫·尼勒曼于 1999 年 2 月，以 NewAir 名称成立捷蓝航空。与其他廉价航空不同，捷蓝航空以舒适环境为卖点。引用尼勒曼的话，捷蓝航空的诞生就是为了把人道带回航空旅游中。

基于这一理念，一系列"捷蓝故事"应运而生。

2002 年，捷蓝航空斥资 4100 万美元现金收购 LiveTV。LiveTV 为捷蓝航空每个座位提供 36 条 DirecTV 卫星直播电视频道。2004 年捷蓝航空宣布会增加 100 个频道，包括 XM 电台、福克斯广播公司和20世纪福克斯电影。

您需要服务吗,那么请使用召唤铃。捷蓝航空并未跟随其他大型航空公司向乘客售卖小食品以增加收入,反而在广告中鼓励乘客使用召唤铃,以此为客户提供更恰当、更殷勤的服务。随着盈利屡创新高,捷蓝航空购入更多新飞机加强航线网络。

捷蓝航空"把人道带回航空旅游",通过一系列的革新与完善,为乘客提供更加人性化的服务和更舒适的航空体验。通过演绎,"捷蓝故事"迅速在航空乘客中流传,更多的乘客被打动,并开始享受人道航空旅游,而捷蓝航空也因此收获了更大的成功。

发现需求、满足需求,是产品营销的制胜法宝。讲客户爱听的故事,满足客户的真实需求,是故事营销的制胜之道。

迪士尼乐园的体验模式

迪士尼乐园最早诞生于1955年的美国加利福尼亚州,是一种把人们钟爱的电影角色,比如米老鼠、唐老鸭、白雪公主和彼得·潘和游乐场、电影院、玩具店、纪念品商店、书店等多种业态相结合的新商业模式,取得了巨大的成功。迪士尼乐园是世界公认的第一快乐公园,并拔得主题公园产业的头筹。迪士尼乐园在充分了解和满足顾客心理需求的基础上,将自己定位为快乐的城堡,打造了一个能不断满足顾客快乐需求、提供深刻体验的商业模式。

从本质上说,迪士尼的商业模式是一个与消费有关的概念。"消费",特别是增强消费倾向,是迪士尼商业模式的驱动力。在经营上,迪士尼通过两种手段来达到促进消费的目的。一是多样化,通过目标群体多样化、产品服务多样化,导入更多的客户;通过消费方式多样化,增加单一客户消费的可能性。二是通过沉浸式体验，淡化消费行为的形式感。迪士尼深谙让大众消费的最好办法是让大众在无意识中消费，通过乐园主题化、商品形象化、服务表演化等行为，迪士尼淡化了消费行为，强调游玩者自身的参与性、互动性，从而拉动潜在的消费欲望。

多样化增加消费机会

迪士尼的多样化经营主要包括目标群体多样化、产品群体多样化、消费方式多样化。

目标群体多样化。迪士尼将自己定位于：为孩子和大人，即为家庭提供快乐的地方。迪士尼认为，迪士尼乐园不仅是给孩子提供快乐的地方，所有的大人都曾经是孩子，他们也可以在乐园里通过怀旧的元素回到童年的记忆。迪士尼乐园是家庭成员在一起共同游玩、情感交流的愉快场所。顾客在满足一般娱乐体验的基础上，与家人、朋友、其他人完成感情的交流，甚至很容易达成共鸣，满足顾客更高层次的心理需求。

产品服务多样化。迪士尼是一个大杂烩，包含了攀爬类、绕轴旋转类、眩晕类等各类游乐项目，充分运用了传统工艺、机械技术、信息技术、虚拟技术等技艺。在迪士尼乐园里，几乎各类类型的游乐项目都能找到，足以满足不同年龄段、不同层次客户的需要。

消费方式多样化。迪士尼乐园结合了游园、购物、饮食、住宿等多种不同的消费方式，为消费者提供多种消费机会，尽可能增加他们在消费场所逗留的时间。

沉浸式体验淡化消费行为

未来学家阿尔温·托夫勒在 1970 年提出"体验经济"的概念。

他认为，在消费者无止境的欲望和经济不断发展的情况下，服务业必定超越制造业，而体验生产必定超越服务成为经济发展的基础。体验是一种可交换物，在未来，体验可以按其本身的价值出售，就像商品一样。

迪士尼的理念无疑与这种体验经济如出一辙。游客身处迪士尼乐园，便出离现实世界，以一种角色扮演的心理状态，进入迪士尼乐园所预设的环境中。在这一状态下，消费的形式感被淡化了，消费本身也变成了与虚拟世界的一种互动。由于物质需求被虚拟世界的互动需求所取代，让游客往往在不知不觉中进行消费。迪士尼乐园主要通过乐园的主题化、商品的形象化、服务的表演化等方式，促使游客沉浸于这种沉浸式体验中。

乐园主题化。在迪士尼乐园中，主题化通过三种不同层次的表现，成为产品差异性策略的核心。迪士尼乐园的整体主题是对美国及其成就的赞美，各地域主题都有自身的主体一致性和完整性，目的是使游客沉浸在另一个世界里。迪士尼乐园的主题化是通过公园中供游客拍照和签名的动画影视人物来实现的。

商品形象化。借助知名卡通形象来推广和销售商品的行为，其背后的核心原理就是通过一种已经受人欢迎的形象来协助销售更多的商品，从而在这一形象上获取更多的收益。迪士尼乐园里的商品形象化是利用迪士尼品牌和著名卡通形象等优势出售各样的商品。

服务表演化。迪士尼乐园里有很多精彩的表演，表演性服务以很多方式充当整个消费链条的润滑油。通过表演性服务，原来平凡的服务变得有特色，要表达的主题也得到了强化。通过这种淡化现实世界的行为，服务表演化最终增强了顾客购买商品的意向。

第四节　30 秒法则

先讲一个故事。

女作家："我真惊呆了！认真写成的稿子，被 3 岁的孩子一看就撕破了。"

友　人："唷！3 岁已经认得字了吗？"

这只是个玩笑，但却说出了故事营销的关键，那就是如果你的故事很无趣，连 3 岁的小孩也不会理你。

21 世纪是信息爆炸的时代，广告无处不在，信息无孔不入，消费者每天会接触成千上万条营销信息。在美国，每个人平均每天可能会面对上千条广告信息。高密度的信息轰炸让消费者变得越来越麻木，难怪有些广告"高手"说："为了让消费者记住品牌，30 秒广告最好提 3 次品牌，15 秒广告提 2 次品牌。如果有旁白再加上字幕就更有保障。另外，声音要大，宁可把人吓着，也不能让人听不到。"这样真的有用吗？美国专门研究广告效果的约翰·琼斯教授论述道："不论在美国还是在德国，在 12 个月的观察期中，54% ~ 65% 的广告宣传均未奏效。"在中国，广告效果也同样呈现下降的趋势。信息爆炸的时代，30 秒决定营销的成败。

30 秒法则，就是用 30 秒的故事征服消费者，定义信息时代的营销解决方案。

第一个 30 秒：引起注意

万事开头难。讲故事，开始最重要。能在最短的时间内抓住受众注意力的人就会成为最大的成功者。

理查德·布兰森是故事营销的绝顶高手。他制造的故事只用1秒钟就能抓住你的眼球,让你成为他忠实的关注者。

布兰森曾经只穿着三角短裤,和美国肥皂剧女主角帕美拉·安德森合拍维珍饮料的广告。

他扮演蜘蛛侠从高楼上掉下;和20个穿着比基尼的模特打着"所见即所得"的标语,在伦敦街头为维珍手机做促销宣传;

穿着新娘的婚纱,被起重机从纽约贝塔斯曼大厦顶上吊起,落到时代广场,来宣传旗下的"新嫁娘"服饰公司;

开着坦克驶入纽约时代广场宣传维珍唱片连锁店进军美国;

飞到新德里,骑着一头白象到印度国会演讲;

沿着英吉利海峡的沙滩奔跑;

冒着生命危险,乘热气球横渡大西洋……

生活中的布兰森被誉为"最懂得享受生活的亿万富翁"。他所缔造的"维珍帝国"已经成为全世界最著名的公司之一,拥有的产业多达224项,从婚纱、化妆品延伸到航空和铁路,从娱乐进军到电子,总资产超过70亿美元,而他的传奇故事更是数不胜数。

第二个30秒:引发兴趣

理查德·布兰森故事营销的高明之处,不仅在于用一个奇异的创意抓住大众的眼球,更在于他能引发大众的兴趣。

2008年年初,英国维珍集团在纽约举行发布会,宣布"太空船二号"预计在当年试飞,2009年开始商业飞行,有望成为世界第一艘商用太空船。它将把游客送入亚轨道,让游客们享受飞天和失重的非凡滋味。

接着布兰森推出了"太空船二号"1比16的模型,他称赞"太空船二号美丽得让人窒息"。"太空船二号"船体长18米,大小如同一架"猎鹰"公务飞机。船体尾部有火箭助推装置,为飞船挣脱地球引力提供动力。船体两翼设有可移动的、如同翅膀般的稳定鳍,平添了几分科幻色彩。设计者伯茨·鲁坦说,这种设计使飞船更易于操控,着陆时更安全。"太空船二号"多数部件由高技术超轻材料制成,船体重量大为减轻。

模型展出,加上技术论证,一下子让故事的真实度直线上升。讲到这里,人们已经沉溺于想象,仿佛置身宇宙,遨游星河,自由"飞翔"。

全世界已有超过8.5万人表达了乘坐"太空船二号"游太空的兴趣,来自全球30多个国家,200余人预订了太空之旅,其中多为各界名人。布兰森太空游的新故事又一次得到了大众的追捧,获得了成功。

58岁的布兰森是个老顽童,他永远以玩乐的心态对待周遭的一切。太空游只是布兰森昨天的想法,明天他又会给我们什么奇思妙想呢?我们永远期待着他继续讲述维珍的故事。

第三个30秒:引人入胜

如果《哈利·波特》不引人入胜,罗琳还会成为身价10亿美元的富豪吗?

如果迪士尼的故事不引人入胜,还会有成千上万的人走进迪士尼乐园吗?

如果易中天的《品三国》不引人入胜,这位大学教授还会有今天的影响力吗?

故事营销要想取得成功,"引人入胜"是关键。

1997年，统一企业推出一款新咖啡饮料"左岸咖啡"，在中国台湾的市场销售定价在25元左右，比当时市场的咖啡定价高出近一倍，这样要如何营销呢？

统一企业没有采用一般的品质诉求，而是给以年轻女性为主的目标群讲故事。一个个短小的故事，简洁、精练但很有味道，引人入胜，像咖啡一样让人回味：

旅行的人 /总带着脆弱的灵魂

他在找一架钢琴 /我看见他走进咖啡馆 /想送给E大调，练习曲

他只点了一杯卡贝拉索 /但爱情是交响曲

这个时刻 /人来人往正以练习曲的步调在我们之间进行

E大调练习曲 /便成为离别曲

这是1849年之前的事 /他是肖邦

我们都是旅人 /相遇在左岸咖啡馆

故事很少谈及咖啡本身，而是营造一种宁静美好的境界，这种境界与目标群产生了良好的互动，引人入胜。请大家再来品尝一个故事。

她又要离开巴黎了

人们说 /女子不宜独身旅行

她带着一本未完成的书 /独坐在咖啡馆中 /那是一种阴性气质的书写

她喝着拿铁……咖啡与奶 /1比1

甜美地证明着第二性 /不存在

那香味不断地从她流向我 / 绝不只有咖啡香

这是 1908 年的一天 / 女性成为一个主要性别 / 她是西蒙·波娃

我们都是旅人 / 相遇在左岸咖啡馆

通过一系列的故事，左岸咖啡变成了浪漫的化身，与法国的左岸相融相生。左岸咖啡在他们的心中好像是法国的真实载体，它代表着人文、艺术、浪漫和自由。欢迎来到左岸咖啡馆，品尝咖啡，品尝生活：

他带着微笑离开

在巴黎 / 微笑可以用法语发音

他说微笑的名字叫作 / 蒙娜丽莎

即使在安静的咖啡馆中 / 那笑 / 是无声的

一杯昂列 / 让周边有了热烈的氛围

足以让歌手们、乐师门、丑角们 / 都为这一刻活了

我看着他 / 与他相视一笑

这是 1516 年 / 他带着蒙娜丽莎的微笑来到法国 / 他是达·芬奇

我们都是旅人 / 相遇在左岸咖啡馆

第四个 30 秒：引出行动

哈佛商学院杰拉尔德教授的一项研究表明，95% 的消费者对产品或者品牌的认知存在于他们的潜意识中。也就是说，消费者即时做出的购买决策大多数都是非理性的，甚至有相当一部分都是冲动的结果。

消费者的冲动，就是故事营销的机会。故事营销的第 4 个 30 秒，就是要彻底征服客户，让客户彻底爱上你的品牌，成为品牌的

忠诚消费者。

左岸咖啡馆所讲述的咖啡故事，具有一贯的艺术气质。从左岸的起源讲起，娓娓道来，让人静心：19世纪法国巴黎的塞纳河，蜿蜒西流穿过巴黎市中心，塞纳河以北被称为右岸；塞纳河以南则称为左岸。19世纪的法国巴黎，到处充满一种新兴的气息，一种抛弃了过去宫廷浮华，开始讲究属于思想，那发自于内的清新气质。

故事有了开头，下一步自然就轮到故事的主角"咖啡"出现了，于是左岸有了咖啡馆：塞纳河岸，一向是引领文化潮流的地方。塞纳河的右岸是繁华的新兴商业，塞纳河的左岸则是艺术丰沛的人文思潮。当时河的左岸咖啡馆林立，咖啡馆里有温文尔雅的店主人，灰白的发丝渗透着拥有一家咖啡馆的骄傲。他亲切地站在吧台后方，向进来的熟客们问好；有忙碌的侍者，修长的手指托着镂花的银盘，干练且优雅地穿梭在座位间；白色的围裙上有咖啡淡淡的印渍和佚名的速写。

营销的对象是人。"人"的角色通常是故事里的最大的亮点，也是最具有戏剧冲突的地方。只有人能引起人的兴趣，只有人能让人着迷。

他是萨特，和一名叫作西蒙·波娃的女子在咖啡馆里谈存在主义，也在酝酿着爱情；他是雪莱，追逐着爱情，累了，正坐在咖啡馆里歇脚；他是海明威，坐在窗边透光的那一张桌旁，写征服自然，也写闲情逸致；他是伏尔泰，正在品尝他今天的第39杯咖啡，同时也列出了法国王室不合理的第20个理由。塞纳河左岸的咖啡馆里，就是如此忙碌，无数的他和她，在思潮交错的时空里，丰富了整个河岸，连带那些咖啡馆也因为这些文人而变得个性起来。

故事到了第4个30秒，也是故事营销最关键的部分，左岸咖啡馆也恰恰讲出了最高明之处：产品的升华。最后一部分，左岸咖啡馆的故事把喝咖啡的生活行为上升到一种人文形态，描述成一种艺术生活的方式，从而彻底征服了消费者。

对于一杯咖啡，左岸咖啡馆所倾注的不只是 250 毫升的黑色液体，而是一份数百年来对人文思想的尊敬。这样的尊敬，被我们所珍藏。左岸咖啡馆想带给每一位消费者的是一个文学大梦，咖啡杯里隐藏的是一份浓烈的艺术气质。于是，左岸开始成为一种形容词，在坊间流传，左岸咖啡馆也衍生成一种艺术的生活方式。

第五节　灵芝仙草和熊猫茶：品牌故事如何神秘化

什么样的故事最吸引人？自然是充满了神秘感的故事。

不要小看神秘感的力量，很多古人干大事之前都会讲一个充满神秘感的故事，这几乎成了一种套路。看过《史记》的人会知道，陈胜吴广起义时，讲了一个有关狐狸开口说话的故事；刘邦当年为了树立威望，讲了一个赤帝斩白蛇的故事；汉谟拉比在推广《汉谟拉比法典》的时候，讲了一个有关君权神授的故事。

汉谟拉比法典

这些神秘故事的作用想必不少人都知道。陈胜、刘邦通过讲故事，不仅让别人对他们另眼相待，而且还获得了不少人的拥戴。汉谟拉比成功地打造了自己正义国王的榜样形象，即使巴比伦国已经消失，《汉谟拉比法典》却流传至今。因此，要想迅速打造品牌、打开市场或者想持续保持品牌影响力，那就向消费者讲一个充满神秘感的故事吧。

在现代商业中，如何让故事神秘化？有几种方法，可以从产品研发、产品配方、产品功能入手。

产品研发神秘化：苹果手机保持高利润的秘诀

苹果向来以在产品研发阶段保持神秘感出名。新苹果手机在推出之前，有关新产品会使用什么技术、哪些地方会做改动、外观会有什么变化外界休想知道，面对媒体的追问，苹果公司更是一个字也不说。在每年苹果新产品发布会召开之前，网上会曝出苹果新产品的各种所谓的"谍照"。照片内容要么是对苹果即将推出的新产品的外观介绍，要么是对采用的新技术的介绍，让人不知真假。苹果的一贯套路是不到开新产品发布会，绝对不说自己做什么。苹果研发汽车的传闻江湖上已经流传了很久，甚至从哪里招聘了汽车技术研发工程师，在哪里选址做汽车生产工厂，媒体都有相关报道，但苹果公司的回应都是无可奉告。

不要以为苹果的保密机制只是对外，对内也是严格保密。想当年乔布斯在研发第一代苹果手机的时候，要求参与项目的员工不能告诉家人自己在鼓捣什么新产品。乔布斯将手机项目细分成了几个小组，有的负责苹果手机外观设计，有的负责APP应用，有的负责技术实现。这些小组有的并不知道自己在做一个什么产品，各小组甚至彼此不知道对方在做什么。一位从事多点触控硬件研发的工作人员曾说，他第一次看到这种硬件带来的"捏拉缩放"等功能，是在苹果手机的发布会上。

当然，苹果产品的保密也是有价值的，苹果公司向来追求给消费者制造惊喜，没有人知道苹果公司会推出什么全新产品。用户自然会比较期待，购买欲望也自然会强烈。还记得乔布斯当年在苹果手机发布会上给大家的惊喜吧？如今，乔布斯虽然已经驾鹤西去了，但苹果的神秘化营销的传统却一直保持了下来，每年的苹果新产品发布会都是全球新闻关注的热点。

产品配方神秘化：可口可乐迅速占领消费者心智

可口可乐是全球最具价值品牌百强榜的常青树。可口可乐当年之所以赢得消费者好感，主要在于其讲了一个关于神秘感的品牌故事。可口可乐从开始发展的时候就配方跟消费者卖了个关子。出于人们的窥探心理，越是不说的就越想知道，于是乎，可口可乐配方的故事就越来越神秘。

可口可乐的神秘配方，让可口可乐不费吹灰之力就赢得消费者无数。在技术发达的现在，即使有人将可口可乐里面的成分一一分析出来并将其公之于众，人们也宁愿相信那些有关神秘配方的故事，喜欢喝带有神秘色彩的可乐。

20世纪80年代，可口可乐曾收购哥伦比亚影业公司，这是可口可乐发展史上一次重要的收购。但是在1981年年度报告里，收购哥伦比亚计划的重要性要弱于配方的重要性。配方，可以说是可口可乐公司的命根子，保持配方神秘性，一直是可口可乐公司发展战略中不可或缺的重要部分。

产品功能神秘化：熊猫粪便打造天价茶

《未来简史》的作者尤瓦尔·赫拉利在写体验和敏感性形成的过程时，就自己的亲身经历曾在书中有过这样一段描写：

"让我们以喝茶为例，最早，我是在早上读报的时候，喝加了许多糖、质量最普通的那种茶。那时候喝茶只是个借口，主要是想享受糖分带来的快感。直到某天，我把糖量减少，把报纸放在一边，闭上眼睛，专心喝茶。我开始感受到茶独特的香味和风味。很快，我开始想试试不同的茶……不过短短几个月，我就无法再满足于超市品牌，而是到高档的哈罗德百货买茶。我又开始特别喜欢一种'熊猫茶'，产自四川雅安山区，是一种以大熊猫粪便为肥料种植的茶叶。就是这样，我一杯一杯地喝着茶，磨炼着对茶的敏感性，学会了品茶。如果我在喝茶的早期，就拿了明代的瓷杯来品味熊猫茶，可能并不会感觉与用纸杯泡茶包有太大区别。"

不少中国的读者看到此处会被作者在文中提到的熊猫茶吸引眼球，同时也会疑惑熊猫茶是怎样的一种茶，为何能摆到英国高档商场的货架上？

熊猫茶，全称熊猫生态茶，生长在熊猫栖息地四川雅安山区，主要用熊猫粪便种植。熊猫茶的想法由其创始人安琰石参加中国熊猫网创办一周年座谈会而来。会上，安琰石听到熊猫专家说，熊猫的胃消化功能不是很好，吃进去的食物只吸收30%的营养。这让策划人脑洞大开：如果只吸收30%，那么剩下70%的营养岂不是都在熊猫粪便里？绿茶有防癌的功效，熊猫的主要粮食竹叶里面也含有相同的成分,如果用熊猫粪便种植茶叶,岂不是更具防癌效果?于是,熊猫茶的创意就这样诞生了。

熊猫茶种植出来后,每斤定价为 21 万元,是市面上最贵的竹叶青茶的 10 倍,也是世界上最贵的茶叶。熊猫茶推向市场后,关于其是否抗癌市场上一片质疑:"熊猫粪便真的那么有营养吗?就算是,粪便的营养会影响到茶叶吗?"一些网友甚至吐槽:"既然熊猫茶粪便高营养,直接食之,岂不疗效更佳?"

关于熊猫茶是否有抗癌作用至今也没有一个定论,这让熊猫茶的功效在不少人眼中显得有些神秘,而且熊猫茶又跟熊猫有关——熊猫在全世界人民眼中可是人见人爱——这让人们对熊猫茶不禁有了几分好感。在老外眼中,熊猫茶就是茶叶界的奢侈品。鉴于其神秘的功效,又跟大熊猫有关,虽然贵,但也愿意为其买单。

《未来简史》的作者不仅品得有滋有味,而且还将其写进了自己的书中,把产地以及为何叫熊猫茶都做了交代。这等于把熊猫茶的卖点——由熊猫粪便种植——帮商家做了宣传推广。随着《未来简史》的畅销,全世界会有越来越多的人知道熊猫茶。这么有名的作家都喝熊猫茶,粉丝能不去品尝一下吗?这么有名的作家在书中特意提自己喝熊猫茶,熊猫茶一定很不错,能不去买一罐来喝喝吗?

对比熊猫茶,让人想起另一款充满东方神秘色彩的产品:灵芝。

灵芝是四大仙草之一。在中国历史上,灵芝可是一种浑身散发着仙气的东西。在不少民间传说中,灵芝能治人间百病,可以让人起死回生。如《白蛇传》中,就有白蛇娘娘盗仙草救许仙的故事。

这些充满了神秘感的故事让灵芝仙草在消费者心中非常崇高,

觉得灵芝功效奇特,应该很珍贵才是。有如此神秘的故事做背书,又有消费者认知做基础,但市场上跟灵芝有关的产品却鲜有卖出高价的。原因何在?原来是商家在进行市场化运作的过程中将灵芝去魅了。商家在宣传自己灵芝生产规模优势的时候强调的都是有多少大棚,怎么进行种植,过程如何如何等。在人们心中,灵芝都是长在深山老林,汲取天地之精华而成。商家如此"接地气"的种植过程,让人很难跟那些神话故事中的灵芝结合在一起。仙气就更别说了,大棚里种植出来的东西有什么仙气?

没有了仙气,没有了神秘感,灵芝仙草随之跌落凡尘,沦为灵芝草,自然没有了价格优势。

品牌打造中,有一个好的品牌故事必不可少,而品牌故事中,适当保持神秘感是迅速吸引消费者的最大利器。所谓"得不到的永远在骚动",人都有好奇的心理,对充满神秘的东西最喜欢投注关注度,越是不让消费者知道,消费者就越感兴趣。

第六节 不传之秘:如何把具有美白功能的珍珠粉卖给黑人兄弟

营销只有洞察消费者内心的真实需求,才能切中要害一击中的。

有中国商人在非洲推销珍珠粉,结果经年无人购买。一问之下,原来当黑人兄弟问这东西有什么功效时,销售人员回答竟然是——"美白"!但黑人兄弟真的不需要"美白"么?有一款中国手机在非洲卖得风生水起,其成功秘诀就是即使在光线不足的情况下,依然能把黑人兄弟拍得美白可人。

Tecno,手机中的战斗机

非洲有一款最热销的手机来自中国——Tecno。

提起手机,人们说得最多的大概是苹果、三星、华为或者小米、OPPO、vivo 之类。Tecno 是个什么牌子?Tecno 手机又叫传音手机。追溯传承,Tecno 的核心团队传承自之前的波导手机(人们印象中"手机中的战斗机"一语即出自波导的广告)。早在 2000 年年初,波导手机曾连续数年占据中国手机销量首位。但随着市场竞争的加剧,波导逐渐淡出了人们的视野。

然而在非洲,Tecno 力压 iPhone、三星,成为最受喜爱的年轻品牌,其市场份额牢牢占据非洲销量前列。

这其中有什么大招吗?有!打蛇打七寸,说话说重点。

投其所好,产品开发

先说产品,Tecno 率先突破了一个"行业级难题"——在光线不好的时候把黑人的面孔拍清楚。因为非洲人肤色较深,所以大部分手机在拍照时都不能准确捕捉拍照人的面部细节,尤其在夜间环境较暗或背景颜色偏深的情况下,这一问题更加突出。于是,Tecno 专门开发出以牙齿和眼睛为坐标进行面部识别的技术。这样无论在何种情况下,"黑珍珠"们都一目了然,清清楚楚。爱美之心人皆有之,显然,手机"黑转亮"比珍珠粉"黑转白"靠谱不少。

非洲人能歌善舞,尤其对音乐天生迷恋,生活中简直可以说无乐不欢。针对这种情况,Tecno 专门推出音乐手机 Boom J8。这是一款简单粗暴的音乐神器,虽然没有类似环绕立体声或高保真等高大上功能，但买手机送配套头戴式耳机的策略却广受当地消费者的欢迎。

同样，可能受经济条件的限制，很多非洲用户只有一部手机，但业务繁忙却普遍用两张以上的 SIM 卡。Tecno 一步到位，四卡四待，足够贴心。

简单实用，营销推广

最高明的东西一定最简单，Tecno 在非洲市场的营销手段其实中规中矩，就是广告投放+经销商。但相比其他国际大品牌而言，其成功秘诀只在两字，"深耕"。

Tecno 采用"人海战术"，不仅占领电视广告的阵地，还霸占了大街小巷的电线杆，一时间 Tecno 的广告旗迎风飘扬，远远望去，好像天天都过节。Tecno 大力实施涂墙广告——从高大上的机场，到衣衫褴褛的贫民窟，再到边境小镇和熙熙攘攘的旅游胜地，只要有墙的地方，就有 Tecno。令人称奇的是，由于大量涂刷，Tecno 甚至带动了当地油漆产业的发展。凭借一系列行之有效的组合拳，Tecno 一举击败之前在非洲市场称雄的索尼、三星等品牌。

只要洞察人心，解决消费者痛点，营销其实很简单。例如，美图秀秀这款 App 不仅在国内走红，而且漂洋过海在美国、俄罗斯都大行其道，晒幸福、秀美图是全世界网友的共同需求：磨皮去皱、美白去痘、去掉眼袋和黑眼圈，不用减肥就变苗条，拍照拍出大长腿……谁不喜欢？

Chapter Seven

第七章
如何向商业资本讲故事

企业发展到一定阶段,要扩大再生产,抓住新市场成长的机会,抵御外来的竞争对手。此时,资金往往成为制约企业发展的瓶颈,引入投资就成为一种必然选择。引入商业资本不仅是引入资金,更是引入现代管理制度、现代管理理念和管理方法,并进一步明确企业的发展战略。与知名的金融资本投资者合作,还可以创造公司的"故事",是对企业形象和经济效益的整体提升。

那么,在中国这个机会无限的市场上,在项目如云的竞争空间里,企业如何获得商业资本的投资?我们要先知道投资者最关心的问题是什么。

鸡蛋的故事

每一个投资者的投资行为都是以获取商业利润为目的。他们的投资是对未知的将来的投资,风险在所难免,只有面对前景无限的项目他们才会甘冒风险。所以给商业资本讲故事,应该首先确定一个"子子孙孙,无穷匮也"的结局。

老子论道,传授"道"的至高无上。讲述的是"万物生成,无穷无尽"的故事:道生一,一生二,二生三,三生万物。追崇者众多。

一个秀才去卖鸡蛋,连续几天无人问津。某天读到老子的"道理",便将这套说辞改编成鸡蛋的故事,在街头叫卖:一个鸡蛋孵出一只小鸡,小鸡长大,会下很多个鸡蛋,又孵出一群小鸡。长此以往,今天的一个鸡蛋就会变成一个养鸡场……瞬间,小摊上就围满了来买鸡蛋的路人。

企业要赢得商业资本家的青睐,就要讲一个充满想象力的高速成长故事。但除此之外还不够,投资家奔赴世界各地,每天的业务就是听许许多多不同的故事,听许许多多美好的愿景,但他只能在众多的故事中挑出一个或几个他最中意的故事去投资。那么,什么是商业资本家最喜欢听的故事?

第一节　简单的力量

商业资本家们大多不会耐心地听一部拖沓冗长的、史诗般的长篇小说，简单才会更显真实和活力。一个能打动他们的故事首先应该是个简洁明了的故事。

曾经有一则寓言。橄榄树嘲笑无花果树说："你的叶子到冬天就落光了，光秃秃的树枝真难看，哪像我终年翠绿，美丽无比。"不久，一场大雪降临了，橄榄树身上都是翠绿的叶子，雪堆积在上面，最后把树枝压断了，橄榄树不复美丽。而无花果树由于叶子已经落尽，全身简单，雪穿过树枝落在地上，结果无花果树安然无恙。

繁复、面面俱到并不一定适应环境，有时是一种负担，而且往往会为生存带来麻烦。相反，在快节奏的、不断变化的复杂生活中，简简单单会更让人感觉真实，更容易被接受。

英国19世纪著名诗人丁尼生曾说：最伟大的人因为简单而显得崇高。最伟大的企业也同样因为简单的品牌故事而更受到商业资本的青睐。

王石有句名言：什么是好企业？一句话就能说清楚的就是好企业。

第二节　资本最青睐的故事

想象力，让故事更有吸引力，让资本欲罢不能。

想象力,让故事更有煽动力,让资本尽其所能。

想象力,让故事更有影响力,让资本无所不能。

马克思在《路易斯·亨·摩尔根＜古代社会＞一书摘要》中说:"想象力,这个十分强烈地促进人类发展的伟大天赋,这时候已经开始创造出了还不是用文字来记载的神话、传奇和传说的文学,并且给予了人类以强大的影响。"

在市场运营上,想象力是企业发现需求、满足需求的探照灯。在资本市场上,想象力是发现盈利空间的灯塔。没有想象力,就没有跌宕起伏的商海传奇;没有想象力,就没有变幻莫测的财经风云。具有想象力的商业故事,才是资本最青睐的故事。

阿里巴巴,中小企业的解救者

阿里巴巴是谁?

2000 年之前,大家只知道他是一个阿拉伯神话里的人物。2000 年之后,阿里巴巴变身为中国的商界神话,在无数中小企业的眼中,阿里巴巴就是他们的拯救者。

1999 年年初,马云在杭州用 50 万元人民币创业,开发了阿里巴巴网站,阿里巴巴由此诞生。阿里巴巴到底是一个什么样的企业?简单地说,它就是为买卖双方牵线搭桥、缩短距离的平台;或者说是利用互联网建立了一个网上集市,买卖双方不必再远涉重洋,就可直接找到对方。如一个想买瓷碗的法国人可以在阿里巴巴的网站上找到十几家供应商,了解他们不同的价格、供货以及合同条款。通过阿里巴巴,位于中国西藏和非洲加纳的用户可以走到一起,成交一笔只有在互联网时代才可做到的生意。

2014 年 9 月 19 日阿里巴巴在美国纽交所正式挂牌上市,成就了历史上最大的首次公开发行，融资规模达到 250 亿美元，上市当天股价上涨逾三分之一。阿里巴巴的上市让世界对中国刮目相看，《中国日报》称阿里巴巴的上市"结束了美国对世界科技业的主导"。

那么作为阿里巴巴的缔造者马云，是如何做到这一切的呢？当我们把问题放小，会发现许多令人感叹的故事和可借鉴的成功之道，尤其是故事与企业发展之间的奥妙。

我们来看看阿里巴巴融资的故事。

作为一个互联网企业，前期的投入是巨大的。尤其是从开发到盈利的周期相对较长，企业的生存和发展需要巨大的资金支持，如何融资成为互联网企业必须面对的难题。马云是如何解决这一难题的呢？他又是如何打动投资者们的呢？

答案是讲故事。马云是个天生的故事家，当大众的思维还停留在当下的时候，马云已经用他的想象力给了世界一个灿烂的未来，让每个人都向往，并心甘情愿地跟他去迎接这样一个未来。

阿里巴巴第一次融资是在 1999 年 5 月。当时阿里巴巴中英文网站注册会员分别突破了 10000 人，初露锋芒。紧接着阿里巴巴网站第二版推出，吸引了 40 多家投资商。对此马云说，选风险投资商的难度与风险投资商选我们的难度是一样的。在这种双向选择中，他选择了国际风险资本的介入。马云说原因主要有两个：一是阿里巴巴的目标是要成为一个国际性的公司，因此在公司资本的结构设计上，就需要为国际资本的介入预留空间。二是风险投资的介入需要一整套的导入、退出机制，而目前国内在这方面相应的法规、制度尚不健全。阿里巴巴第一次融资获得了高盛（Goldman Sachs）、汇亚（Transpac）、新加坡科技发展基金（Singapore TDF）、瑞典 Investor AB 和美国 Fidelity 5 家投资机构的联合投资，融资金额达 500 万美元。

马云是一个眼光长远的战略家。但超出战略家想象的是，在宣布融资成功的第二天，软银创办人孙正义表达了对阿里巴巴的投资意向。

马云融资成功，让阿里巴巴飞速发展，其根本是对"阿里巴巴是什么"想得明白，对"阿里巴巴的使命"想得透彻。马云说，阿里巴巴就是要做那些数不清的中小企业的解救者。亚洲多是出口导向型经济，是全球最大的出口供应基地，中小供应商密集，众多的小出口商由于渠道不畅而受制于大贸易公司。现在，只要这些小公司登录阿里巴巴网站，就可以拓展美洲、欧洲等更广阔的市场。阿里巴巴让天下没有难做的生意！

正因为如此，马云很自信，面对融资成功后的祝贺，他当仁不让地说："你应该恭喜我的股东把钱投到了阿里巴巴。"

想象力不是虚构故事，而是让故事满足资本需求，满足消费者的需求。

第三节　如何用一句话打动投资者

提起电梯，人们想到更多的是早上等电梯时的烦躁、焦虑，夜里在电梯里的恐慌、不安。

电梯里不是谈话的好地方，时间稍纵即逝，即使是高达 492 米的中国第一高楼上海环球金融中心，从地下 1 层到第 95 层观光层，乘坐高速电梯，也只需要 1 分钟左右的时间。

卫生间是我们每个人每天必须去的地方，但谁也不愿意把更多时间浪费在这里，不想多做半点停留。

不管你是达官显贵还是富商巨贾，如厕方便、电梯上下楼都要亲力亲为。于是，在卫生间、电梯里便出现了难得的机会。

电梯间里讲故事

许多商界名人都号称"空中飞人"，马不停蹄地奔走于各国之间，想要谋得正式的与其见面的机会，难于上青天。所以就有了80后精英高燃让IT巨子杨致远感受了一把"电梯惊魂"的故事。

高燃，被誉为"80后创业者"的代表人物。不足两年时间，他创建了两家极有影响力的互联网公司——MySee和海川传媒。

高燃从小学习成绩就很好，但因为家里穷，所以把上高中的机会留给了弟弟，自己去读了中专。他在毕业后半年内还清了家里欠下的两万多元债务。不久，不甘永远为人打工的高燃考取了清华大学，在当地引起了轰动，因为他创造了一个中专毕业生考上清华大学的奇迹。

大学毕业后，他用一块钱求职当上了记者，这也是他当初的一个梦想。但是仅仅八个月后，这个不安分的年轻人又开始了他的寻梦之旅。高燃选择辞职，和朋友一起创业。经过仔细选择和评估，高燃完成了自己的第一份商业计划书。可是只有创意没有资金，等于纸上谈兵，他又开始主动出击，开始四处寻求投资。他想到要寻求支持的第一个人就是雅虎网站的创始人——杨致远。

听说雅虎创始人杨致远要来，他兴奋得一夜没睡好。心想天赐良机，明天就去堵杨致远，管它成功与否，先堵住了再说。他是记者，很容易就进了会场，却始终找不到机会与杨致远单独交谈。直到散会，看到杨致远进了电梯，他一个箭步冲了进去，不管三七二十一，先按了电梯的关门按钮。杨致远猝不及防，急得大叫："我的同事还没进来呢！"可是门已经关上了。这时他拿出了商业计划书，杨致远才恍然大悟，接过计划书看了看，然后给了他一张名片，说："我回头看看再答复你，这是我的 E-mail，你可以用 E-mail 与我沟通。到时候我有什么事情，也可以用 E-mail 回复给你。"

卫生间里讲故事

说到电梯，就不得不提到分众传媒，提到它的董事局主席江南春。这个曾经的华东师范大学学生会主席和校园诗人，领导着分众传媒占领了国内 70% 以上的写字楼市场，在北京、上海、深圳等一线城市市场的楼宇广告占有率已接近 100%。目前，分众传媒所经营的媒体网已经覆盖了 100 余座城市和数以万计的终端场所，日覆盖超过 2 亿人的都市主流消费人群，业已成为中国都市主流的传媒平台。

2002 年，当江南春开始投身于楼宇广告，开掘"上上下下的商机"时，把以前做代理广告公司赚取的 2000 多万元都投入其中。但对于这种全新的广告投放模式，客户们没有忙着掏腰包，而是选择了观望。连续烧钱 8 个月，让江南春焦躁不安，也让他体会到了失败的恐惧。谁曾想，分众办公室里午夜通明的灯光却吸引来了一段意想不到的"卫生间商机"。

和分众传媒在兆丰世贸大厦同一层办公的，还有软银中国创业投资公司，这两家公司正好是门对门。一次，软银中国区总裁在卫生间里遇到了江南春，他问江南春做什么行业，每天加班到这么晚，早有准备的江南春简洁而准确地描述了分众传媒的商业模式。

很快，软银与分众终于达成了投资框架协议。

2003年5月，软银注资4000万美元，分众传媒（中国）控股有限公司正式注册成立。继软银之后，高盛、德丰杰等著名风险投资公司相继为分众注入资金，金额超过5000万美元。

这些故事听起来有点匪夷所思，但是确确实实发生在这些商界大鳄的身上，并且成就了各自的辉煌事业。这种卫生间里的机会转瞬即逝，然而这个特定的空间不等同于剑拔弩张的谈判桌，更多的是一种很放松的状态。"方便"之时也正是讲故事的方便之际，这要求你讲故事秉承"兵贵神速"的原则，在电光火石间把你的故事讲得绘声绘色，一击中的。

第四节　扑克牌、足浴店，这些企业靠讲故事居然上市了

企业领导者在经营企业的时候，问得最多的一个问题就是：什么样的企业才能上市？企业要想上市的话要具备什么资质？其实这个没有什么定论，因为在上市公司中，总有一些你意想不到的行业。

早在2011年8月5日，姚记扑克在深圳证券交易所A股成功挂牌上市，成为"中国扑克第一股"。

上市首日，正值全球股市暴跌，作为A股唯一的一个扑克生产销售企业，姚记扑克逆市上扬，以36.06元/股收盘，较21元/股的发行价大涨71.1%，涨幅之高不仅令众多看淡姚记扑克发展前景的投资机构大跌眼镜，也引发了业界对中国扑克市场的好奇。

很多人对姚记扑克的上市颇为不解，一个做扑克牌的利润能有

多高？其实扑克牌是一种刚需，全民玩牌时，中国扑克牌的年销量高达13亿副。

姚记的成名源于赞助体育赛事。姚记扑克为第十三届世界桥牌赛提供了全部比赛用牌，一下子让人们记住了姚记扑克。不久后姚记参加广交会，世界桥牌赛扑克牌赞助商的头衔一下子吸引了不少美国客商的目光，对姚记扑克刮目相看，当场爽快签下大单，姚记扑克借此顺利打入欧美市场。

除了国外市场，姚记扑克在开始发展的时候还曾试探过澳门博彩业，澳门赌场多，每天使用的扑克牌不计其数，很多赌场的扑克牌都是用完一副就扔一副，不循环使用，因此澳门赌场每天使用的扑克量都是巨大的。2001年正值澳门政府改革澳门博彩业，姚记扑克抓住了这个机会与澳门的几家赌场合作，签订合约为其供应高质量的扑克牌。

2015年9月初，重庆富侨——一家专门从事洗脚足疗的企业在澳大利亚上市。

重庆富侨曾被专业机构估值超过200亿元，富侨的商业模式主要是通过直营+加盟的方式。公开资料显示，重庆富侨在全国拥有的门店超过300家，80%以上的门店为加盟形式。

富侨加盟店多而直营店少，可以看出主要走的是加盟商的路子，而加盟商的加盟费，也就成了富侨的主要盈利来源。

要加盟重庆富侨，单个加盟店需要提前支付给重庆富侨5年的培训费、加盟费以及管理费，这些费用加起来一共约165万元，富侨虽然直营店少，但是一家直营店每年贡献的毛利润为397万元，相当于一家加盟店10年贡献的收入。

富侨从成立到上市一共用了10多年的时间，市场占有率最高为1%，但就是这1%让富侨成了足浴业的老大。足浴行业的市场容量超乎人们想象。

目前国内足疗产业规模超2000亿元，规模庞大，但却是一盘散沙。富侨在开第一家加盟店的时候就意识到了标准服务的重要性，因此在后续的发展过程中非常注重各个环节的管控。店面装修风格、技师的培训和工作人员的服装，甚至连毛巾上的刺绣都有一套严格统一的标准，这套统一的标准不论在直营店还是加盟店都严格执行，正是因此，让富侨发展了起来。

Chapter Eight

第八章
如何让故事常讲常新

好故事常讲常新,判断一个故事的好坏,有一个决定性的因素——这个故事是否具有持续的吸引力。

第一节　什么是故事的持续力

既然持续的吸引力是故事得以流传的魅力,那么其魅力体现在什么地方,究竟什么才是故事生生不息传递下去的核心呢?

赋予故事生命力

一只戴着墨镜、蹬着沙滩鞋、扮相超酷的粉红色毛绒兔子,自从 1989 年在广告中被安装了劲量电池之后,就一直挥舞着鼓棒敲着小鼓,吧嗒吧嗒地走了十多年,它被称为永不疲倦的兔子。

在劲量兔子诞生之前,主要竞争对手金霸王(Duracell)在广告中就曾出现了一只粉红色的电动兔子,但金霸王后来在美国放弃了这只兔子。之后劲量沿用了金霸王的兔子形象,在新的广告创意中,更加夸张地表明劲量电池的耐用和持久性。新推出的劲量兔子形象更鲜明,充满十足的活力,极富个性。劲量兔子系列广告不断强化其形象,很快便得到了大众的认可,并加深了人们对这只酷兔子的印象。这只不停走、不停敲鼓的玩具兔子几乎成为劲量电池的代名词。

美国曾经在全国范围内选出最受欢迎的 20 世纪广告形象,劲量兔子和麦当劳叔叔、威猛先生、米其林轮胎人榜上有名,劲量兔子的形象被永久记录在麦迪逊大街的星光大道上。

这只不知疲倦的兔子,在美国已成为一个具有象征意义的文化符号。无论是政界人士还是大牌明星,都乐此不疲地用劲量兔子表现自己的持久力量。例如女皇伊丽莎白二世、动作明星阿诺·施瓦辛格、滚石乐队等。同时,劲量兔子还演变成美国人口语中的一个专用词汇,专指持续不停的任何事情。1992年,乔治·布什在竞选演讲中曾说过,"劲量兔子最终成为耐力、毅力及决心的绝对象征"。劲量兔子不仅是品牌的形象代言人,更成为一种时代精神。

当Keep going(总是在走)的广告语出现时,这只戴墨镜敲着小鼓的粉红兔子以它不变的步伐,将品牌的核心内涵"坚持与渴望"带入一个新境界。它转化为一股新的精神力量,鼓励人们坚持尽责、克服困难、永不放弃。难怪可口可乐公司J·W·乔戈斯会说,"所有成功的全球品牌都会表达一种人类的基本情感。"这个特别的形象代言人以其独特的优势穿越时空延续至今,并促成了其代言品牌持久而强大的生命力。

还有一个有着可爱的笑容和圆圆的眼睛,身材胖乎乎的轮胎人,让一家冷冰冰的工业品制造商"米其林"亲切生动起来。2008年,这个可爱的"家伙"必比登已经114岁了,但是它看上去还是那么活泼可爱,动力十足。自诞生之日起,必比登就以其生动的形象成为米其林轮胎的重量级人物。它富有一个人的鲜明个性特点:热情、乐观、幽默,常常以出其不意的表现,把快乐带给大家。在世界各地,必比登也入乡随俗地出现在人们的生活中。在北欧,必比登穿上一套滑雪的装备;而在澳大利亚,它又会戴上潜水眼镜;在日本,它身着艳丽的和服向人们推介米其林轮胎。它用自己特别的形象和个性,将原本没有生命的轮胎生动地传达给消费者,并且赢得了广大消费者的喜爱。

米其林轮胎也因必比登这个惹人喜爱的形象而深入人心。在一百多年里，必比登将米其林传播到世界各地，在170多个国家设立了销售及市场机构，而米其林轮胎也将在必比登的推介中走向更远的地方。

虚拟形象代言人能够塑造丰富多彩的品牌形象，给品牌输入鲜明的个性，使品牌更亲切，与消费者的沟通更便捷。这种品牌形象不会因时间和空间的变化而产生负面影响，同时品牌还可凭借虚拟的形象代言人更好地进行产品延伸，给品牌注入更加鲜活的生命力。

为故事增魅

一天，一对老夫妇抱着一个特大号毛绒米奇（卡通毛绒玩具）走进我们的餐厅。虽然平日里可以见到很多狂热的迪士尼迷，但是亲眼见到抱着这么大毛绒米奇的老人走进餐厅还是第一次。

我走到他们身边与他们打招呼："这是带给小孩儿的礼物吗？"

听到我的询问，老妇人略显伤感地答道："不瞒你说，年初小孙子因为交通事故死了。去年的今天带小孙子到这里玩儿过一次，也买过这么一个特大号的毛绒米奇。现在小孙子没了，可去年到这里玩儿时，小孙子高兴的样子怎么也忘不了。所以今天又来了，也买了这么一个特大号的毛绒米奇，抱着它就好像和小孙子在一起似的。"

听老妇人这么一说，我赶忙在两位老人中间加了一把椅子，把老妇人抱着的毛绒米奇放在了椅子上。在点完菜以后，又想象着如果两位老人能和小孙子一起用餐该多好啊，就在毛绒米奇的前面也摆放了一份刀叉和一杯水。

两位老人满意地用过餐，临走时再三对我说："谢谢，谢谢！今天过得太有意义了，明年的今天一定再来。"

看着他们满意地离去，一种莫名的成就感油然而生。我为自己有机会在这里为客人提供服务而感到无比的自豪和满足。

上面的故事来自东京迪士尼乐园一名餐厅服务员的自述。透过这个故事，我们可以体会到那两位老人的心境及服务员的善解人意。

美国61岁的内尔森夫妇退休后希望住处离迪士尼乐园近些，经过多次搬家终于在离主题公园仅4千米的地方定居。内尔森说："因为在我们的职业生涯中，很少看见人们开开心心地在四周走动。但在迪士尼，你很少会见到没有笑容的人。"

为什么如此多的忠实顾客如此迷恋这里？

迪士尼的秘密究竟在哪里？

"欢乐＝财富"，用带给所有人的欢乐来创造品牌的财富，这正是迪士尼的企业精神。新员工上班的第一天，不是被告知"如何引导人们去排队"，而是"你的工作就是创造欢乐"。在迪士尼大学可以听到这样的培训内容，"众所周知，麦当劳生产汉堡包，迪士尼生产什么呢？""迪士尼生产快乐"。

正是这样一种与众不同的精神，使迪士尼得到了消费者的青睐。无论在世界上哪个地方，"生产快乐"的迪士尼都奉行一个"SCSE"的经营理念，即安全（Safe）、礼貌（Civility）、表演（Show）、效率（Efficiency）。迪士尼将其内涵理解为：保证我们的客人安全舒适，保证我们的职员彬彬有礼，保证我们的演出充满神奇，保证我们的业务具有高效率。

人们来迪士尼寻找快乐、享受快乐、给予快乐。可以看到在迪士尼乐园的任何一个角落，都满是发自内心的、快乐的笑脸。人们远道而来还为了看一个"重要人物"，开篇故事中那位老人给孙子买的毛绒玩具——米奇。

米奇诞生于20世纪20年代，但是它真正走红却是在10年后的美国经济大萧条时期。可爱又富有幽默感的米奇安抚了身处经济与身心困境的美国人。迪士尼说："在美国，米奇是希望的象征：我们将打着响指渡过难关，我们终将迎来美好的明天。美国人民把他们的梦想都寄托在这个可爱的卡通人物身上。米奇从不会沮丧，从不会变得愤世嫉俗。它永不改变的乐观就是它的鲜明标志。"而它的出现，开始让迪士尼真正品尝到功成名就、名利双收的喜悦。迪士尼从此有了新的里程碑。

迪士尼的故事让我们了解到，不管什么产品，要想得到消费者的喜爱，首先要占据消费者的心智，让消费者感到愉悦和幸福。如果满足了这一前提，何愁消费者不买单呢？

第二节　故事的持续力决定品牌的持续力

这一节我们要说的是关于从一而终和单一诉求的故事。

"绝对"简单的故事

伏特加酒原是俄罗斯的国酒，它并不是特指某一个品牌的酒，而是泛指一类酒，大体上相当于中国的"白酒"。绝对牌伏特加于1879年产自瑞典北部的一个小山村，直到20世纪70年代才获得出口许可。当品牌发展了整整一个世纪后，绝对牌伏特加认为，要建立品牌更广泛的知名度，必须将产品推向一个新的市场。1978年，绝对牌伏特加开始进入美国市场。

而美国的市场并不乐观。美国人的习惯是喝本土生产的伏特加酒，且不在乎伏特加本身质量如何，越便宜越好，更没有品牌的概念。为了打入美国市场，绝对牌伏特加在进入美国市场时曾花费6.5万美元做过市场调查，但调查结果几乎让绝对牌伏特加止步于美国：美国消费者普遍认为"绝对牌"的名字太过噱头；瓶颈设计得太短不方便倒取；瓶子的形状也不好看，像是一个隐形瓶子，不像其他酒瓶子有精致花哨的贴纸。而原产地瑞典更无法引起人们对伏特加酒的联想。此时，绝对牌伏特加面临着坚持或者放弃的选择。

既然要让消费者认为绝对牌伏特加与众不同，那么何不利用这个不同之处去做文章呢？广告创意思路必须绕开"瑞典"这个不利于消费者展开品牌联想的背景，树立"绝对牌伏特加是市场上最好的伏特加"这一概念。但是这个概念又不能直接说，如何通过广告让消费者自己去发现这个结论呢？

绝对牌伏特加最大的特点来自其独特的瓶形设计，创意便根据这个瓶子展开广告。以瓶子为主角，标题简洁到只有两个字的绝对牌伏特加系列广告一经发布，就立即引起了人们极大的关注。所有的广告画面均围绕这个造型简约的瓶子，下方则是只有两个词的一行英文：ABSOLUT XX。这种表达方式一语双关地表明了绝对牌伏特加的某种特点，同时也将品牌名做了强度曝光。与视觉相关联的广告语引发了消费者的无限联想，自发地去创造更奇妙的瓶子的故事。

"绝对瓶子"系列广告成为该品牌在美国市场成功的起点。绝对牌伏特加在20年广告和市场营销的历程中，保持着始终如一的诉求方式，即瓶形成为所有广告创作的基础和源泉，包括平面、网络、电影和其他形式的广告。绝对牌伏特加逐渐演变成一个时尚、个性的品牌。从1980年的年销量不过1.2万箱，到1996年的市场占有率达到65%，绝对牌伏特加实现了从一个名不见经传的品牌到美国进口伏特加市场领导品牌的演变。而其系列广告在20年间也获得了数百个广告奖项。全球最权威的广告专业杂志《广告时代》所提供的美国历史上排名前100位最佳广告案例中，绝对牌伏特加排名第八位。

绝对伏特加瓶形创意

探寻绝对牌伏特加成功的原因，能很清晰地发现，强劲的广告策略赋予了品牌强烈的个性。绝对牌伏特加非常单一和独特的诉求，创造了一种全新的广告模式，缩短了广告和艺术的距离。所有广告的焦点都集中在瓶形上，同时配以沿用至今的经典广告台词，即以"ABSOLUT"开头，加上相应的一个单词或词组。"总是相同，却又总是不同"成为绝对牌伏特加创意的宗旨。广告表现的模式相同，但主题却在不断延展，时常会让消费者有耳目一新的感觉，同时会激发他们无限的想象空间。就是这种独特而坚持不懈的表达方式，让绝对牌伏特加品牌能在众多品牌中时刻保持它的新鲜度。

纪录片营销：用故事记录一切

社会越发展，人们越怀旧。而纪录片以全景式的视角记录真实的生活景象，给人们的怀念以载体。作为一种新闻记录体裁，纪录片以"真实性"为其基本要求。

自1895年法国的路易·卢米埃尔拍摄《工厂的大门》《火车进站》起，纪录片逐渐成为最重要的历史文献。最早的这批纪录片是实验性质的，记录的都是当时真实的生活景象。

从19世纪的最后几年起，纪录片开始用于新闻题材的报道。俄国的沙皇加冕、西班牙的斗牛、澳大利亚的竞走、英国国王亲临奥林匹克开幕式……这些新闻事件都成为纪录片的题材。

由于纪录片超强的信息承载能力，人们逐渐认识到其在宣传方面的优势。20世纪二三十年代，出现了一批杰出的纪录电影艺术家和有代表性的作品，如约翰·格里尔逊的《飘网渔船》，罗沙的《交接点》《船坞》，伊文思的《博里纳日》等。他们公开承认这些作品的目的是为了宣传。约翰·格里尔逊称:"我把电影院看成一个讲坛,并以一个宣传家的身份来利用它。"

同时身兼摄影师、导演和制片人的美国纪录片大师肯·伯恩斯,更是其中的佼佼者。他自汉普郡学院毕业起,便开始制作他的第一部纪录片——曾获得奥斯卡提名的《布鲁克林大桥》(Brooklyn Bridge,1981年)。

在接下来的10年里,伯恩斯发布了5部纪录片。其中《自由女神像》再次获得了奥斯卡提名。如果说奥斯卡肯定了他的艺术成就,那么以下数字则充分肯定了伯恩斯纪录片的超凡营销能力。

1000万

2009年,美国国家公园管理局成立93周年庆典上,肯·伯恩斯执导的纪录片《国家公园:美国的最佳创意》(The National Parks: America's Best Idea)首次播放。

影片主要讲述了一个有关国家公园创意的故事,不仅记录了19世纪中期国家公园的诞生历史,而且还追溯了近150年来的发展史。影片向人们展示了这些奇特的地方是怎么被保留下来成为公园的,在创建这些公园的时候每个人都做了些什么,其中还穿插了关于人们在情感上依恋公园的感人故事。

正如导演肯·伯恩斯所说:"国家公园体现了每个美国人就像《独立宣言》一样独一无二:在我们这片国土上,最壮丽、最神圣的地方不是属于皇室的,也不是属于有钱人的,而是属于每一个美国人——现在是这样,以后也是这样。"

从2008年到2009年,美国国家公园游客数量增加了1000万。国家公园管理局表示,伯恩斯拍摄的相关纪录片起到了很大的宣传作用。

4300 万

伯恩斯最具野心的长篇纪录片项目是长达 18 个小时的《棒球风云》(Baseball)。该片于 1994 年秋季在美国公共电视网播出，吸引了 4300 万名观众，这一数字也创下了公共电视网的历史纪录。

1 亿

他的代表作《美国内战》(The Civil War) 为他在纪录片领域奠定了大师的基础。这部长达 11 个小时的纪录片曾获得两项艾美奖，在公共电视上播放时十分受观众欢迎，打破了当时的收视率纪录。这部系列纪录片的同名书籍定价高达 50 美元，销售量却超过了 70 万册；由伯恩斯自己配音的音频版成为当时主要畅销产品之一。值得注意的是，《美国内战》是第一部突破 1 亿美元销售额的纪录片。

纪录片天生具有信息承载能力，再加上其吸引忠实观众和筛选观众的能力，成为营销界不可忽视的宝藏。

第三节　故事连续剧

2022 年的北京冬奥会将使北京成为第一个举办过夏季奥运会和冬季奥运会的城市。奥运会本身就是一个精彩的传奇故事……

奥运营销：故事承载美好的梦想

奥林匹克运动会（简称奥运会）起源起于希腊。希腊是世界上神话最多的国家之一，而古代奥林匹克最初的起源也来自一个美丽的传说。

现代奥林匹克在人们对和平美好生活的期盼下呼之欲出。19 世纪末，德国强势崛起，虎视眈眈。法国是德国的邻邦，如果德国发动战争，战争的灾难首先就会降落到法国人民头上。也就是在这样的局势下，法国教育家皮埃尔·德·顾拜旦，想到了重新恢复象征和平和友谊的奥林匹克运动会。于是在1892年，他遍访欧洲，宣传奥林匹克思想，呼吁复兴奥林匹克运动。他还在巴黎运动联合会成立10周年会议上倡议恢复"奥林匹克运动会"。1894年1月，他又致函给各国的奥林匹克组织，建议于同年在巴黎召开国际体育会议。在他的倡导与积极奔走下，他的倡议得到了很多国家的支持。1894年6月，国际体育大会在法国首都巴黎召开。国际体育大会决定把世界性的综合体育运动会叫作奥林匹克运动会。15国代表在此次会议上还通过了一项决议，即延续古代奥林匹克的惯例，每四年举行一次奥林匹克运动会，并于6月23日成立了国际奥林匹克委员会，希腊人维凯拉斯出任奥委会主席，顾拜旦任秘书长，还设计了奥运会的会徽、会旗。1896年4月，第一届现代奥运会在希腊雅典举行，有13个国家共311名运动员参加。这届奥运会也是具有标志性和历史意义的运动会。作为一种文化现象，奥林匹克以竞技的形式，将不同肤色、不同文化背景的民族紧密地联系在一起，没有种族之分、没有战争、没有恐惧，有的只是全世界人民对和平、和谐生活的向往和追求。

故事必不可少的"道具"

现代奥运会最大的悬念之一就是火炬点燃的方式，火炬点燃象征着奥运会比赛正式拉开序幕。在古代奥运会时期，奥运会火炬是"神圣休战"的使者。现代奥运会开始火炬传递以来，圣火在不同国家、不同民族之间架起沟通的桥梁，点燃了世界人民追求和平、友谊的激情。奥运圣火承载着人类友谊、团结、和平与正义的梦想，是奥林匹克理想和精神的崇高象征。

在圣火传递过程中，不同国家、不同民族、不同肤色、不同宗教信仰的人们，通过手与手的接触、心与心的碰撞，传达理解、友谊、关爱。

让好故事延续

1896年第一届现代奥运会获得了极大成功，它的成功不仅体现在国际性的参与度上，同时也诞生了新奥林匹克精神。《奥林匹克宪章》中有这样一段话："每一个人都应享有从事体育运动的可能性，而不受任何形式的歧视，并体现相互理解、友谊、团结和公平竞争的奥林匹克精神。"如果浓缩凝练，奥林匹克精神的内容是：相互理解、友谊、团结和公平竞争。

支持奥运会延续下去的是奥林匹克精神。在它的指引下，奥林匹克才会成为一种文化，被传递到世界的各个角落。奥林匹克精神期望建立一个没有任何歧视的社会，人与人之间相互尊重，在平等的条件下为获得荣誉而公平竞争，建立一个和谐共荣的世界大家庭。

奥林匹克精神是一种"更快、更强、更高"的自我挑战精神，同时也是公平、公正、平等、自由的体育竞技精神。奥林匹克精神强调人们通过自我锻炼、自我参与而拥有健康的体魄、乐观的精神和对美好生活的热爱与追求。这种乐观、积极的生活态度是我们拥有自信心和战胜一切挑战的强大动力。

奥林匹克精神中的伦理价值是对人的潜能与自由创造、人类的文明与优良秩序的最大尊重与倡导，是对人类一切优良道德价值与伦理规范的继承与发扬。它引导人们追求一种最优化的生存与发展的伦理观念,这种伦理观念是人类与环境协调共处、个人与社会协调发展的保证。

今天的奥林匹克已经成为全人类的一种共同的愿望、共同的期待和共同的祝愿。这个故事在其理念和内涵的指引下,随着时间的推移不断丰富,成为人类不断创新、不断增长的宝贵的精神文化财产。

第四节　核心价值是品牌持续力的灵魂

中国本土品牌持续力不强,最根本的原因是没有明确的品牌战略定位。本土品牌要上一个台阶,除了通过技术创新和综合管理提升效益外,品牌战略创新可以提升企业产品的附加值。创建高端品牌不单是传播,首先更应该是战略正确。把战略贯穿到价值链中,战术执行始终坚持战略定位,为品牌核心价值做出贡献,才能取得叠加效应。

品牌的核心价值可以让消费者明确、清晰地识别和记住品牌个性。一个品牌没有清晰的核心价值是不可能成长为强势品牌的。当产品能让消费者产生与自己相接近的联想时,对品牌的选择和认同就会大增。品牌与目标消费者联系起来可以使目标消费者有一种归属感,因此产品的精神价值是个性定位的关键要素。

确定品牌个性定位后,要选择正确的传播方式。尤其是新品牌,要先慢慢培养一小部分消费者,充分发挥"首轮目标消费者的目标价值",再考虑高调宣传,否则容易产生反弹。新品牌崛起不容易，把品牌往高端培育更要审慎，要采用渗透式逐步推进的方式。

建立一个品牌不容易，但因为犯小错毁掉一个品牌很容易。因此，企业必须拥有战略洞察力，洞察自己需要的核心竞争力是什么，确保当下的经营活动既能抓住市场机会又能贡献核心竞争力，进而通过一段时间的积累在核心竞争力上超越竞争者，驱动企业持续发展。然而，创建品牌是一个非常复杂的过程，企业要在品牌管理过程中始终围绕核心价值进行。品牌管理中缺乏战略思维，被战术带乱是中国本土企业的通病。创建高端品牌，产品的一切广告与营销传播活动都要以核心价值为原点进行演绎。国际一流品牌能够保持强劲的持续力，奥秘是在品牌的管理过程中，对品牌核心价值的坚持。中国企业与之相比还有很大的差距。国外一流品牌有一套完善的管理体制，制定了一流的游戏规则和细化的核查条款，可以让企业避开容易犯错的地方，取得一流的业绩。

第五节　沉浸式故事营销

沉浸式体验来源于沉浸式戏剧，或称为浸没式戏剧（Immersive Theatre），这个概念最早来源于英国。它不同于传统戏剧中演员和观众严格的区域设定，将观众拉入到戏剧的进程中来，使观众真正成为戏剧的参与者，观众们穿着戏剧的服饰或配饰，成为戏剧中的角色；沉浸式戏剧打破舞台和观众座席的限制，演员穿插在观众之间，这对于演员的演技是极大的考验，对于观众来说也能够更近距离地感受角色的心理状态，从而更能被带入到剧情之中，大大增强了体验感。正所谓，感同身受。

沉浸式体验可以让人置身其中仿佛脱离了现实，赌场的设计正是如此。

留住客户的时间，就不愁打开客户的钱包

据英国诺丁汉特伦特大学心理学教授马克·格里菲思的研究发现，赌场的餐饮区通常位于中部或者后方，客人在用餐前后必须穿越赌博区。不仅如此，赌场内的道路并不十分好走，总是曲曲折折、蜿蜒迂回，路上随处可见的老虎机让人很难抵抗它们的诱惑。

不管是超市卖场，还是大型赌场，商家都会想尽办法留住顾客，所谓"时间就是金钱"，多待一会就有可能多赚一点。

大型商超深谙此道，"家乐福""大润发"等大型超市都会将出口和入口分别设置在不同的楼层，即使顾客不买商品，也必须经过商场购物的主要通道，穿行过琳琅满目的商品才能找到出口。

光的沉浸

闪亮璀璨的灯点亮"暗无天日"的赌场，让这个没有时钟和窗户的场所，充盈着错觉。时间，在这里被悄无声息地夺走。

璀璨的不只是奢华耀眼的大吊灯，还有老虎机上随处闪烁的多彩光源。满目充盈的光彩令眼睛如神经自甘眩晕。伴随着老虎机清脆的硬币声，赌欲像一头猛兽般被叫醒，翻涌升腾，所向披靡。

咖啡店给人一种小资的感觉，为了营造这种私密、安静的氛围，聪明的咖啡厅老板一般都不会采用日光灯等散光源，取而代之的是一个个暖色调的聚性光源。大量的暖光源让客户能够静下心，这使得咖啡馆给人的感觉更加惬意，也更加像家。

声的沉浸

赌场绝不会像五星级酒店那样播放轻柔静谧的背景音乐来舒缓客人的情绪,它会通过播放嘈杂兴奋的音乐来持续激发所有赌徒的好胜心。除此之外,电子音乐的和弦会伴着赌币的清脆声一同刺激赌徒的感官。背景音乐放得越大,客人下注的速度就越快。老虎机的声音设计也很有套路,当你赢钱的时候老虎机会大声播放庆祝的音乐,掉出的硬币会落在特制的金属盘子上,击打出清脆的响声来加倍你的快乐;然而,在你输钱的时候,它却害羞了起来,一声也不吭……

同样的套路,超市也在用。有研究显示,超市顾客听到的音乐声量越大,他们每分钟购物的数量就越多。这就不难理解那些散布在中国四五线城市的"2元店"、鸡排店为什么会一直用音乐轰炸顾客的耳朵了。

无独有偶。奥运会各国代表队入场仪式上,为了合理把控开幕式总时间,会场播放的音乐,会根据各个国家方阵行走的快慢,去做相应的调试。一般情况下,方阵走慢了就会放快歌,可以有效加速方阵的行进。

色的沉浸

色彩在产品的包装设计上,也会对顾客的购买产生一定的影响。有研究称,在排除品牌忠诚度的影响后,人们夏天更倾向于买凉爽的蓝色的百事可乐,冬天更倾向于买温暖的红罐可口可乐。所以,对于季节性商品来说,包装的颜色选择是一个不可忽视的因素。

气味的沉浸

除了视觉、听觉被激活,嗅觉同样没法逃掉赌场设计者的安排。在著名的赌城拉斯维加斯，有赌场做过一项实验，发现在老虎机区域喷洒诱人的香水，可以有效增加客人的下注额。

在其他行业，也有同样聪明的商家，通过嗅觉营销有效增加了销售额。在卖场巧克力售卖区，很多商家会通过喷洒香水吸引客户关注；马丁·林斯特龙曾经发起过一个公开调查，询问消费者对于星巴克的印象，奶香气是得到最多的回答之一；有的美妆店在品牌卖点上就突出气味，营造出一个个气味的空间；有些儿童总是舍不得丢弃婴儿时的枕头，是因为他们留恋残留在枕头上的气味。

"一款日化用品的香精含量大约在千分之三到百分之一，所占的比例非常之小。"很多日化品牌都会在产品里添加独特的香味，用以形成消费者对产品独特的嗅觉记忆。

免费的才是最贵的

此外，赌场随处摆放着免费的点心、茶水，赌场的座椅绝对称得上是世界顶级舒适的椅子。当然很多商场也顺应潮流，在服务上下功夫，提供男士休息区，这样就给爱逛的女士提供了更多购物的理由，而男士只需要在休息区等着付钱就好了。正是这些"看似"免费的优质服务，才换来了更大的营业收入。

第六节 《哪吒之魔童降世》如何创新神话故事模式燃爆市场

《哪吒之魔童降世》（以下简称《哪吒》）燃爆了 2019 年的中国电影市场，票房超过 40 亿元人民币。从故事营销的角度而言，《哪吒》是典型的"旧瓶装新酒"，但其成功在于创新演绎经典故事,将老故事讲出了新意。《哪吒》创新了中国神话故事模式,是品牌年轻化的典范。那么《哪吒》是如何讲好故事,又是如何卖好故事的?

中国传统神话故事 IP 如何创新

《哪吒之魔童降世》 创新了中国传统神话的故事模式

中国动画在鼎盛时期走的是民族特色的路子:水墨、皮影、剪纸……满满的中国风。彼时的动画在中国还不叫动画,而叫独具东方魅力的"中国美术片",从当时的龙头老大上海美术电影制片厂的名字就可见一斑,那时的中国动画是艺术品,是手艺活。也因为当时统购统销的政策,没有市场压力,这些动画作品可以不计成本。

20 世纪 90 年代,中国电影走向市场化,国产动画影片开始面临前所未有的压力。一边是好莱坞标准化、工业化、批量化生产出的包装精美、质量统一的商品,一边是靠师傅带徒弟的传统模式,由于生产力不足,中国动画影片自此掉队。

欧洲电影更注重艺术和个性,美国电影的定位是大众艺术,要适合更广泛的胃口,而不是仅为小众精英定制。好莱坞电影也一直成为各国电影人学习借鉴的楷模。

《哪吒》选择中国人都熟悉的 IP,但对哪吒三太子的故事做了全新演绎，故事通俗易懂，观看门槛低，内容不低幼，真正的老少咸宜，让《哪吒》拥有了最广泛的群众基础。

中国的"哪吒"世界的"芯"

《哪吒》全面向好莱坞看齐：采用其标准的角色原型设定法和三段式的故事模式，遵循英雄受困、英雄觉醒、英雄反击的故事套路徐徐展开。

角色原型设定是一切故事的起点，心理学家卡尔·荣格认为世界上有12种角色原型，所有电影也离不开这12种原型，如英雄、导师、守护者、盟友、背叛者、小丑、阴影等等。

英雄在故事中承担着提供认同对象、推动情节前进等功能，英雄的成长过程是揭示主题的关键。"哪吒"便是电影《哪吒》中的英雄。渴望自由，渴望被关注、被认同的内心，让观众很容易在哪吒身上找到共鸣，从而将情感投射在角色身上，一起展开冒险旅程。

哪吒的师傅太乙真人承担导师的角色，他是英雄心灵的守护者，负责把自己的经验和智慧传授给成长中的英雄主角。

敖丙主要承担哪吒盟友的角色。对于英雄而言，盟友是朋友，是心灵沟通的对象，是成长的伙伴。盟友在故事中最重要的作用是丰富英雄的性格，甚至通过挑战英雄使其更开放、稳定，带动剧情向未知的前方发展。

守护者并不是英雄的守护者，而是英雄之旅中遇到的第一个障碍；跨过这道坎，英雄才能晋级、成长。

在《哪吒》的故事构成中，反派往往不是一个具体的坏蛋，恰恰是英雄自己的内心，打到最后，英雄往往需要通过战胜自己的心魔取得最终的胜利。

心魔也就是英雄的阴影，阴影是英雄性格中被排斥的维度，就像哪吒心中恶的一面，这个阴影得不到控制就会成为魔鬼，把英雄逼到死角，促使英雄完成自我涅槃，带动故事在最危险处峰回路转。

当然 100 分钟以上的电影不可能一路紧绷，故事中的恶作剧者就起到调节气氛和节奏的作用。他们往往是丑角或者喜剧人物，让观众在持续的紧张、悬疑中得到放松，《哪吒》中的太乙真人和女汉子都承担着这个功能。

角色设定完成之后，就是通过三段式模式展现"英雄"历程：

第一阶段，灵珠错生为魔丸，压抑迷茫；

第二阶段，挣扎、失败、再挣扎、再失败；

第三阶段，孤注一掷，反抗成功。

招不在新，管用就行。席卷世界的漫威宇宙故事、星战故事无一不是采用这样的故事模式。

在电影《指环王》之后荧幕上已经很少见到只有家国大义、一本正经的英雄，更被观众所喜爱的是不那么一本正经，甚至是有缺点的英雄，比如傲娇的钢铁侠、死脑筋的美国队长，痞气幽默的星爵。

哪吒也不再是那个莲藕身材、国字脸的哪吒，成了烟熏妆、鲨鱼齿，还有一脸小雀斑的吒儿；不仅外表改变，连出身设定统统推陈出新。

从灵珠变成魔丸的吒儿，最大的不同是他孤独、暴力、单纯又聪明，跟当下的熊孩子一个样；哪吒父母李靖夫妇的角色设定也更符合当下年轻父母的风格。

《哪吒》最大的不同是故事内核的变化。1979版《哪吒闹海》的主题故事是在"君叫臣死,臣不得不死""父母之命不可违"的封建桎梏之下,哪吒奋起反叛,从而成为卑微百姓心中天不怕地不怕的小英雄。《哪吒》则更贴近当下,完成了从"反对父权"到"善恶就在一念间,我命由我不由天"的主题切换,为中国传统神话故事赋予了全新的价值观。

除了对主要角色的创意改编,我们还在电影中看到了结结巴巴的申公豹,说着一口川普(四川普通话)的胖子——太乙真人,住在"炼狱"里的龙族,外能上阵杀敌、内可相夫教子的殷夫人,甚至连固本守旧的李靖也成了鼓励儿子"不认命",平时沉默寡言关键时刻还想替儿子挡天劫的硬核老爸……这些角色在人物设计与性格塑造中的别出心裁让观众的观影体验耳目一新。

如何实现品牌年轻化,引爆品牌"燃点"

中国电影观众的平均年龄是24岁,这是一个年轻人主导的市场。《哪吒》这部电影之所以迅速燃爆市场,正是因每个年轻人的潜意识里都有一颗不认命的心。混世魔王哪吒即使命中注定难逃天谴,但他也从未想过向命运投降。他怨恨过父母的无能为力,怨恨过周围的人不接纳,最终他选择的是:"若命运不公,就和他斗到底。"尤其是哪吒一手撑天,一边呐喊"我命由我不由天,是佛是魔,我说了算"的高潮戏,让观众热血沸腾,几乎要跟哪吒一起呐喊起来。迎合并调动起消费者的情绪,就点燃了引爆市场的导火索。

《哪吒》为中国传统神话故事赋予了全新的价值观:少年从青

春期反叛中体味到骨肉深情；青年一代看到如何改变命运；日渐向生活妥协的中年人看到了打破成见的可能性。《哪吒》成为一部被中国各年龄段观众都广泛接受的励志电影。

《哪吒》如何用代言人卖故事

《哪吒》的三段式故事讲得很流畅，完成度极高，而《哪吒》的最佳代言人，电影导演饺子同样上演着三段式故事，他的成长也经历了英雄受困、英雄觉醒、英雄反击的三幕剧。他的个人故事同样被观众津津乐道，增强了人们走进电影院去了解他作品的兴趣。

饺子的第一幕：困惑

饺子，原名杨宇，80后，医学专业毕业，从小喜欢画画，大学三年级的时候偶然的一次机会了解到一个做三维的软件Maya，从此一发不可收拾。他不仅自学动画制作，毕业之后还为了追求梦想放弃医学，进了一家小广告公司做后期。可惜没多久公司就濒临倒闭，怀着对动画的热情，饺子辞职回家，把自己关在家里，三年不挪窝地做动画，就靠老母亲每月1000块的退休金生活。

饺子的第二幕：挣扎

有梦想是好的，但追求的过程往往痛苦，好在功夫不负有心人，在父母的认同和支持下，2008年，他做出了一部反战主题的16分钟动画短片《打，打个大西瓜》，先后获得了国内外30多个奖项，在业界开始崭露头角。不少投资人纷纷找上门来，不过当时不谙世事的饺子总是被不靠谱的合伙人带歪，他只好跟对方分道扬镳。在中国动画产业整体水平乏善可陈的当时，几年间他靠接外包制作、打零工度日……

饺子的第三幕：反击、崛起

直到 2015 年，饺子遇上了光线传媒彩条屋影业——国内较早布局动画电影的头部公司，这部充满情怀的国产动漫电影《哪吒》，才开启了艰辛孕育。三年创作过程中，《哪吒》项目分包给了几十个制作团队，就这样也完不成饺子超高要求的制作，于是分包之下又分包，甚至一个镜头里的不同画面都被分包到好几个公司。

好故事都是磨出来的：这部电影历经两年剧本打磨，三年投入制作，影片总共有 1600 多位人员、20 多家特效团队参与制作，单是剧本就改了 66 稿。其中的一个打斗镜头，就用了两个月的时间来完成。作为首部国产 IMAX 动画电影，这部电影在人物建模、镜头运用、特效制作、动作设计等方面都达到了超高水准，单是哪吒这一形象，设计师前前后后就设计了 100 多个版本。

"不惜一切代价按照最高标准制作"才有了这 1400 多个构思精巧的特效镜头，才让观众有了完美的观影体验。导演饺子也完成了自己从困顿到崛起的英雄之旅。

不过《哪吒》作为一个整体项目的英雄之路还没结束，最高票房国产动画、影史前三，也才刚刚走完第一步。电影衍生品开发在中国还处于萌芽阶段，即使优秀如《哪吒》，在上映之初，出品方也没有贸然同步推出衍生品，而是在已经取得良好的市场反响之后，才通过某平台进行众筹。第三步自然是推动中国国产动画电影走出国门，得到世界的认同。

Chapter Nine

第九章
故事新编

我们生活的世界是一个不断变化的世界。人们的知识结构在完善，消费水平在上升，生活指数在提高，那么故事也要因时而变。这不仅包括故事的内容，也包括讲故事的方式。

第一节　英国皇室的品牌故事

英皇御准——制造故事

每个人自诞生之日甚至之前就面临着无数的证明，比如准生证、出生证等。对于品牌而言，"准生证""出生证"也十分重要，需时刻贴在额头上，因为它们是品质的象征和保证。

品牌所有的认证中，英国皇室认证（Royal Warrant of Appointment）的历史最为悠久，也更被消费者认可和接受。早在 1155 年，英国国王亨利二世就向名为 Weavers 的公司颁发了第一份"皇室御用委任状"。从那时开始，英国皇室认证历经千年而不衰，成为无数品牌梦寐以求的殊荣。英国皇室认证备受追捧、千年常青的奥秘何在？答案就是英国皇室不卖产品，但最会讲故事。

营造稀缺

英国皇室成员众多，但有资格颁发"皇室御用委任状"的只有少数的几位皇室成员，目前仅有伊丽莎白女王、爱丁堡公爵和查尔斯王子有资格颁发各自的御用委任状。

为了不致"皇室御用委任状"泛滥，三位皇室成员只能向一家厂商的一类产品颁发一份委任状，此举很好地保护了皇室御用这一金字招牌，营造了物以稀为贵的氛围。从 1155 年至今，大约只有 800 名个人或商人获得了约 1100 份皇家认证。

辨才要待十年期

获得英国皇室认证并非一朝一夕之功，需要经过严格的筛选和甄别。

从品类而言，只有制造商、贸易商才有资格获得御用委任状。而类似律师、会计师等个人，即使他们在为皇室服务，也没有资格获得御用委任状。

服务年限上，只有御用时间超过 5 年，供应商才有资格获得皇室御用认证，而获得认证同样有一套完善的程序。首先，供应商必须获得皇家商人认证委员会（Royal Household Tradesmen's Warrants Committee）主席及宫务大臣（Lord Chamberlain）的推荐。在此基础之上，几位皇室成员筛选甄别，考虑是否授予其御用委任状。回望近千年的皇室认证史，得到或被撤销委任状的品牌和供应商详情都是有案可查的。

五年之约

但得到认证，获得御用委任状并非万事大吉。每一次的皇室认证只有 5 年期限，期限一到，必须重新认证。所以即使某些供应商持有"御用委任状"超过一百年，认证也可能被收回，例如烟草公司 Benson & Hedges 的皇家认证就于 1999 年被收回。目前，每年有 20~40 家企业会被撤销委任状。根据规定，如果供应商死去或者离开此企业，那么御用委任状就要被重新审核，看看这家企业的产品是否还有资格继续持有委任状。

虽然门槛很高，但不论对企业还是对个人而言，获得御用委任状几乎都是有百利而无一害的美事。首先，获得御用委任状并不意味着之后所有的商品都要无偿贡献给皇室，该拿的利润一分都不会少。更为重要的是，获得皇室御用的信息可以在产品包装、广告等处展示，这不仅是一份无上的荣誉，更能极大地增强消费者对品牌的信心。

王子与王妃——英国皇室永恒的故事

童话里，王子与王妃的故事让无数人憧憬。现实生活中，王子与王妃的故事也总是备受人们的关注，世代经久不衰。英国皇室王子与王妃的故事就是这样。

当年查尔斯王子与戴安娜王妃的故事到现在还被不少人提起，戴安娜王妃的过早离世现在还有不少人为其扼腕叹息。2011年威廉王子大婚，不少人甚至将其与查尔斯王子的婚礼相比较。在传媒日渐发达的今天，皇室的一举一动都吸引着世界各地人们关注的眼球。威廉王子结婚的时候如此，凯特王妃生孩子的时候也是如此。

一次轰动世界的产子

2012年年末，英国皇室传出凯特怀孕的消息，博彩公司顺势推出"宝宝性别""宝宝姓名""宝宝封号""头发颜色"等为主题的投注。仅"宝宝姓名"一项的赌注就高达100万英镑。连英国博彩公司内部的人都说："这是我们所见过的最大、最新奇的市场。"

随着小王子的诞生，越来越多的公司从中看到了商机。皇室宝宝周边日用品生意火爆异常，有英国卫兵制服婴儿连体装、摇篮形状的饼干、限量版马海毛玩具熊等。根据英国零售研究中心的估测，皇室婴儿周边产品的销售额将高达 2.4 亿英镑。此外，各大奢侈品牌的婴儿产品销量也呈直线上升：爱马仕的婴儿鞋袜、蒂芙尼的婴儿餐具、古驰的婴儿毛巾、迪奥的婴儿服装……

著名银饰品牌 Thomas Sabo 还特意以皇室宝宝为灵感，推出有英伦皇室元素的吊饰。同时，英国皇家铸币厂宣布，将为这个孩子的降生发行一枚新的 5 英镑银币。

有英国专家估计，英国民众将花费 2.43 亿英镑（约合人民币 22.2 亿元）来购买纪念品、香槟以及其他食物，以庆祝这个英国皇室新成员的诞生。

消费是刺激经济发展的重要力量。王室宝宝的出生给疲软的英国经济注入一支兴奋剂，无疑会带动英国各种消费相关的产业发展。

凯特王妃效应

谁是英国女孩儿膜拜的对象？如果以前是戴安娜王妃、贝嫂维多利亚，那么现在则是凯特王妃。

早在 2003 年凯特开始和威廉王子约会后，她的穿着打扮就一直受到公众和媒体的关注。凯特宣布订婚消息时穿着 Issa 的蓝色丝绸礼服在 Net-a-Porter 网站上很快被抢购一空。价值 2.8 万英镑的订婚戒指戴在凯特手上仅仅两天后，精明的英国商家便推出了这种戒指的经济适用版，售价仅为 35 英镑。

自从凯特跟威廉王子大婚以来，凯特俨然成了英国的活体广告牌和各类女性用品的最佳代言人。大婚后的第一个清晨，凯特穿着 Zara 的应季蓝裙出现时引起一片热议，Zara 的粉丝兴奋地说

"H&M 被打败了"。大量印有准新人照片和名字缩写字母图案的盘子、杯子成为各大卖场热销产品。同年夏天,慕名前来观赏肯辛顿宫(戴安娜王妃故居)的游客创下了历史纪录,其中多数人是冲着威廉王子与凯特王妃而来的。

2012 年 4 月 26 日陪伴威廉王子出行时,凯特身穿蓝色的丽贝卡·泰勒套装。而仅仅 30 分钟后,这款裙子在官网上就被订光。中国的淘宝卖家更是凯特王妃的忠实粉丝,产品标题中只要打出"凯特王妃同款"必定大卖。

英国媒体有个有趣的统计,女士们为了让自己看起来更加"凯特",至少为英国经济带来 10 亿英镑的收入,这其中包括服装、珠宝、手袋、长筒丝袜。平均每个英国女人至少花掉 250 英镑。

凯特王妃诞下小王子后,其"示范效应"迅速升温。据称,小王子的诞生将提升英国国民的产子热情,提振英国经济。

不少经济学者认为,凯特是继奥巴马夫人后最有机会影响服装品牌股价的时尚新偶像,而这种现象被人们命名为"凯特王妃效应"。

英国皇室经济学

作为世界上最古老的皇室之一,英国皇室也是最会赚钱的皇室。从其生财有术、经营有道、品牌效应一呼百应上不难看出,英国皇室深谙经济学原理。

从圣保罗大教堂到白金汉宫,从温莎城堡到爱丁堡,英国众多名胜古迹都打着皇家旗号,英国每年与皇室相关的旅游景点和物质文化遗产带来的收入就高达 45 亿英镑。据英国媒体最新数据显示,皇室资产管理局每年能为皇室带来可观的利润,对应的无形资产为 83 亿英镑。皇室成员出访国外,为英国带来的海外广告效应价值超过40亿英镑。

每次英国经济出现衰退时,英国皇室都担任"救火队员"的角色,这主要通过与皇室成员相关的大型庆典营销来进行。

国家是品牌最有力的背书

从"凯特王妃效应"到英国皇室经济学,我们可以看到品牌的优良形象往往得益于"国家品牌"为"产品品牌"做了一个非常好的背书。

德国制造一向以"优质产品、精工制造、完美品质"著称于世,但是德国货也曾被人瞧不起。1840年瓦特发明蒸汽机后,在相当长的一段时间里,英国代表了制造业的最高水平。英国产品拥有原产地优势,而当时的德国货在品质上达不到英国人心目中的高水平,被英国人看不起。

第二次世界大战后,得益于重工业的发展,德国制造经历了一个逐渐建立声誉的过程,最后才成为优良制造的代名词。德国品牌战略就是高品质、高价位,德国出品就意味着品质保证。

美国总统每次出访都前呼后拥,看似铺张浪费,其实是在为美国品牌做广告。凯迪拉克汽车、波音飞机、雷朋眼镜……无数美国品牌借着总统出访而被全世界消费者所熟识。

产品品牌除了企业和行业视角,国家战略才是最大的背景。比如美国品牌,包含着颠覆式的创新和高科技,再如法国品牌的潜台词是带有艺术气息的浪漫和时尚。

"国家背书"让很多名不见经传的品牌名声大震。背靠国家这棵大树,品牌才好"乘凉",国家是品牌最有力的背书。

第二节　新少林寺传奇

1500多年来，少林寺因武术造诣之高而著名，因禅武合一的精神哲学而著名，更因一句"深山藏古寺，碧溪锁少林"的高深莫测而著名。但这里的"著名"多是只知其名，不知其实。现在少林寺依然著名，不同的是更多人开始了解有着1500年积淀的少林文化。因为古寺不再藏在深山中，而是主动融入商业化的浪潮，大声告诉世人我是谁。

一个品牌，或一种文化，自己不传播，或传播模糊的信息，让出对品牌文化的话语权，任人訾议，是十分危险的。最大限度地掌握话语权，才能最大限度地保持品牌清晰度和品牌美誉度。

如何掌控话语权？换句话说，如何讲好故事？故事的传播范围和传播效果至关重要。

一部《少林寺》，开启故事新说

一部电影《少林寺》让这座藏于深山中的千年古刹名扬天下。

说到这部电影，不得不提到这部电影的发起人——廖承志。廖承志是廖仲恺之子，他是一位地道的武术爱好者，懂武术，爱武术。廖承志认为少林拳和太极拳是中国最有名、最厉害的两类武术。1979年，廖承志给香港导演张鑫炎写信，建议拍摄《少林寺》。他说，香港及海外观众都喜欢看武侠片，我们为什么不可以拍少林寺呢？

天下功夫出少林。少林武术是中华武术的重要组成部分，以实战威猛、博大精深而享誉天下，"拳以寺名，寺以拳显"。但大众只在各类武侠小说里领略过并不完全真实的少林武术。

随后,香港中原电影公司又派人来到少林寺进行实地考察。1982年,电影《少林寺》拍摄完成并在全球热映,除了一代武打明星李连杰由此被大家熟知以外,很多人还通过这部影片知道了中国功夫的发源地少林寺。

香港电影界把《少林寺》放在春节上映,报纸每天都登载各影院售票情况,票房一直高居第一。甚至有人专程从台湾赶到香港观看此片。还有人一次买好几张《少林寺》的电影票,把票作为春节的红包送人,这成为当时最受欢迎的礼物。香港各报对该片好评如潮,特别赞赏此片不用替身、不用特技、不用钢丝,让大家领略到了少林寺的真功夫。

虽然少林寺第一次的商业化尝试是被动的,但不可否认,这次尝试取得了不俗的成果。电影是一种大众的文化传播方式,用声音和画面组合呈现出一个完整、形象的故事,几乎不需要知识储备,极易被大众所接受。另外,由于影片具有的逼真性,使受众极其容易形成情感共鸣,最终理解故事传达的内涵,并成为这个内涵忠实的守护者。通过电影讲故事,是实现故事传播范围和传播效果最大化的不二选择。使用这种讲故事的方式来传达品牌理念的著名案例有很多,也都产生了非常不错的效果。

商标风波引出的少林新路

电影《少林寺》让这座千年古刹感受到了商业化的巨大力量,少林寺也经历了一个从被动商业化到主动商业化的蜕变过程。

由于少林名气太大,不少人把少林、少林寺当作了泛用名词,各种借少林之名进行的商业活动层出不穷。1993年,某食品厂在电视台播出了少林火腿肠的广告。该广告不仅出现了少林寺匾额，而且还有以电影《少林寺》主题曲配的广告词"少林、少林，少林火腿肠"。广告播出后就引起了公愤。众所周知僧人持戒食素，少林火腿肠广告给少林寺的品牌造成恶劣影响。

此外，以少林为名的武术学校或者武术表演团体在各地兴起。有统计表明，当时国内有54个"少林"商标在使用，行业涉及汽车、家具、五金、食品、医药等。居然还有少林酒和少林烟，而境外抢注"少林"或"少林寺"商标的国家多达70个，平均每个国家抢注11项。

在这个商业化程度日益深化的社会，一个品牌或一个文化符号若不牢牢把握住话语权，并独占对自我的解释权，则极易被其他品牌或文化的说辞所混淆。这些伪品牌大面积、高速度、高频度的传播是对原有品牌的一种毁灭式打击。面对商业利益带来的冲击，少林寺选择了开门护法。

为了终止对"少林寺"文化品牌的侵占，1998年7月，少林寺采取了主动的姿态，运用法律手段进行一场世界性的抗争。这个创举就是投资成立河南少林寺实业发展有限公司。"有了公司这个法人身份，少林寺可以依法开展对少林和少林寺无形资产的保护和管理。"于是少林寺开始着手在国家工商行政管理总局商标局进行商标注册。2004年11月，少林寺商标还被国家工商总局认定为"驰名商标"。2000年10月起，少林寺向欧盟、美国、马来西亚等30多个国家和地区提出"少林"商标注册申请。2002年，德国柏林法院民事法庭做出终审判决：禁止欧洲某演出公司冒充"少林寺""少林武僧"做广告误导观众。在澳大利亚，少林寺也抢回了6个类别的"少林"商标在先申请权。商标保卫战初战告捷。

2003年3月，中国台湾地区一家电影公司与少林寺联系后，就在电视片中使用少林知识产权一事达成了协议。随后，该公司向少林寺实业发展公司支付了38万余元的无形资产管理费，这是公司成立后取得的第一笔收入。后来，少林寺缴纳了2万多元的税款，这也是新中国成立后少林寺缴纳的第一笔税款。

自此少林寺以主动的姿态走上了一条独特的商业化之路。

游客着武侠劲装体验少林功夫

首先应该称道的是在少林寺走上商业化道路前，给自己有明晰的定位和战略的插位。中国的千年古刹数不胜数，但既是佛教圣地又是武术殿堂的，却独此少林一家。相对于香火鼎盛的宗教，名扬全球的少林武术才是少林寺的核心品牌资产。所以在商业道路上少林寺选择了"武术"作为面对大众的核心品牌主张。"功夫之星"大赛、海外武术爱好者朝圣、"少林寺武林争霸赛"都是以武术的名义举办的。少林武术的品牌效益得到了更大的传播。

新时代，少林的网络化生存之路

网络破除了地域的障碍。快速的信息传达，无障碍的双向沟通，成为商业领域传达信息的首选途径。少林寺前瞻性地嗅到了网络的力量。

1996 年，少林寺在中国寺院中率先建立了中文网站，后来又推出繁体中文版和英文版。网站作为一个世人了解少林寺历史、现状的窗口，正在发挥着越来越重要的作用。

第三节 水果营销术

水果深受大家欢迎，网上有个段子说：水果聚在一起争论谁比较伟大，榴梿抢先说自己最伟大，因为他是水果之王；山竹也不甘示弱说自己伟大，因为她是水果之后。这时，沉默不语的苹果站了起来，全场顿时安静，砰的一声，全都跪了下来，一致认同苹果是最伟大的水果。

为什么苹果一站起来，全场都认怂了？因为苹果的背后站着亚当、夏娃、牛顿和乔布斯。不是因为苹果伟大，而是因为苹果的品牌代言人伟大。

"一天一苹果，医生远离我"苹果含有丰富的维生素和果胶，有益身体健康。中国营养学会也公布了统计数据，城乡居民平均每人每日水果的摄入量为 40.7 克，处于较低水平，所以专家们公开呼吁：应该保证餐餐有蔬菜，天天有水果，一个人每天应该吃够一斤蔬菜、半斤水果。

然而这样贴心的叮咛却引来一阵热议，瞬间被顶上了热搜。原因是，如果天天这样吃，前半个月很健康，后半个月可能就要吃土了。网友说，小时候抱着整颗西瓜用勺子挖着大口吃的场景，已经成了童年的幸福记忆了。

从果腹到实现自由

其实早在 1993 年，中国水果的年产量就已了超过印度、美国，占据世界第一，大家逐渐习惯每餐饭后都要来点水果的生活。水果消费量成了经济生活水平的标志。

以前吃肉是奢侈，现在吃水果才是奢侈。于是朋友圈开始被一张张水果照刷屏，表面上是低调晒出自己的日常，其实是高调炫富。继"车厘子自由""荔枝自由"后，最新的词是"水果自由"，不再区分什么水果，想吃啥就吃啥，那才是真正的幸福生活。

怎样给水果做包装

水果那么多，为什么有的很贵，有的却卖不出价呢？除了口感之外，关键是要靠营销。

好的产地做包装

在熙来攘往的公路收费站上，一名检查员拦下了一辆满载着车厘子，正在通过免收过路费的"农产品绿色通道"的货车，正当检查员要司机缴通行费的时候，司机试图解释："我拉的是樱桃，不是车厘子"。但是机智的检查员看了一眼货柜，说道："师傅，您看这个英文字母 Lam-bort，这是美国车厘子的三个品种之一——霖宝。这完全属于进口水果，所以还是请您缴纳通行费吧。"

除了车厘子，还有凤梨、奇异果等，原来名字的背后，暗藏着它们出身的秘密，这些名字就像它们的英文名字，显示出它们是进口水果的贵族身份，要想拥有这些漂洋过海而来的贵族水果，理当多多"付出"。

是国外的月亮比较圆？漂洋过海的水果也比较甜？其实不然，

曾经有个测评机构对同等级的国产大樱桃和进口车厘子做了一次数据比较，得分分别是 83 和 85 分，然而，国产大樱桃 58 元一盒，进口车厘子是 158 元一盒，短短两分，价格却是天差地别。

信息不对称

贵族水果为什么可以卖这么贵？果商利用的是信息不对称和人们的爱面子心理。

在缺乏衡量质量的标准下，产地、价格成了最好的判断标准，有时候品牌水果也会成为贵的理由。人们总是觉得进口的比较好。再加上消费者不知道果农的真实出产价是多少，只觉得高价就等于高质量。更重要的是，人们天生爱面子，送礼越贵也是越好，进口的就是比本土高人一等，因此给了产地批发商、销地批发商、中间商层层加价的机会。最终，为这些贵族水果付出的，除了水果本身真正的价值外，还有面子消费的价格。

然而最让人想不通的当属非奇异果。根据记载，中国早在 1200 年前就已经开始大规模种植奇异果，而且中国还是世界奇异果的起源地。只是当时名字没取好，随便取了个"猕猴桃"，因为猕猴很爱吃这种野生的果子。"猕猴桃"被一位新西兰的女传教士带回去种植之后，觉得名字不够高大上，于是重新包装后，起了名字叫 kiwi fruit，翻译成中文是奇异果，又奇又异，让人感觉有异国他乡的味道。不仅成功打进国际市场，还被进口回中国，跃升贵族阶级，身价翻涨三倍之多。

制造稀缺性——皇室吃的水果

对于水果营销来说制造稀缺性也是一大秘籍，让我们看看那些网红水果是如何"变脸"的。

第九章

根据海外媒体报道,社交网站 Instagram 已经捧红了无数水果,包括:牛油果、樱桃、蓝莓等。在网红水果的世界里,水果从附属品成了显示身份的象征。

其实这种现象并非新时代的产物。在 15 世纪,尼德兰画家扬·凡·艾克笔下的《阿尔诺芬尼夫妇像》中,窗台上就摆着好几颗新鲜饱满的水果,象征生活的富裕与美满。在中国古代,皇帝的御花园就种着很多品种最好的水果,供皇帝和嫔妃享受。

火龙果是产自中美洲的一种水果,原名芝麻果,听上去没什么新奇,进口到中国之后也卖不好。后来就改了个名叫火龙果,又是龙的图腾,又是红红火火,一跃龙门身价倍增,还被赋予了吉祥的寓意,深受欢迎。

说到皇室水果,最有名的就是被杨贵妃带火的荔枝。当年杨贵妃吃的荔枝产地以中国岭南为主,从岭南到长安的路程超过 2100 公里,这段路在当代如果坐飞机的话要 2 小时,坐火车则需要 30 小时,回到唐代,每天快马加鞭,也要 10 多天,要想在长安城里吃上一口新鲜荔枝,难如登天。一颗鲜荔枝的价格,超过了等重的黄金,不是皇室还真吃不起。

杨贵妃有多爱吃荔枝?从杜牧的《过华清宫》中可以看出来,"长安回望绣成堆,山顶千门次第开。一骑红尘妃子笑,无人知是荔枝来。"相传杨贵妃平时不爱笑,只有见到荔枝时,才会破颜一笑。唐玄宗为了讨爱妃开心,不惜命人快马加鞭,每隔 10 里设一个驿站,5 里设一个望台,用最好的骏马和骑士,以接力赛的方式把新鲜荔枝送到长安,途中累死撞死的马不计其数,还经常出各种交通事故。真是一颗荔枝无数血泪。

可以想象在当年的整条道路上,气氛凝重紧张,有的人目不转睛地看着远方，有的人反复检查马鞍等装备。当路的尽头传来一声声响亮的马蹄声，每个人的毛发都几乎要竖起来了，他们握紧拳头、咽着口水，像迎接皇帝一样紧张。尘土还没落下，下一个骑士早已接过装有新鲜荔枝、包裹紧实的竹筒，系紧腰带驰骋而去。荔枝接力棒，一棒接一棒，棒棒要人命。见到骏马奔驰在崎岖蜿蜒的山路上，连住在深山里，不识一字的百姓都知道：那就是杨贵妃想吃的荔枝啊！

另一个荔枝重度爱好者，是大诗人苏东坡，"罗浮山下四时春，卢橘杨梅次第新。日啖荔枝三百颗，不辞长作岭南人。"当时苏东坡被贬至岭南，岭南在宋代还是个蛮荒之地。然而只要能每天吃300颗荔枝，苏东坡愿意永远做个岭南人。可见苏东坡对于荔枝的痴迷。

土豆的原生地是中南美洲，1537年西班牙征服印加帝国后，一开始也不敢吃这种从地下挖出来的食物，有些第一次见到土豆的人还以为是石头。后来有人发现土豆开出来的花有红色、白色、紫色，十分漂亮，还会散发出淡淡的清香，于是土豆被皇帝拿来种在宫廷花园里，当成植物观赏。

17世纪前后，土豆传至爱尔兰，当时的爱尔兰土地贫瘠，气候恶劣，对于这种贫困的国家，土豆成了最适合的食物。土豆无论在什么土地都能种植，容易栽培，料理也很简单。因为土豆，爱尔兰人有了稳定的食物来源，养活了无数爱尔兰人，让爱尔兰的人口数从1660年的大约50万人，增长到1840年的约900万人，180年间人口增加了18倍。

到了18世纪，普鲁士的弗雷德里克大帝认为，如果有小麦和马铃薯这两种食物作为碳水化合物的来源，就可以减少面包价格的动荡。同时，因为有两种作物可以依靠，也可以大大降低发生饥荒的风险。因此，弗雷德里克大帝非常希望他的人民接受土豆、食用土豆。但是土豆长得不讨喜，表面粗糙、模样不规则，又带有各种斑痕和凹洞，加上土豆繁殖、生长能力强，有些人甚至称土豆是"恶魔的植物"，因此很多老百姓都拒绝拿土豆当饭吃。

为此，弗雷德里克大帝气得采取强制措施逼百姓吃土豆。没想到百姓们宁愿被处死也不愿意妥协，有的农民们说："即使是狗，我们也没办法让它们吃这些恶心的东西。"在当时，还有很多人因为拒绝种植土豆而被处死。后来，有人向弗雷德里克大帝献了一个妙招，宣布土豆是宫廷御用食物，只有皇室家族成员才能享用。还在皇家庄园里专门开辟出了一块空地种植土豆，并派侍卫日夜看守。但是又私底下偷偷告诉侍卫们不要太过认真，如果碰上小偷，假装没看见就行了。18世纪的普鲁士农民们虽然文化水平不高，但他们懂得一个基本的道理，那就是在皇家庄园里被看守的，一定是好东西。农民百姓们都因为好奇，想偷尝，于是皇家庄园里的土豆就被偷偷移栽到了农民的田地里了。很快地，普鲁士就开始出现大规模种植土豆的景况了。

水果如何才能卖得贵

1. 好的出身

甜的水果不会让它的标价多一个零，但好的产地会。晒出的水果越是地域强、节令性强，身价就越高。

2. 人要美，水果也要美

俗话说，人靠衣服马靠鞍。对于水果来说，颜值也很重要。比起别人的香蕉、西瓜，你晒出用色大胆的红壳榴梿、造型前卫的阿基果，一看就知道你最特别。在很多人的审美里，要不就美得让人惊艳，要不就丑得不可言喻，就像模特儿，长得不完美也是特色，有个性。

3. 名字取得好

对于水果营销来说，取一个动听的名字也非常重要。西红柿原产于南美洲，矮小的植株上挂满着鲜红色的果实，茂密的枝叶上长满了茸毛，大力触碰还会分泌出味道奇怪的汁液。正如色彩越鲜艳的蘑菇毒性越强，人们把西红柿一开始也视为有毒之物，敬而远之，甚至相传吃了它会变成狼人，因此西红柿被当地的土著称之为"狼桃"。

相传17世纪，有一位法国画家多次画西红柿，面对西红柿这样美丽可爱但是却相传"有毒"的果子，这位画家实在抵挡不住它的诱惑，产生了亲口尝一尝它到底是什么味道的念头。于是，他冒着生命危险吃了一个，只觉得酸酸甜甜的。吃完后，他躺到床上等着死神的光临。但一天过去了，他还躺在床上，鼓着眼睛对着天花板发愣。神奇的是，他吃了一个像毒蘑一样鲜红的西红柿居然没死！他兴奋地把自己"以身试毒"的结果告诉了朋友们，原来西红柿没有毒可以吃。大家都惊呆了。不久，西红柿无毒的新闻震动了西方，并迅速传遍了世界。

西红柿有很多品种，有的大有的小，在有的地区被称为番茄，因为它的果实长得像茄子又像红柿子，而且中国人喜欢把从西方传入的东西称为"西某某"，就好比西瓜，所以番茄到了中国就被称为"西红柿"。西红柿还是一个成功"跨界"的水果，横跨了水果和蔬菜两界。

对于小西红柿来说，有很多的品种，市面上能听到的有"圣女果""玉女番茄"等称呼,相较之下,"西红柿"显得本土味十足,毫无吸引力。小西红柿的英文名字是:Cherry Tomatoes,翻译成中文叫樱桃西红柿。当西红柿加上樱桃两个前缀的时候,一下子就变得可爱起来了,但是仅仅是樱桃西红柿,那也只是西红柿而已,于是"圣女果"这个名字诞生了。

关于圣女果还有一个传说故事。在很久很久以前,有一座靠近山的小村庄,里面住着一对善良的夫妇,他们一直没有孩子,于是,他们十分诚恳地祈求上帝能够赐给他们一个孩子。终于有一天,那对夫妇生了一个女孩,为她取名叫圣女。圣女在那对善良夫妇的熏陶之下,变成了一位漂亮又十分聪明的少女。

有一天,圣女在家里闲得发慌,便想出门散散心,透透气,不知不觉中就走进一片树林里,无意间,她发现一块石雕上镶嵌着一枚耀眼的红宝石,她好奇地走上前去,拿起了红宝石。就在这一瞬间,石雕变成了一位仙女,仙女看着圣女手中的红宝石,惊讶地叹道:"我在这里盼了好久,终于等到一个有资格拿起红宝石的人!你命中注定要保护你的村庄。村庄后的那座大山里头有一个火怪,它巨大而凶猛无比,曾残杀过许多人。我的法力不足,但你可以用红宝石所化成的'太阳之杖'降伏它。我的孩子,你要千万小心。"说完,仙女消失了,圣女手中的红宝石也真的变成了"太阳之杖"。

该发生的事总会发生。这天,圣女所担心的事还是来了。火怪从山里爆发出来,村里的人急忙疏散,慌慌张张地逃走了。圣女的父母不幸被火怪喷出的火焰击中身亡。还好圣女身手敏捷,才逃过此难。圣女失去了从小疼爱她的父母,十分难过。悲痛之际,圣女手持"太阳之杖"义无反顾地冲向火怪,经过一番缠斗,火怪成功地被消灭了。

此时的圣女,身受重伤,扑倒在地,壮烈地牺牲了。太阳之杖变回了红宝石,与圣女凝结在一起,化成了一株长满了红色果子的树,这种果子也被称为圣女果。

当朋友说出:"我今天吃了西红柿",而你说:"我吃了圣女果"是不是瞬间显得高大上许多?由此可以知道,虽然外表长得差不多,味道也都是酸酸甜甜,但只要名字叫得够响亮,地位就能显得不一样。

单一品种到多品种

从前中国的水果市场品种非常单调,但随着全球化和科技技术的演进,中国也培育出了越来越多品种的果类。例如,芒果就有10多种:贵妃芒、小台农芒、玉文芒、象牙芒等,每种都有不同的特色,有的更甜,有的更大,有的更香,水仙芒果甚至还有保健功能。

水果品种日益丰富,果商的营销术也在日益在创新,于是,在微信朋友圈里,你可以看到各种各样精彩的水果。当然,若回归到水果的本质,吃什么并不重要。健康才是最重要的。

第四节 讨价还价的艺术:商业成交的秘诀

销售人员最苦恼的是:如何提高商业的成交率。商业成交就像足球场上的临门一脚,是最考验销售人员真功夫的。

如何才能快速成交呢?我们今天就讲讲商业成交的三大秘诀:

换位思考，从用户出发

"顾客是最好的老师，市场是最好的学堂"，一切成交的出发点都要符合市场需求和顾客需要。对销售人员来说，不能只考虑自己是卖什么的，更要考虑消费者为什么要买。以前我们讲货真价实，互联网时代流行起"爆款思维"，现在又开始讲"工匠精神"，背后的逻辑都是紧跟消费者需求的变化。

乔布斯为了给用户更好的体验，甚至从禅修冥想中寻找改进的细节。有一次，当乔布斯和沃兹在研制苹果二代电脑时，习惯于静坐冥想的他觉察到计算机中的风扇让人心神不宁，直觉告诉他，用户不会喜欢这样的噪音，这才有了后来苹果笔记本的安静。

假定成交，把未然变成已然

在成交的过程中，要学会站队，多用"我们"，而不是"你""您"这样的字眼。比如有一个段子，新婚夜，新娘看到有只老鼠叽叽喳喳在偷吃米，羞涩地对新郎说，快看有只老鼠在偷吃你家的大米；第二天早上，新娘又看到那老鼠，二话不说便操起拖鞋拍了过去，说："敢偷吃我们家的米！"

成交的关键就在于"我们"。成交的关键就是要善于分析顾客，发现成交信号，然后一举促成转化。

转移风险、诱之以利

成交要让对方觉得占了便宜。电商的 7 天无理由退换就是转移风险的典型案例，当消费者对一款产品犹豫的时候，一看到有承诺就会觉得商家已经承担了风险，自己觉得不好就可以退货。很多教育培训机构经常承诺的"VIP 考研不成功全额退费""当年意外不过，第二年免费重读"，这些都是转移风险的体现。

成交的关键，不是让顾客感觉便宜，而是让顾客感觉占了便宜。这一点"双十一"的时候商家最驾轻就熟，除了打折外，还给消费者各种优惠券、现金券、免费送货、赠品、附加服务等"小便宜"。这个技巧甚至可以用来找工作。有一个故事，说有一家公司招人，一个学历不高，能力也一般的小伙子来应聘。一面试，发现确实也不太合适，但公司最后还是决定给他 offer，原因是，他在面试最后说了这样一段话："我可以免费为公司打工两周，要是您觉得我不合适，直接开掉我就可以了。要是觉得我合适，我们再签合同。"最后，这个小伙子成功地留在了公司。我们看到，小伙子就是成功为公司转移了风险，让自己最终获得了工作。

第五节　海尔砸冰箱的故事 VS 农夫山泉的水源故事

有这样一个故事：真理赤裸着身子，冷得浑身战栗，到村子里的每一家时都被驱赶出来，她的赤裸使人们感到害怕。当寓言发现她时，她正蜷缩在一个角落里，瑟瑟发抖，饥饿难耐。寓言对她充满了同情，于是把她带到自己的家中，并用故事把真理装扮起来，使她感到温暖，然后又把她送出去。真理在穿上寓言故事的外衣之后，再一次到每一户村民门口敲门，都被热情地迎进人们的屋子里。他们邀请她和他们一起在桌子上吃饭，用他们的火炉温暖她冰冷的身躯。

为什么品牌需要讲故事

故事具有被记忆、易传播的特性，以故事的方式传播品牌，可以赋予冷冰冰的商品感情化，传递品牌的价值观，提高目标用户的品牌忠诚度。

有这样一个叙述：一名年轻的田径运动员每天做 100 个起蹲，并在 1000 名运动员中第一个完成。

而故事则是：一名年轻的田径运动员每天做 100 个起蹲，并在 1000 名运动员中第一个完成，这个运动员的一条腿是假的。

相比第一个叙述，故事的起承转合更能鼓舞人心，短短的一个结尾让运动员的形象有了光环。

然而品牌故事不仅要曲折的情节，更需要真实鲜活，符合品牌的核心价值观。如果消费者发现逻辑上讲不通，就会有一种被欺骗的感觉，因此会产生严重的信任危机。

为什么农夫山泉的故事被调侃

农夫山泉发布了一个长视频《农夫山泉：一个你从来不知道的故事》：隆冬的东北长白山，零下 30℃，农夫山泉的水源勘探师方强长途跋涉、千辛万苦终于在长白山麓的原始森林里找到了一处优质的天然水源，这是他第 78 次徒步上百公里进入长白山森林腹地勘探水源……看似感人的故事背后，实则暴露了致命问题，即故事的真实性。

好的故事既要耐人寻味，又要经得起推敲。所谓魔鬼在细节中，上帝也在细节中。

通过十几年千里万里寻找到的中国上等水源地。以如此大的卖点，却是最终卖出 2 元钱的普通水。定价支撑不起强大卖点的品牌故事。

当然，农夫山泉对于市场是有野心的，农夫山泉推出了价格高于依云、5100 的高端水,每瓶水的价格高达 35 元至 48 元,据说水源地位于长白山莫涯泉,但是这款高端水并没有做好顶层设计,因为它犯了一个品牌大忌,就是沿用"农夫山泉"的名字。因为大众对"农夫山泉"的认知就是一两块钱一瓶的普通水。这导致农夫山泉很难在消费者心中建立对"高端水"的品牌认知。

凡客,野百合失去的春天

关于农夫山泉故事,让人想起了曾经风光无限的凡客诚品。

凡客复出的时候,讲了一个非常高大上的故事:为了一件 T 恤,凡客动用了 5 家日本公司,1 家美国公司以及 6 家中国工厂。原材料选择由 50 支纱的美国皮马棉作为素色 T 恤的原材料,印花 T 恤图案设计邀请分别来自日本、美国、意大利和中国的艺术家共同完成。奢侈品一样的精彩故事,但最终新品发布的凡客 T 恤价格分别是 59 元和 89 元,这让人怀疑自己是否在经历一场"八心八箭"的电视购物。

为什么海尔砸冰箱的故事更感人

李光斗与海尔集团董事局主席、首席执行官张瑞敏

我采访张瑞敏时曾听他亲自讲述当年砸冰箱的故事:1985 年,

时任海尔冰箱厂厂长的张瑞敏接到了一封用户来信，说海尔冰箱存在质量问题，张瑞敏带人进入厂里将所有未出厂的冰箱检查了一遍，结果发现有七十多台冰箱存在不同程度的问题。张瑞敏随即召开员工大会，他要求将所有质量不合格的冰箱必须全部砸掉，谁生产的谁砸，并自己带头砸了第一锤。此后，海尔不仅建立起了全员质量管理体系，依靠过硬的产品质量，海尔的美名更是传遍了大江南北。

后来吴天明导演以张瑞敏为原型创作，拍了一部电影《首席执行官》，讲述的就是张瑞敏与海尔的故事。

讲故事要诉诸人的情感，一个自以为豪情万丈的故事却有可能被消费者嗤之以鼻。"真实性"是好故事的第一原则。随着市场竞争的日趋激烈，消费者每天都在接触海量信息。这就要求企业的经营者为品牌的传播做好功课。好故事必然基于令人信服的严密逻辑。而真实则是讲好品牌故事的首要原则。以情动人，真实感人，才能引发目标用户的共鸣，感受到品牌的内涵，建立起客户忠诚度，传递出强而有力的品牌价值观。

第六节 《邪不压正》与《侠隐》，哪出江湖复仇大戏更精彩

当下中国电影有一种独特的类型叫"姜文"，姜文的电影只要讲好一个通俗易懂的故事就票房大卖，虽然姜文很不愿循规蹈矩地讲故事，再精彩的故事他都要另起炉灶。姜文的电影《邪不压正》就拍得相当任性，集编剧、导演、主演、剪辑于一身，这部电影署名的编剧就有四个：一边拍一边还在按导演的意图改剧本，把一个

寻仇、报仇的武侠戏拍成了明火执仗的火拼故事。

23年6部电影,《阳光灿烂的日子》《鬼子来了》《太阳照常升起》《让子弹飞》《一步之遥》《邪不压正》,姜文相当低产,但是欧洲三大（戛纳、柏林、威尼斯）奖加金马、金像主竞赛单元最高奖项入围,姜文已全部集齐。

《邪不压正》从一开拍就一路备受关注,可是首映礼之后,各路媒体影评人给出的评价高度统一,"这很姜文"。关于电影本身却谈论颇少,这让人难免心里打鼓。

影片一上映,铁粉先睹为快,豆瓣出现了该片评分,8.3分,随着影迷们陆陆续续从电影院出来,第一天还没结束,评分已经跌到了7.2分。这样的跌幅简直要奔着他的个人导演最低分去了。连投了资的猫眼都控制不住局面,评分跌到7.6。

那么,作为姜文民国三部曲的终章,《邪不压正》究竟讲了个什么故事？

该片改编自张北海小说《侠隐》,但除了最基本的架构和人物以外,电影和原著小说已相距十万八千里。

《邪不压正》讲述的是1937年,青年侠士李天然（彭于晏饰）身上背负着血海深仇,在美国接受秘密训练多年后,受指派以协和医院妇科大夫的身份回到北平,一边寻找组织,一边伺机报仇的故事。

姜文说拍《邪不压正》是希望拍一部自己儿子能看并且喜欢的电影,可惜第一场戏就把人惊着了,齐整整切脑袋,暴力血腥,实在少儿不宜,再往后许晴饰演的交际花唐凤仪去医院打针、被彭于晏饰演的李天然屁股盖章,这实在是人过中年的姜文最调皮也最调情的一部戏。

大概是姜文受西方戏剧文学的影响太深，单看画面依旧很牛，但很多碎片式的戏剧化处理，着实让人摸不着头脑。

有人曾发博文称：十年前，读了《侠隐》，爱不释手，急忙找作者张北海先生求购电影改编权，被告知已被姜文买走。郁闷三秒之后，破涕为笑："姜文拍肯定比我拍得好看多了。"

本书作者李光斗与姜文

不过，如此抢手的《侠隐》究竟为什么吸引人，先来看看小说的精彩之处：

《侠隐》讲的是青年侠客海外归来，想要以江湖的方式为师门报仇雪恨的故事。

翻开第一页，作者张北海在自序中写道：这里的北京，不是今天的北京。这里的北京，是没有多久的从前，古都改成'北平'那个时代的昨日北京……抗战烽火前夕，走进这虚实两个世界，是一位现代江湖游侠——越洋归来，替天行道，一了恩仇，穿云而去。

跟让人肾上腺素飙升的电影不同，整本小说读下来，其实并不会让人感觉到快意恩仇的酣畅淋漓，反而处处是侠者被时代裹挟的悲凉无奈，《侠隐》的重点在"隐"不在"侠"。

小说的背景是抗战前夕北平城中一段暗潮汹涌的江湖复仇往事。主人公李天然所在的太行派惨遭大师兄朱潜龙灭门，师傅、师娘、师弟、师妹们全部遇难,身负重伤的他被好心的美国医生发现救起,并送往美国读书。五年后,李天然归来,隐姓埋名化身报社编辑,并日夜奔波在北平的街头巷尾,伺机寻找凶手,用武林的方式为师门报仇。

可是五年之间,社会已经发生翻天覆地的变化,中日大争一触即发,大师兄朱潜龙早已跟日本情报部门混在一起,他,不仅是李天然的私人家仇,更是全中国的国恨。

李天然和师叔依然企图只用江湖规矩来解决私人恩怨,何为江湖规矩?这是另一种秩序:他们死不报官,不和官府合作,凡事以自己的手段了结。

可是武林的道义,已经无法对抗社会的洪流,他们不想介入这个仿佛并不属于自己的时代。日本人要来了,枪炮代替了拳脚,国家命悬一线,江湖已经不存在了,活在当下,如何还能守住江湖的规矩?何况,仇家朱潜龙还在日本人的羽翼保护之下。

李天然的复仇之路,在无意中得到神秘人物蓝青峰的鼎力相助,最后,还是用枪结果了仇家性命。

但这仇,是报了,还是没报?

一触即发的战争、紧张压抑的复仇、老百姓慢慢悠悠的生活和如履薄冰的爱情,仿佛歌舞升平一切如旧的表面下,生活却充满了无力感。

这种无力感贯穿始终,对李天然而言,江湖上的事,不能按江湖规矩来办,他无能为力,对于爱情也是如此,侠者不得不"隐"。

在这本书中,作者对于四九城各种点心、小吃的描述比对侠者功夫拳脚的描述多多了。这里有豆汁焦圈儿葱油饼,也有红酒香槟鱼子酱,只李天然的一日三餐,早中晚就能吃得各不重样;这里还有大门不出二门不迈的胡同老奶奶,也有游走天下仿佛无所不能的美国记者;这里有渐行渐远的江湖,还有政治、法律和战争。

纵有快意恩仇,行侠仗义之心,也不得不被裹挟进滚滚的时代洪流。

《侠隐》作者张北海是著名导演、演员张艾嘉的叔叔,他13岁便随着家人迁居台湾,后留学定居纽约。在60岁以前,张北海专心写作发生在自己身边的人和事,以敏锐的观察、幽默的笔调描绘美国社会。代表作品有《人在纽约》《美国:八个故事》等,他善于从小处着手,描写从纽约地下铁、牛仔裤到摇滚乐,从计程车到自由女神像等小事。

张艾嘉称赞叔叔是"中国最后一位老嬉皮",陈升为他写歌,郑愁予为他赠诗。作家阿城亦对张北海赞誉有加,"我在张北海的文字中,总能发现我自己思维中的空白点……这就是张北海的风度。"

在那个年代到美国纽约的华人,都是从张北海家的客厅,开始认识纽约的。陈丹青、张大春、王安忆、李安、罗大佑、李宗盛……

60岁以后,张北海从联合国退休,其写作对象也从纽约转到北京,从现代美国社会转向20世纪30年代的中国,写作体裁从散文转向了武侠。他花了6年多时间,写出自己的第一本武侠小说《侠隐》。

姜文的"北京"姜文的"侠"和张北海的"北京"张北海的"侠"俨然是两个概念,弱化了江湖故事的《邪不压正》还是你心里那个《侠隐》吗?

第七节 "陈静替父卖酒":一个好故事是如何崩塌的

做好营销的前提是讲好品牌故事。

替父卖酒是个好故事

笨人讲道理,聪明人讲故事。

24岁女大学生"陈静"出生于茅台镇酿酒世家,父亲勤勤恳恳酿了一辈子酒,虽手艺精湛,但因为不懂营销,父亲酿的酒销量并不很好;于是她为了帮助父亲,大学毕业后放弃高薪工作,女承父业,天天扎在酒厂里,接过酒厂事务,利用自己所学开始售卖自家酿酒,并打出"我们只卖纯粮食酒"的口号。

"陈静替父卖酒"这样励志的故事很快成了当时网络热点,而"陈静"和"陈静的酒"也成了网红,甚至出现了"古有花木兰替父从军,今有'陈静'替父卖酒"之说。

"感人心者,莫先乎情"。"陈静替父卖酒"的故事,打动了很多人。

但随着媒体的深挖,"陈静"和她背后的茅台镇醉臣酒业陷入了质疑;一时间,有关欺诈、虚假宣传等话题将"陈静"推上风口浪尖。

最终,经监管部门调查,网络上的"陈静替父代言卖酒"部分推文,系贵州省仁怀市茅台镇醉臣酒业有限公司自行设计、制作的。推文中的"陈静"并无此人,照片由醉臣酒业员工拍摄;而文中的"父亲",既无酒厂也未从事酿酒,两人之间,也非父女关系。

简单来说:"陈静替父亲卖酒"彻头彻尾就是一个假故事。

品牌故事需要真实性

好故事不能缺少戏剧化的表现形式,"陈静替父卖酒"听起来是个令人动情的故事,完美的人设,所谓优质的产品,本是一个好故事;但假故事总会被戳穿,只有真实的故事才能传诸久远。

"陈静"的故事不只大打感情牌,引起受众同情心;在广告文案方面,也抛弃老套路,字字掷地有声,为品质担保:"我们对天发誓,这酒真好喝"。他们本想通过这种情感营销方式,来唤起消费者的情感需求,引发消费者心灵上的共鸣,从感性层面,打动消费者。

"修合无人见,存心有天知"。这种虚假的"对天发誓"一旦被人识破,好故事的人设就崩塌了。

戏剧化的品牌故事,可以让品牌更具情感色彩,增加消费者可信度,进而激发消费者的购买欲。

当这种故事初见成效后,随之出现了第二个"陈静",第三个"陈静"乃至更多的陈静,不同的人物,同样的故事。

这是种既俗套又永不过时的营销方式,通过"卖惨"讲故事。一个人卖惨可以博得同情;多人同时卖惨,其故事可信度就会受到质疑。

这就是像是某选秀音乐节目:第一个"卖惨"的选手,能引起大家共鸣;但第二个第三个甚至更多的选手都开始"卖惨",观众就不买账了;以至于"劣币驱逐良币",即使选手真的身世凄凉,观众也开始选择"不相信了"。

品牌需要故事,产品讲究质量

真实性是品牌故事的生命。品牌要学会对用户讲故事,从心理学的角度来说,人们对于事实的记忆会模糊,但是对故事的记忆却清晰深刻。

一个有故事的品牌发展要比没有故事的品牌更具有优势。但这并不意味着打造品牌故事就可以不计较真假，不在意是否真实或虚构。实际上，比起虚构的故事，人们更加喜欢真实的故事。

褚橙成功的背后一定离不开创始人褚时健的个人故事，褚时健曾作为玉溪卷烟厂的厂长，一手创造了中国烟草业的第一品牌——红塔山，被誉为"亚洲烟王"；可之后却锒铛入狱，跌入人生谷底。出狱后，与妻子承包了2400亩的荒地种橙子，当时已经75岁的他重新创业，将普通的橙子打造成为"励志橙"。

褚橙浓缩的是褚时健个人传奇故事，并且这个故事极具戏剧化：从一代烟王到阶下囚；在新时代，75岁高龄重新创业；经历失败到收获成功。这些都是发生在褚时健身上的真实故事，也是赋予褚橙"励志"品牌价值的支撑点。

"陈静替父卖酒"这个故事本身就是"假故事"，再加上出现众多的同质化故事，仿佛就是"此地无银三百两"。不过类似这种悲情营销的案例可真不少，前有无良商家营造的"苹果滞销，帮帮我们"的滞销大爷，后有放弃安稳生活，回乡创业卖蜂蜜的"杨霞"。这些全是一样的套路，都是商家编出来的故事。

品牌缺乏创新，产品没有创意，从包装设计到营销手段，甚至产品理念都互相模仿和抄袭；同质化不仅会毁掉企业，也会毁掉一个行业。

时代变迁，产品要更迭，品牌故事也要不断注入新鲜血液。菲利普·科特勒曾说："故事营销是通过讲述一个与品牌理念相契合的故事来吸引目标消费者。在消费者感受故事情节的过程中，潜移默化地完成品牌信息在消费者心智中的植入。"产品的品质永远都是故事的原点，真实性则是品牌故事流传的保障。